여성괴물, 억압과 위반 사이

영화, 페미니즘, 정신분석학

The Monstrous Feminine
Copyright ⓒ 1993 Barbara Creed
Korean Translation Copyright ⓒ 2017 by Alterity Press

Korean edition is published by arrangement
with Taylor & Francis, through Duran Kim Agency, Seoul.

여성괴물 억압과 위반 사이

옮긴이 ㅣ 손희정
펴낸곳 ㅣ 도서출판 여이연
발행 ㅣ 고갑희
주간 ㅣ 임옥희
편집 ㅣ 사미숙
주소 ㅣ 서울 종로구 명륜4가 12-3 대일빌딩 5층
등록 ㅣ 1998년 4월 24일(제22-1307호)
전화 (02) 763-2825
팩스 (02) 764-2825
홈페이지 http://www.gofeminist.org
전자우편 gynotopia@gofeminist.org

초 판 1쇄 발행 2008년 12월 30일
개정판 2쇄 발행 2020년 2월 27일

값 20,000 원
ISBN 978-89-91729-31-5 93680
잘못된 책은 바꿔 드립니다.

여이연 문화 03

THE MONSTROUS–FEMININE
Film, Feminism, Psychoanalysis

여성괴물

억압과 위반 사이

바바라 크리드 지음
손희정 옮김

도서출판
여이연

일러두기

- 한국어 작품명은 개봉/출시/상영작의 경우에는 그 공식 제목을 따랐다. 미개봉/미출시/미상영작은 서적, 인터넷 등을 통해 국내에서 통용되는 제목이 있을 경우에는 그 제목을 활용하고, 그렇지 않은 경우에는 역자가 임의 번역했다. 내용상 영어제목이 필요한 경우를 제외하고는 본문에 영어제목을 병기하지 않았으며, 필모그라피에만 병기하였다.
- 영어 인명, 책, 논문 제목의 영어제목은 본문에서 병기하지 않았다.
- 작품명은 < >, 책명은 『 』, 논문제목은 「 」으로 표시하였다.
- 원문의 이탤릭체는 그대로 이탤릭체로 강조하였다.
- 본문의 주석은 모두 역주이다.

차례

감사의 말

이 책이 나오기까지 도움을 준 많은 분들께 진심으로 감사의 말을 전한다. 편집에 대한 도움뿐 아니라 원고를 읽고 소중한 아이디어를 제안해 준 아네트 블론스키, 프레다 프리버그, 맨디 머렉, 메릴리 모스, 제인 셸비, 레슬리 스턴, 그리고 리스 스토니에게 감사드린다. 특히 귀중한 조언과 학문적 혜안, 그리고 영감을 주는 제안을 아끼지 않았던 라트로브대학교의 동료 윌리엄 D. 루트에게 진심으로 고맙다. 더불어 우정과 지원을 보여준 모두에게 감사하다. 특히 소피 비브로프스카, 나네트 크리드, 로이스 에드워드, 조안 핑켈스타인, 안드레아 골드스미스, 폴린 네스터, 이리스 오로우글린, 노엘 퍼든, 존 슬래빈, 그리고 이쉬라 위샤트를 언급하고 싶다.

또한 라트로브대학교 영화과 동료들에게도 고맙다. 그들은 이 책이 쓰여졌던 지적이고 사회적인 환경에 다양한 방식으로 기여했다. 특히 크리스 베리, 롤란도 캐푸토, 안나 드제니스, 데나 글리슨, 로레인 모타이머, 베버리 퍼넬, 그리고 릭 톰슨에게 고맙다. 사진 자료에 많은 도움을 준 테드 고트에게도 특별한 감사를 전하고 싶다. 그리고 도움과 지원을 아끼지 않았던 레베카 바든, 엠마 코터, 그리고 탬신 메딩스와 같은 루틀리지의 편집자들에게 감사한다.

셀 수 없이 많은 공포영화를 나와 함께 봐준 페미니스트 영화 그룹

'사나운 자매들Savage Sisters'의 멤버인 조 콤포드, 앨레인 데이비스, 레이첼 디디오, 그리고 크리스 사익스 역시 빼놓을 수 없다. 그리고 공포영화 강의 시간에 소중한 통찰을 보여준 라트로브대학교의 학생들에게도 고마움을 전한다. 내게 최신 공포영화를 끊임없이 제공해 준 우리 동네 비디오 가게의 산드라 파스쿠치와 사니아 로우에게도 역시 감사의 한 표를 던지고 싶다.

특히 그토록 적합한 환경에서 연구와 집필을 할 수 있는 시간을 허락하는 학위를 준 호주국립대학의 인문학 연구소에도 감사하다. 아델에이드의 플린더스 대학교, 남호주 미디어 리소스 센터, 타스마니아 대학교, 조지 패턴 겔러리, 멜버른 작가 축제, 브리스번 정신분석 연구소와 같이 나의 연구에 대해 소개할 수 있도록 나를 초청해준 대학들과 기관들에 감사하다. 마지막으로 사진자료의 출판을 허락해 준 라트로브대학교 출판 위원회에 특별히 감사하고 싶다.

사진 자료 수집에 도움을 준 호주국립영화음향아카이브의 켄 베리먼, 영국영화위원회의 테사 포브스, 호주국립미술관의 테드 고트, 필름어라운드 월드 Inc.의 베버리 파트리지, 그리고 호주영화위원회의 제임스 사빈에게 감사의 말을 전한다.

사진 자료는 코발 컬렉션, 디자인과 예술가 저작권 협회, 엔터테인먼트 미디어의 로버트 르 테트, 디 에이지의 마이클 루닉, 호주국립영화음향아카이브, 그리고 르네상스 픽쳐스의 로버트 태퍼트에게 제공받았다.

한국의 독자들께

왜 우리는 공포영화에 대해 이야기 하는 걸까요? 공포영화는 민간 설화, 전설, 신화, 문학 혹은 영화, 무엇에서건 간에 가장 영속적인 장르입니다. 공포영화의 역사는 영화의 역사만큼이나 오래되었고, 그 시간 동안 점점 인기를 더 해 왔습니다. 영화에서 공포는 판타지, 고딕, 초자연 혹은 SF 등 다양한 형식을 통해 이야기되었습니다. 저는 한국의 공포영화 역시 귀신과 다른 다양한 괴물들을 선보이며 관객들에게 큰 인기를 끌고 있을 것이라고 믿습니다. 유럽, 미국, 그리고 아시아에서 공포영화는 종종 논의의 가치가 없는 장르로 여겨졌고, 최근에 이르러서야 비평가들과 이론가들이 진지한 관심을 기울이기 시작했습니다. 비평가들은 정신적, 사회적, 그리고 인류학적 접근을 통해 공포영화를 문화적으로 인정하게 되었던 것입니다. 1980년대 이후 페미니스트들 역시 공포에 대한 분석에 관심을 쏟기 시작했습니다. 과거에, 서구의 페미니스트들은 괴물이 언제나 남성이었고 여성은 그들의 희생양이었다고 분석하면서 공포영화가 여성혐오적이라고 무시했었습니다. 그리고 확실히 이것이 그간 공포영화에 대해 글을 써 온 비평가들의 입장이었던 것입니다.

저는 공포영화에 많은 여성괴물이 존재한다는 것을 깨달았고, 이런 잘못된 관점을 바로잡기 위해 『여성괴물』을 쓰게 되었습니다. 그리고 이 책의 한국어판 번역을 맡은 손희정 씨로 부터 한국의 공포영화들 역시 괴물스러운 어머니나 여귀를 다루고 있다는 사실을 들었습니다. 여성 뱀파이어 전통 역시 아시아 영화에서 인기가 많을 것이라고 생각합니다. 서구의 영화에서, 특히 미국이나 유럽에서 제작된 영화들에서, 여성괴물은 제가 이 책에서 설명하고 있는 것처럼 어머니, 마녀, 뱀파이어, 그리고 거세자로서 등장합니다. 기괴한 여귀로서의 여성의 이미지는 그다지 팽배하지 않습니다. 이런 차이점들을 비교해 보면, 다양한 국가들에서 나타나는 여성괴물의 이미지를 비교해 보는 것 역시 흥미로운 연구가 될 것이라는 생각이 듭니다. 여성괴물은 확실히 전세계적인 존재이고 다양한 형태를 취하고 있습니다. 그런 여성괴물들의 공통점은 무엇이고 차이점은 무엇일까요? 저는 여러분이 이 책을 읽으면서, 한국 공포영화의 여성괴물의 이미지와 이런 비교와 대조를 해 볼 수 있을 것이라고 상상해 봅니다.

저는 『여성괴물』이 번역되어 한국 독자들을 만나게 되어 기쁩니다. 이것은 공포영화에 등장하는 여성괴물에 대한 세계적 이해를 발전시킴에 있어 중요한 한 발자국이 될 것입니다. 이 책을 쓸 당시, 저의 관심은 오직 서구의 공포영화에만 집중되어 있었습니다. 왜냐하면 아시아의 공포영화에 대해서는 전혀 지식이 없었기 때문입니다. 그러나 몇몇의 아시아 학자들이 이후 저에게 아시아에서도 공포영화의 전통이 매우 강력하며 이는 영화의 여성괴물의 이미지에까지 확장된다고 말해 주었습니다.

비록 여성괴물의 이미지가 나라마다 다르다고 해도, 그녀의 의미는 마찬가지일 것입니다. 모든 괴물들은 우리의 가장 깊은 내면에 존재하는 무의식적인 두려움들에 직접적으로 말을 겁니다. 여성괴물은 의심의 여지없이 남성들의 여성에 대한 두려움, 그리고 여성들의 그들 자신에

억압과 위반 사이

대한 두려움을 이야기하고 있습니다. 여기에는 여성의 재생산성, 월경혈, 그녀들의 숨겨진 질과 자궁, 그리고 새로운 생명체를 창조하는 놀라운 힘에 대한 두려움 등이 포함되어 있습니다. 최근의 공포영화들은 관객들로 하여금 이런 두려움에 매우 직접적으로 대면하도록 하고 있습니다. 생리를 시작하면서 사나운 늑대인간으로 변하는 소녀가 등장하는 <진저스냅>(2000)과 <진저스냅 3>(2004) 같은 영화들이 그런 작품들입니다. 매우 인기 있었던 영화 <티스>(2007) 역시 자신의 질에 치명적인 이빨을 가지고 있다는 사실을 모르는 한 젊은 여자에 대한 이야기입니다. <티스>는 거세에 대한 남성들의 두려움을 그리며, 제가 『여성괴물』에서 자세하게 다루고 있는 바기나 덴타타에 대한 오래된 신화를 재창조하고 있습니다. 마찬가지로 공포영화의 남성 괴물들도 남성에 대한 여성의 두려움, 그리고 남성 자신들의 두려움을 다룹니다. 이런 작품들은 남성 사이코패스와 강간범에 대한 두려움, 그리고 겉으로는 매우 문명화된 남성의 내면에 그가 인정하고 싶지 않은 괴물성이 존재한다는 사실에 대한 두려움 등을 다루고 있습니다. 남성 괴물은 늑대인간, 뱀파이어, 좀비, 유인원, 슬래셔, 괴물, 그리고 식인종 등으로 재현되어 왔습니다. 이런 두려움의 성격은 적어도 다음 두 가지 정도로 설명될 수 있을 것입니다. 그들은 사회적 '타자'들, 즉 이상적인 인간 주체에 적합하지 않은 개인이나 계급 혹은 집단을 악마화 하기 위해 사회적으로 구성된 두려움을 재현합니다. 또한 그들은 우리의 무의식적 삶의 일부분인 두려움을 재현합니다. 공포는 이성異性에 대한 두려움, 그리고 유령, 뱀파이어, 그리고 좀비 같은 것들이 존재할 지도 모른다는 가능성 및 죽음, 사지절단, 부패와 같이 사회가 비밀로 하고 숨기고자 하는 것들에 주목하게 합니다.

최근에는 공포영화에 등장하는 남성 괴물에 관심을 가지기 시작했습니다. 남성괴물과 여성괴물의 차이점은 무엇일까요? 두 번째 책 『남근적 공포: 영화적 공포와 원초적 기괴함 *Phallic Panic: Film Horror and the Primal Uncanny*』에서 저는 남성괴물이라는 존재가 이성적이고 강력해야만 하는 남성들을 그로테스크하고 공포스러운데다 살인과 사지절단 그리고 고문과 같이 가장 비체적인 행동을 할 수 있는 존재로 그리고 있고, 그렇기 때문에 남성괴물은 사회의 입장에서 매우 문제적일 수 있다고 주장합니다. 이것이 남성괴물을 매우 기괴하게 만듭니다. 다시 말해 남성괴물은 매우 친숙하지만 동시에 친숙하지 않기 때문에 공포를 줍니다. 남성괴물은 일종의 도덕적 패닉을 불러일으키는데, 그가 그의 잔인한 행동을 통해서 남근적 상징체계의 나약함을 드러내기 때문입니다. 그러나 여성괴물은 그녀의 몸과 재생산 기능, 특히 어머니로서의 본질 때문에 두려움을 줍니다. <캐리>에서 그녀의 괴물성은 생리와 연결되어 있고, <브루드>에서는 임신과 출산, 그리고 <사이코>에서는 질식시키는, 거세하는 어머니의 기능과 연결되어 있습니다.

괴물은 혐오감을 줌과 동시에 매력적입니다. 왜냐하면 그것이 우리로 하여금 일반적으로 터부시되는 것들과 대면할 수 있도록 해주기 때문입니다. 이런 이유로 괴물의 본질은, 터부의 내용이 상대적이고 사회마다 다르기 때문에 문화마다 달라집니다. 괴물들은 종종 사회가 차이를 부정하고 일치를 강조하기 위해 부과한 터부에 대한 강력한 비판을 제공하면서 공감을 불러일으킵니다. 예를 들어 <킹콩>은 소위 문명화된 사회의 비인간성과 야만성을 폭로합니다.

괴물은 인간 본성의 어둡고 기괴한 면에 대한 우리의 호기심을 깨웁니다. 괴물은 우리에게 문명이란 그저 얄팍한 것에 불과하다는 것을 상기시켜 줍니다. 이런 이유로, 독자들은 할리우드의 괴물이 아시아 영화의 괴물만큼 공포스럽다는 것을 알게 될 것입니다. 괴물은 우리의 문화와 사회에 상관없이 우리 모두에게 말을 겁니다. 특히 괴물은 우리의 이성에 대한, 즉 여성괴물, 남성괴물에 대한 무의식적 두려움을 깨워 놓습니다. 우리의 깊은 불안감과 두려움을 이해하는 것은 중요합니다. 그리고 공포영화는 이를 탐구하는 설득력 있는 방법을 제공합니다. 또한 공포영화는 극장의 안전한 의자에서 두려움을 느낄 수 있는 스릴을 허락합니다. 저는 『여성괴물』이 여러분이 공포의 의미와 왜 우리가 공포를 필요로 하는지를 이해함에 있어 도움이 되기를 희망합니다. 뿐만 아니라 이 책을 통해 여러분이 공포영화와 "죽을 것처럼 놀라는" 쾌락을 더욱 즐기게 되고, 특히 사회의 모든 주류적 터부를 깨는 것에서 큰 즐거움을 누리는 무서운 여자들에 대한 더 큰 애정을 가지게 되기를 희망합니다.

2008년 10월 멜버른에서

바바라 크리드

1부

여성괴물의 얼굴

아브젝션과 모성

▶ <말벌 여인> 영화 포스터. 말벌 형상의 괴기스러운 여자가 남성 희생자를 자신의 치명적인 침으로 위협한다.

▶ <에일리언>의 연출에 자주 등장하는 알들이 있는 방.
내부 자궁 형상을 하고 있으며 비체적 원초적 어머니의 기호.

▶ <에이리언>의 한 장면. 우주를 여행하던 승무원들이 정체 모를 우주선의 질과 같은
문을 통해 그 안으로 들어가려는 모습.

▶ <캐리>의 시시 스페이식. 여성의 피는 공포영화에서 궁극적인 아브젝션의 재료로 재현된다.

▶ <거대 여인의 습격> 포스터.
파괴적인 거인으로서의 여성

▶ <브루드>의 시만다 에가. 여성의 동물적인 재생산 기능에 대한 공포
후생을 핥아 먹고 난 뒤 자신의 아이를 안고 있는 모습

▶ <엑소시스트>의 린다 블레어.
사춘기 소녀의 초자연적인 힘을 카니발레스크적으로 전시

▶ <이블 데드>에 등장하는 마녀가 희생자를 위협하기 위해 비체적 몸을 공포스럽게
드러내고 있다.

머리말

공포영화에는 여자 괴물female monster이 등장한다. 그리고 그들 중 많은 수가 수 세기 이전부터 우리 선조들의 꿈과 신화, 그리고 예술 작품에 출몰해 왔던 이미지들로부터 발전해 왔다. 이런 여자 괴물, 혹은 여성괴물monstrous-feminine의 얼굴은 다양하다. 도덕과는 무관한 원초적 어머니(<에일리언, 1986>), 뱀파이어(<악마의 키스, 1983>), 마녀(<캐리, 1976>), 기괴한 자궁(<브루드, 1979>), 피 흘리는 상처(<드레스트 투 킬, 1980>), 귀신들린 육체(<엑소시스트, 1973>), 거세하는 어머니(<사이코, 1960>), 아름답지만 치명적인 살인귀(<원초적 본능, 1992>), 사이코패스 노파(<베이비 제인에게 무슨 일이 생겼는가?, 1962>), 괴물 같은 소녀-소년(<공포의 그림자, 1973>), 야수(<캣 피플, 1942)>, 인간의 정기를 빠는 요괴(<뱀파이어, 1985>) 그리고 거세하는 여성(<네 무덤에 침을 뱉어라, 1978>) 등이 바로 그들의 다양한 얼굴이다. 수많은 글들이 공포영화를 다루고 있지만, 아주 소수의 작업들만이 괴물로서의 여성 재현에 대해 언급하고 있다. 대신 대부분의 연구들은 남성괴물의 희생자로서의 여성만을 강조하고 있는 것이다. 어째서 괴물로서의 여성은 페미니즘 연구에서 무시됐으며, 대중 공포영화에 대한 주목할 만한 분석 담론에서 사실상 배제되어 왔을까? 여성괴물의 이미지란 전혀 새로운 것이 아니지 않은가?

모든 인간사회는 충격적이고, 공포스럽고, 끔찍하며, 비천한 여성괴물이라는 개념을 가지고 있다. 프로이트는 여성에 대한 남성의 공포를

'거세당한 어머니'라는 유아기적 믿음에 연결시켰다. 그는 1927년, 그의 논문 「페티시즘」에서 "아마도 그 어떤 남성도 여성의 성기가 환기시키는 거세공포로부터 자유롭지 못할 것이다"라고 쓰고 있다. 그러나 조지프 캠벨은 『신의 가면: 원시 신화』에서 거세자이자 마녀로서의 여성에 주목한다.

> 현대의 초현실주의 그림과 신경증자의 꿈에서와 마찬가지로 일련의 원시 신화에는 '이빨 달린 질', 즉 거세하는 질의 모티브가 등장한다. 또 한편으로 소위 '남근적 어머니'가 등장하는데 이것은 긴 손가락이나 커다란 코로 이미지화되는 모티브라고 할 수 있다. (캠벨, 1976, 73)

초현실주의 작품에서와 마찬가지로 바기나 덴타타(이빨 달린 질)의 이미지는 신화에서도 매우 일반적이다. 지역에 따라 다양하게 변주되기는 하지만, 신화는 대체로 질에 이빨을 가지고 있기 때문에 공포를 유발하는 여성들과, 그들이 안전한 성교를 위해 (대체로 남성 영웅에 의해서) 길들여지거나 그 이빨이 어떻게든 제거되거나 부드러워진다는 이야기를 언급하고 있다. 마녀는 물론 익숙한 여성괴물이다. 그녀는 대체로 기괴한 행위를 할 수 있는 늙고 추한 노파로 묘사된다. 근세 유럽에서 자행된 마녀재판에서 그녀들은 카니발리즘과 살인, 남성 희생자의 거세, 그리고 태풍, 화재, 역병과 같은 자연 재해의 원흉 등 온갖 끔찍한 죄를 다 뒤집어썼다. 대부분의 사회는 또한 여성 뱀파이어에 대한 신화를 공유한다. 여성 뱀파이어는 무기력하거나 때때로 자발적인 희생자의 피를 빨고 그들을 뱀파이어로 변화시킨다.

고전적인 신화 역시 성별화된 괴물을 등장시키는데, 그들 대부분은 여성이다. 고전 신화의 세이렌은 여성의 머리를 가진 극악한 조류였다.

세이렌은 자신의 신비로운 노래를 이용해서 선원들을 유혹하고 배가 암초에 부딪혀 좌초되게 만든다. 그런 다음 그 불쌍한 희생양을 먹어치우는 것이다. 메두사와 그녀의 두 자매 역시 끔찍하게 묘사된다. 그들은 뱀으로 된 머리카락에 멧돼지 엄니와 같은 치아를 가지고 있고, 황금 날개로 하늘을 가로지르며 날아다닌다. 남자는 메두사의 사악한 눈을 보는 것만으로도 돌덩이로 굳어버린다. 과거에는 사악한 영혼을 몰아내기 위해 메두사의 무시무시한 외모를 담고 있는 펜던트와 보석류를 착용했으며, 전사들은 적을 위협하기 위해 방패에 여성의 성기를 그리기도 했다. 프로이트는 이 부분을 짧은 에세이 「메두사의 머리」에서 지적한다.

> 만약 메두사의 머리가 여성 성기의 재현을 대신하는 것이라면, 그리하여 더 정확히 말해서 그것이 쾌락을 주는 그 신체 기관으로부터 그 기관이 지닌 공포의 효과를 분리해 내고 있는 것이라면 우리는 성기를 전시하는 행위가 다른 의미망 안에서는 익숙한 액막이 행동이라는 것을 상기할 수 있을 것이다. 어떤 것이 누군가에게 공포를 불러일으키는 대상이라면, 그것은 그가 스스로를 지켜내야 하는 적에게도 마찬가지의 효과를 생산할 것이다. 우리는 라블레의 작품에서 여자가 자신의 음부를 보여주었을 때 악마가 어떻게 줄행랑을 쳤는가에 대해서 이미 읽지 않았는가. (p.274)

프로이트가 메두사를 바라본 상황을 어머니의 성기를 본 공포스러운 경험에 연결시키는 것은 우연이 아니다. 왜냐하면 가부장적이고 남근중심적인 이데올로기 안에서 구성된 여성괴물성의 개념은 성차와 거세의 문제에 밀접하게 연관되어 있기 때문이다. "메두사의 머리는 여성 성기를 재현한 것"이라는 프로이트의 해석을 받아들인다면, 우리는 메두사 신화가 괴물성에 기반하여 남성 관객들에게 거세 공포를 환기시키는 차이의 서사, 즉 여성의 섹슈얼리티를 차이로 구성해내는 서사에 의해 영향을 받았다는 것을 알 수 있다. '메두사의 머리를 보는 것만으로도 구경꾼은 딱딱하게 굳어지며, 그를 돌덩이로 만들어 버린다.' 이 이야기의 아이러니는 프로이트의 이론에서도 계속되는데, 그는 딱딱하게 굳어진다는 것은 동시에 발기를 의미한다고 지적했다. '따라서 원래 상황에서는 그것이 구경꾼에게 위안을 준다. 그는 여전히 페니스를 가지고 있으며, 딱딱하게 굳어짐이 그에게 이 사실을 재확인시켜주는 것이다(ibid., 273). 독자는 공포영화를 보는 것과 같은 공포의 경험이 현대 남성 관객의 몸에도 비슷한 변화를 불러일으키는지 궁금할 것이다. 그리고 "너무 무서워서 오줌 지릴 뻔했어It scared the shit out of me"라던가 "토할 것 같아It made me feel sick" 혹은 "소름 끼쳐It gave me the creeps"와 같이 남성/여성 관객 모두가 사용하는 표현들을 생각하면서, 과연 공포를 주는 대상, 특히 여성괴물과 다른 신체적 상태 및 신체적 배설물(그것이 비록 은유적인 것이라 할지라도) 사이의 관계가 무엇인지 궁금할 것이다.

나는 '여성괴물monstrous-feminine'이라는 표현을 '남자괴물male monster'의 단순한 반대말인 '여자괴물female monster'의 의미로 사용해 왔다. 여성괴물이 관객을 공포로 몰아넣는 방식은 남성괴물이 관객을 공포에 떨게 하는 방식과는 매우 다르다. 이 차이점을 밝히기 위해 새로운 표현이 필요하다. 처녀에서 창녀에 이르기까지, 여성성에 대한 다른 모든 정형과 마찬가지로 여성괴물 역시 그녀의 섹슈얼리티를 바탕으로 정의되었다. '여성괴물'이라는 표현은 그녀의 괴물성 형성에 있어 젠더의 역할이 핵심적이었음을 강조한다.

억압과 위반 사이

위에서 제기된 문제를 논의하기 전에 이론가들과 비평가들이 대중 영화 속의 여성괴물에 대해 접근해 온 다양한 방식에 대해 고려해 볼 필요가 있다. 대체로 그들은 다음의 입장을 수용했다. 즉 단순히 남성괴물성의 일부로 여성괴물성을 파악하거나, 여성은 남성의 거세된 타자로 재현될 때에만 공포스럽다고 주장했고, 그저 스치듯이 여성괴물을 언급했거나, 그렇지 않다면 프랑켄슈타인이나 드라큘라의 전통 안에서 그다지 대단한 여성괴물은 존재하지 않았다고 설명했던 것이다. 공포영화의 이해에 있어 주목할 만한 성과를 남긴 이론가 중 한명인 로빈 우드 역시, 공포영화 속 젠더 관계에 관심을 기울였음에도 불구하고, 여성괴물에 대해서는 조금도 언급하지 않았다. 내가 아는 한에서는 누구도 여성괴물 혹은 여성괴물성에 대한 주목할 만한 분석을 내놓지 않았다.

제라르 렌은 그의 논문 「괴물과 희생자: 공포영화에서의 여성」에서 여성괴물이 존재한다는 생각 자체가 그들의 다소 예스럽지만 매우 성차별적인 기사도 정신에 반反한다고 생각하는 학자들의 전형적인 입장을 취하고 있다. 제라르 렌은 '환상물에는 매우 적은 수의 공포스럽고 외모가 흉측한 여성 캐릭터가 등장하고, 사실 그렇게 수가 적은 편이 더 좋다고 주장한다. 그는 여성은 삶이 그들에게 부여한 '자연스러운' 역할로만 재현되어야 한다고 생각하는 것 같다. '일상생활에서 어머니이자 연인인 여성이 피난처와 같은 평화의 느낌을 주는 캐릭터로 재현되는 것이 도리에 맞지 않겠는가?'(렌, 1979, 35) 그는 여자 괴물이 존재하기는 하지만 어째서 그들이 진정한 괴물이 아닌지를 설명한다. 예를 들어 그는 여성 흡혈귀가 존재하긴 하지만 언제나 '이차적' 괴물에 불과하다고 말하고, <반항>이나 <자매들>과 같은 영화들에 등장하는 정신분열증의 여성괴물들은 '정신분열증이 여성적 행동과 쉬이 동일시되기 때문에 이해할 수 있다고 설명한다(ibid., 37). 렌은 <닥터 모로의 DNA>의 여성 반인반수 괴물이나 <파충류>에서의 '저항하는' 여성 캐릭터를 그저 '문제적'이라고 폄하함으로써 여성괴물을 인정하는 것을 피해버린다. '위대한 정신병자에서 여성을 찾아보기는 힘들'며 세상에는 '단 한 명의 미친 여성 과학자도 존재하지 않는'다(ibid., 38). <엑소시스트>는 '환상물의 위대한 신화에 대한 여성 판본을 제작하려는 트렌드를 따른 것'의 결과일 뿐이다(ibid.). '환상물에 등장하는 적극적인 역할 중에서 예외 없이 여자인 캐릭터'는 마녀뿐이라는 것이다(ibid., 39). 그러나 렌은 그들의 괴물성보다는 '마녀의 매력'에 더 관심이 있었다. 렌은 이렇듯 성차별주의자의 지루한 연설만 늘어놓은 뒤 '위대한 괴물은 모두 남성이었다'라고 결론 내린다. 그의 관점에서 여성은 오직 공포영화의 확고 부동한 희생자로만 존재했다. '완벽하게 슬픈 희생자로서 그녀가 할 수 있는 최선은 고릴라나 미라, 늑대인간이나 프랑켄슈타인이라는 괴물의 팔에서 기절하는 것이었다'(ibid., 35).

비록 고전 남성괴물에 비해 여성괴물의 수가 적은 것이 사실이라고 해도, 그것이 여성괴물이 두렵지 않거나 진정으로 끔찍하지 않다는 것을 의미하지는 않는다. 렌은 심지어 <캡티브 와일드 우먼>과 <정글 우먼>의 아쿠아네타와 <정글 캡티브>의 비키 레인이 연기했던 1940년대의 에이프우먼 폴라에 대해서는 언급조차 하지 않았다. 이 '고릴라 여자'는 적어도 한 편 이상의 작품에 등장했던 고전적 여성괴물이었다. 괴물성을 구성하는 것이 무엇인가에 대한 렌의 정의는 몇 가지 점에서 논쟁적인데, 특히 정신분열증이 일으키는 공포는 그것을 파악할 수 있기 때문뿐만 아니라 그것이 '여성적' 병이기 때문에 개량적이라는 그의 언급은 문제적이다.

데이비드 J. 호간은 『다크 로맨스』에서 공포영화의 성적인 측면에 대해 연구했다. 그는 이 영화들에 관심을 가지면서도 여성괴물이 등장하는 하위 장르에 들어가서는 여성괴물성의 본질을 깊이 있게 다루지 않는다. 이에 대해서 논할 때에 그의 반응은 양면적이다. 한편으로 그는 여성괴물이 중요 캐릭터로 등장하는 공포영화는 '비교적 새로운 경향이며 미국과 유럽의 여성운동의 성장과 함께 발전해 온 것으로 보인다고 언급하면서, 이 영화들은 '너무 분명하고 유치하다고 폄하한다(호간, 1986, 19). 다른 한편으로 호간은 자신이 '사라진 여성들의 영화'라고 명명한 1950년대 초반에 등장한 '매혹적인 하위 장르'에 관심을 보인다. <우주의 여왕>, <쉬 크리처>, 그리고 <부두 우먼> 같은 영화들이 여자들이 남자들과 떨어져 살기로 선택한 이 하위 장르에 속한다. 이 영화의 중심 특징은 '남녀의 적대적 관계에 대한 강조'이며, 이것에 대해 호간은 걱정스럽다고 평했다(ibid., 61-3). 호간은 여성괴물이 등장하는 영화들에 대해 대체로 부정적이었다. 그러나 그는 '호러의 여신'이라고 알려진 바바라 스틸의 공로에 대해서는 주목했다. 그는 그녀가 호소력 있는 이유는 '감칠맛 나는 악마성의 표현과 유혹적이면서도 소름끼치는 성적 모호함'이라고 주장했다. 그가 보기에 스틸은 다른 어떤 장르영화 스타보다 여성 섹슈얼리티에 대한 문화의 모호한 태도뿐 아니라 섹스와 죽음 사이의 관계를 잘 재현했다(ibid., 164).

『공포의 쾌락』에서 제임스 트위첼은 공포영화는 청년들에게 사회에 대한 정보를 알려주는 상투적인 의례와 비슷하다고 주장했다. '근대의 공포 신화는 십대들에게 재생산의 고통을 준비시킨다. 그 공포신화는 성정체성에 대한 우화이다(트위첼, 1985, 7). 그는 주로 뱀파이어, 늑대인간, 좀비, 사이코패스 등 인간이 변형된 형태의 괴물에 관심이 있었다. 트위첼은 한편으로는 이런 범주에 속해 있는 여성괴물에 관심을 두었지만, 그럼에도 불구하고 <캐리>와 <엑소시스트>처럼 여성 통과의례에 대해 이야기하고 있는 작품들을 진지하게 연구하지는 않았다. 그는 여성 사이코패스들을 '여성적이지 못하다'라고 폄하했고(ibid., 257), 이는 그가 당연히 '여성성'이란 모든 폭력적이고 괴물 같은 행동을 제외한 의미라고 생각했다는 사실을 보여준다.

성차의 본질에 대한 최근의 논의에 기대어 공포를 분석하는 학자들만이 젠더의 관점에서 괴물성의 본질에 대해 논의하려고 한다. 보통 이 이론가들은 여성은 거세당했기 때문에 공포스럽다는 프로이트의 입장을 받아들이고 있다. 우리는 스티븐 닐의 저서 『장르』에서 괴물에 대한 가장 중요한 분석 중 하나를 접할 수 있다. 닐은 남성의 시선과 거세불안에 대한 로라 멀비의 이론에 기대어, 고전 공포영화에 등장하는 괴물들은 거세를 재현하고 있지만, 이 재현은 결국 결핍을 채워주고 거세를 부인함으로써 남성 관객들의 거세 불안을 위로하고 그들을 즐겁게 해주기 위한 것이라고 주장한다. 닐에 따르면 '특히 그들의 욕망의 대상이 예외 없이 대부분 여자일 때 모든 괴물은 사실 상 "남성"으로 규정될 수 있다'(닐, 1980, 61).

> 이런 의미에서, 남자들에게 여자를 욕망의 대상이자 위협으로 만드는 것은 바로 여자들의 섹슈얼리티이다. 이것이 공포영화가 탐구하려는 진정한 문제를 구성하며, 또한 이것이 궁극적으로 진정으로 공포스러운 것을 구성한다. (ibid., 61)

닐의 관점에서 괴물은 두 가지로 해석될 수 있다. 첫째, 괴물은 인간과 비인간 사이의 경계를 의미한다. 둘째, 궁극적으로 괴물성을 구성하

억압과 위반 사이

고 설명하는 것은 바로 거세에 대한 남성들의 공포다. 닐은 여성의 섹슈 얼리티에 대한 남성의 매혹과 두려움이 공포영화의 의미화 관습 안에서 끊임없이 재생산된다고 주장한다. 따라서 공포영화는 페티시를 풍부하게 전시하는 것이다. 이 페티시의 기능은 여성은 거세당했다는 말도 안 되는 믿음, 바로 그 오해에 근거를 두고 있는 가부장적 질서의 변태성을 입증하는 것이다.

수잔 루리의 논문 「정신분석학과 영화에서의 "거세된 여성"의 구성」은 여성괴물에 대해 일관적이고 중요한 논의를 보여준다. 닐의 주장에 반대하는 입장에서 루리는 남성이 여성을 두려워하는 것은 여성이 거세되었기 때문이 아니라 여성이 거세당하지 않았기 때문이라고 주장하면서 전통적인 프로이트적 입장에 도전한다. 루리는 남성이 여성을 두려워하는 이유는 남성이 거세당했을 때처럼 여성이 신체가 불구인 상태가 아니기 때문이라고 역설한다. 즉, 여성은 신체적으로 완전하고, 손상되지 않았으며, 자신의 성적 힘을 가지고 있다는 것이다. 거세된 여성이라는 개념은 여성이 남성에게 어떤 일을 할 수 있는가에 대한 남성의 두려움을 극복하기 위한 판타지phantasy일 뿐이다. (나는 시종일관 '판타지fantasy'보다는 '판타지phantasy'라는 표현을 사용해왔다. 그것은 주체를 소망충족을 위해 활동하는 주인공으로 묘사하는 프로이트 관점에서의 '판타지phantasy'를 강조하기 위해서이다. '판타지fantasy'는 종종 기발한 행동이나 말이라는 의미로 쓰이기도 하는데, 이는 내가 피하고자 하는 의미다.) 특히 남성은 여성이 정신적, 신체적으로 그를 거세할 수 있다는 사실을 두려워한다. 그는 자신의 페니스가 여성의 '게걸스럽게 집어 삼키는 압' 속으로 사라지는 성교 중에 신체적인 거세가 일어날 수도 있다고 상상한다(루리, 1981-2, 55). 루리의 분석은 거세하는 타자인 여성에 대한 남성의 두려움을 논하는 부분에서 특히 중요하다. 바로 이 부분이 내가 이 책의 2부에서 좀 더 자세히 논의할 내용이다. 그러나 닐처럼, 루리는 궁극적으로 여성이 희생자로 재현되는 것에만 집중했다. 그녀는 남성이 영화 텍스트의 의미화 과정 안에서 여성을 거세당한 것으로 구성함으로써 여성이 거세되지 않았다는 그의 두려움을 처리한다고 주장하고, 알프레드 히치콕의 <새>를 통해 이 과정을 분석했다. 그녀는, 특히 로맨스 장르에서, 여성을 상징적으로 거세당한 것으로 재현하려는 '노력의 확산'은 '남성이 여성을 선천적으로 거세당했다고 여긴다는 가정에 맹렬하게 반대한다고 주장한다(ibid., 56).

　루리의 연구에 기대어 린다 윌리암스는 그녀의 논문 「여성이 볼 때」에서 공포물에서의 괴물 재현의 핵심은 여성의 '차이의 힘'이라고 주장했다(1984, 89). 그녀는 <노스페라투>, <오페라의 유령>과 같은 고전 공포영화에서 우리는 '본다는 행위의 가부장적 구조 안에서 그들의 비슷한 위치'를 발견한다는 점에서 괴물과 여성 사이의 '놀라운 (그리고 때로는 전복적인)' 공감을 자주 확인할 수 있다고 주장했다. 괴물과 여성의 신체는 모두 두렵고 위협적인 섹슈얼리티의 형태를 재현하는 '생물학적 기형'으로 묘사되었다. 이것은 여성 관객에게 중요한 의미를 가지고 있다. '그래서 여자가 괴물을 볼 때 남자의 나약한 힘에 대한 잠재적인 위협으로서 괴물과 자신의 비슷한 위치에 대해 자각한다'(ibid., 90). 윌리암스의 주장은 괴물이 남성성과 동일시된다는 가정에 도전하고 여성의 '차이의 힘'에 대해 논의할 수 있는 길을 열었다. 윌리암스의 이론은 공포영화에 대한 기존의 접근 방식에 도전했다는 점에서 매우 중요하다. 그러나 여전히 여성괴물성의 본질에 대해서는 답변되지 않은 질문들을 남겨놓았다. 남성괴물과 완전히 분리된 존재로서 여성괴물성을

억압과 위반 사이

정의할 수 있게 만드는 여성 자체의 그 무엇은 정확히 어떤 것인가?

    윌리암스의 논의를 제외하고 위에서 논의된 거의 대부분의 논문이 여성을 공포영화의 희생자로 다루고 있다. 그 주된 이유는 그들이 대부분 여성이 거세되었기 때문에 공포를 유발한다는 프로이트의 이론, 즉 이미 여성을 희생자로 구성해 놓은 이론을 수용하고 있기 때문이다. 이런 입장은 여성은 '원래부터' 희생자라고 말하는 본질주의적 관점을 대변하고 또 지지하는 가부장적 정의를 강화할 뿐이다. 나는 공포영화에서의 여성 재현을 분석하고 여성이 다수의 공포영화에서 괴물로 재현되고 있다는 사실을 주장하려고 한다. 그러나 나는 단순히 여성괴물이 수동적이 아니라 적극적인 형태로 재현되었다고 해서 이것이 '페미니스트적'이라거나 '해방된' 것이라고 주장하려는 것은 아니다. 대중적인 공포영화에 등장하는 여성괴물은 여자의 욕망이나 여성 주체성에 대해서 이야기하기 보다는 남성의 공포에 대해서 이야기한다. 그럼에도 불구하고, 이런 재현은 확실히 남성 관객은 대체로 적극적이고 가학적인 위치에 있고 여성 관객은 언제나 수동적이고 피학적인 위치에 있다는 관점에 도전한다. 이런 특징에 대한 분석은 또한 프로이트 이론의 중심 내용을 재독해 할 필요성을 제기한다. 특히 그의 오이디푸스 콤플렉스와 거세 위기에 대한 이론은 재독해 되어야 한다.

    제1부에서는 줄리아 크리스테바의 비체와 모성에 대한 이론을 통해 적어도 다섯 가지 종류의 여성괴물에 대해 자세한 논의를 펼칠 것이다. (1장과 2장은 『스크린』에 게재된 「공포와 여성괴물: 상상계적 아브젝션」 이라는 제목의 논문을 수정 보완한 것이다.) 여기에서 나는 여성이 공포스럽게 재현될 때에는 대체로 어머니로서의 역할과 재생산 기능에 관계되어 있다고 주장할 것이다. 이 종류는 원초적 어머니, 기괴한 자궁,

마녀, 뱀파이어, 그리고 귀신들린 여자다. 제2부에서는 프로이트의 거세 이론과의 관계 안에서 여성이 괴물로 재현되는 것에 대해 논의하고자 한다. 프로이트는 그녀가 거세된 채로 등장하기 때문에 공포스럽다고 설명했지만, 나의 관점에서 남성의 거세에 대한 공포는 그로 하여금 또 다른 기괴한 판타지를 구성하게 했다. 바로 거세하는 자로서의 여성이다. 여기서 여성의 기괴함은 재생산보다는 성적 욕망이라는 문제에 직결된다. 거세자로서의 여성의 이미지는 적어도 세 가지의 형태를 띤다. 바로 치명적인 여성 거세자, 거세하는 어머니, 그리고 바기나 덴타타(이빨 달린 질)가 그것이다. 프로이트는 거세자로서의 여성에 대한 남성의 공포를 분석하지 않았다. 사실 그는 성차에 대한 글과 그의 임상 사례 기록에서 여성의 이런 이미지를 억압해 온 것처럼 보인다. 따라서 이 연구는 필연적으로 대중영화에 대한 분석을 통해 프로이트 이론의 주요 내용과 현대 영화 이론에 대한 비평을 이끌어낼 것이다.

1. 크리스테바, 여성성, 아브젝션 [1]

> 우리는 그것을 경계라고 부를 수 있다. 아브젝션이란 무엇보다 모호
> 함이다. 왜냐하면, 붙들고 있던 것을 놓는다고 해서 아브젝션이 주체
> 를 위협하는 것으로부터 근본적으로 주체를 분리하는 것이 아니기 때
> 문이다. 오히려 아브젝션은 주체가 영구한 위험 속에 있다는 것을 인
> 식하게 한다.
>
> 줄리아 크리스테바, 『공포의 권력』

    우리는 줄리아 크리스테바의 『공포의 권력』에서 공포영화의 여성
괴물 재현을 분석하기 위한 하나의 가설을 찾을 수 있다. 크리스테바의
연구는 주로 정신분석학과 문학에 집중되어 있지만, 그럼에도 불구하고
공포영화 속 여성괴물을 여성의 모성적 특성 및 '아브젝션' 개념과의
관련 안에서 위치 지을 수 있게 한다. 그리고 이 '아브젝션'은 '경계와
위치, 규칙을 존중'하지 않으며 '정체성과 체계, 그리고 질서를 교란하
는 것이다(크리스테바, 1982, 4). 일반적으로 크리스테바는 아브젝션이
어떻게 인간사회에서 인간을 비인간과 분리하고 완전히 구성된 주체를
일부분 구성된 주체와 분리하는 수단으로 작동하는가를 탐구하고자 했

---

1. 크리스테바의 the abject와 abjection, 그리고 abject(동사)를 번역하는 일은 쉬운 일이 아니다.
『공포의 권력』을 번역한 서민원은 이를 아브젝트, 아브젝숀으로 번역했으며, 이것이 대체적
인 경우였다. 『크리스테바 읽기』를 번역한 박재열은 the abject를 '비천체(卑賤體)'로 abjection
을 '비천함'으로 번역했고, 크리스테바에 대한 연구에서 고갑희는 박재열의 '비천체'라는 번
역을 받아들여서 '비체(卑體)'의 의미를 포함하면서 주체가 아니라는 의미의 '비체(非體)'라는
중의적 표현을 지닌 '비체'를 사용한다. 그는 abjection은 "밀려남과 밀어냄을 동시에 포함하
는 단어이며 쪼개지고 갈라지고 분열된다는 의미를 띠고 있기에 단순히 '비천함'으로 번역
될 수만은 없어 아브젝션으로 한다"고 밝히고 있다. (고갑희, 「줄리아 크리스테바의 경계선
의 철학」, 한국영미문학페미니즘학회, 『페미니즘—어제와 오늘』, 민음사, 2000, 203쪽.) 본 역
서에서는 고갑희의 번역을 따르도록 하겠다.

다. 의례는 한 사회가 비체적 요소와 최초 접촉을 재개할 수 있도록 도와주는 수단이자, 이후 그 요소를 다시 제거하는 수단이 되어왔다. 이런 의례를 통해 인간과 비인간 사이의 경계가 새로이 그려지고 그 과정으로 인해 경계는 더 강력해졌을 것이다. (『공포의 권력』의 목표 중 하나는 '사회학 협회2에서 전개되어 왔던 많은 주장과 믿음을 수정하는 것이었고, 그 중에서도 특히 여성성, 비천한 것, 그리고 신성한 것의 본질에 대한 새로운 입장을 보여주는 것이었다. 협회의 철학과 글쓰기에 대한 소개는 데니스 홀리어가 편집한 『사회학 협회』를 참고)

크리스테바 이론에 관한 면밀한 고찰은 이 책의 목적 밖의 일이다. 여기서는 크리스테바가 인간주체에서 아브젝션을 설명한 이론 중 경계, 어머니-아이 관계, 그리고 여성신체라는 세 가지 개념에 기대려고 한다. 필요한 부분에서는 종교적 담론을 통해 비체에 대해서 언급했던 그녀의 저작을 다룰 것이다. 이 부분을 무시할 수 없는 이유는, 그녀의 연구를 접할수록 현대 공포영화 텍스트에서 구성된 괴물성의 정의란 아브젝션의 고대 종교적, 역사적 개념에 근거하고 있다는 점이 분명해지기 때문이다. 특히 성적 부도덕과 변태성/신체적 변형, 부패, 그리고 죽음/인간의 희생/살인/시체/배설물/여성의 몸과 근친상간 같은 종교적인 '혐오'의 대상에서는 더욱 그렇다. 이런 형태의 아브젝션은 현대 공포영화에서 괴물성을 구성하는 핵심적인 요소다.

비체의 장소는 '의미가 붕괴되는 장소'이며 '내'가 존재하지 않는 장소이다. 비체는 삶을 위협한다. 비체는 살아 있는 주체가 존재하는

2. 사회학 협회(College of Sociology)는 1937년과 1939년 사이에 파리에서 개최된 연속 비공식 토론회의 이름을 따라 명명된 프랑스 지식인들의 느슨한 모임이었다. 창립 회원은 조르쥬 바타이유, 로제 카이와, 피에르 클로소프스키, 쥘 모네로, 피에르 리브라, 그리고 조르쥬 암브로시노 등이었다. 이들은 초현실주의가 무의식에 초점을 둔 것은 사회에 대하여 개인에게 특권을 부여하고 인간 경험의 사회적 차원을 모호하게 만든다는 점에서 초현실주의에 반대했다.

억압과 위반 사이

장소로부터 '급박하게 추방되어야만 하며 (크리스테바, 1982, 2) 육체로부터 내쫓겨서 자기the self를 위협하는 것으로부터 자기를 분리시키는 상상계적 경계 반대편에 놓여야만 한다. 주체는 비체를 추방해야 하지만, 동시에 비체는 묵인되어야만 한다. 왜냐하면 삶을 위협하는 것이 곧 삶을 규정함에 일조하기 때문이다. 게다가 이 추방의 행위는 주체가 상징계 안에서 적절한 위치를 차지했다는 사실을 확인시켜주기 위해 필요하다.

우리는 다양한 방식으로 비체를 경험할 수 있다. 이중 하나는 생물학적 신체기능과 관계가 있고, 다른 하나는 상징적 (종교적) 경제 안에서 설명되어 왔다. 예를 들어, 크리스테바는 음식물에 대한 혐오가 '아마도 가장 기본적이고 원초적인 형태의 아브젝션일 것'이라고 주장했다(ibid.). 그러나 음식은 '분명한 두 존재 혹은 영역의 경계를 의미'할 때에만 비천해진다(ibid., 75). 크리스테바는 아버지와 어머니가 그녀에게 주었던 우유의 표면에 있던 얇은 막이 어떻게 그녀 자신에게 '그들의 욕망의 표시', 그녀의 세계를 그들의 세계와 분리하려는 표시, 그녀가 원하지 않았던 그 표시가 되었는지 설명한다. '그러나 부모의 욕망 속에만 존재하는 "나"에게 음식물은 "타자"가 아니기 때문에, 나는 나 자신을 추방하고 나 자신을 뱉어냈으며, "내"가 나 자신을 구축하고자 했던 것과 같은 행동으로 나 자신을 비체화했다(ibid., 3). 공포영화에서 음식혐오, 특히 인간의 살을 먹는 것이 자주 아브젝션의 중심 재료로 사용된다는 것에 주목할 필요가 있다. (<피의 축제>, <모텔 헬>, <블러드 다이너>, <공포의 휴가길>, <시체 그라인더>).

아브젝션의 궁극은 시체다. 주체가 어떤 이유로든 혐오스럽다고 느끼는 음식을 추방하는 것처럼 육체는 똥, 피, 오줌, 고름과 같은 배설물을 몸에서 내보냄으로써 이런 것들로부터 스스로를 보호한다. 육체는 이런 물질들을 배출하면서 동시에 이런 물질 자체와 그것들이 생겨나는 곳으로부터 스스로를 구출한다. 그렇게 함으로써 삶을 지속할 수 있는 것이다.

> 상실에 상실을 이어가면서, 아무것도 내 안에 남아 있지 않고 나의 육체가 한계 저 너머로 완전히 나가떨어져 시체가 될 때까지 나의 삶을 유지하기 위해서 이런 배설물은 뚝뚝 떨어져 나간다. 만약 똥이 경계의 다른 편, 내가 있지 않은 그 장소, 그리고 나를 존재하도록 하는 그 장소를 의미한다면, 가장 혐오스러운 배설물인 시체는 모든 것을 잠식하는 경계이다. 더 이상 내가 추방하는 것이 아니다. "내"가 추방당하는 것이다. (ibid., 3-4)

성서적인 맥락 안에서 시체는 완전히 비천하다. 시체는 영혼이 없는 육체로, 가장 기본적인 타락을 의미한다. 오물의 한 형태인 시체는 영적이고 종교적인 상징의 반대를 나타낸다. 공포영화에서 가장 인기 있는 괴물이 '영혼이 없는 육체'(뱀파이어), '살아있는 시체'(좀비), '시체를 먹는 괴물'(구울), 그리고 로봇이나 안드로이드라는 사실에 주목할 필요가 있다. 또한 흥미롭게도 이런 뱀파이어, 구울, 좀비, 그리고 마녀와 같은 아브젝션의 오래된 형태들이 여전히 현대 영화의 가장 지배적인 공포 이미지를 제공한다. (마녀의 경우 그녀가 저지른 범죄 중 하나는 마법 의식에 시체를 사용한다는 것이다.) 몸 자체가 인간과 금수의 경계를 붕괴시키는 늑대인간류의 괴물들 역시 이런 범주에 속한다.

아브젝션은 개인이 위선자, 즉 거짓말쟁이일 때도 일어난다. 비천한 것들은 '법의 유약함'을 강조하고, 살아있는 주체와 그 주체를 멸종시키겠다고 위협하는 것들을 분리하는 경계의 저편에 존재한다. 그러나 주

억압과 위반 사이

체는 절대 아브젝션으로부터 자유로울 수 없다. 그것은 언제나 그곳에 존재하면서 자기로 하여금 아브젝션의 공간, 즉 의미들이 무너지는 그 공간에 머무르라고 유혹한다. 언어 안에서, 언어를 통해서, 그리고 의미에 대한 욕망을 통해서 구성된 주체는 무의미의 공간, 즉 비체에 의해서 말해진다. 따라서 주체는 끊임없이 자신의 욕망을 사로잡지만 자기-절멸의 공포 때문에 제거해야만 하는 아브젝션에 의해 포위당한다. 중요한 것은 아브젝션이 언제나 모호하다는 것이다. 바타유처럼, 크리스테바는 미분화의 공포 뿐 아니라 그 매력 역시 강조했다.

아브젝션과 공포영화

공포영화는 적어도 세 가지 면에서 아브젝션을 묘사하고 있는 것으로 보인다. 첫째, 공포영화는 아브젝션의 이미지들로 넘쳐난다. 그 중 최고는 피와 토사물, 타액, 땀, 눈물, 그리고 곪아터진 살들로 버무려진 완전한 형태 혹은 절단된 형태의 시체 이미지이다. 크리스테바의 경계 개념에 따르면, 우리가 어떤 공포영화가 '토할 것 같았다made me sick'라고 말하거나 '너무 무서워서 오줌을 지릴 지경이었다scared the shit out of me'라고 말할 때 우리는 이미 그 특정 공포영화를 위 말의 의미 그대로 '아브젝션의 작용' 혹은 '활동 중인 아브젝션'으로 전면에 깔아 놓는 것이다. 공포영화를 관람하는 것은 (매스껍고 끔찍한 이미지들을 대면하고, 공포에 사로잡히며, 미분화된 것들을 욕망하는 등의) 변태적 쾌락에 대한 욕망을 의미할 뿐 아니라, 이미 변태성으로 가득차고 변태적 행위의 쾌락에 사로잡혀 (관객석에서 안전하게 앉아서) 비체를 토해내고 던져버리고 배설하고자 하는 욕망을 보여준다. 특히 여성은, 크리스테바의 관점에서, 배설물과 월경이라는 두 가지 점 때문에 오염시키는 대상과 관계가 깊다. 이것은 여성으로 하여금 비체와 특별한 관계를 맺도록 한다. 이 중요한 관점에 대해서는 곧 설명하도록 하겠다.

두 번째로 공포영화의 괴물성 구성에 있어 경계의 개념은 매우 중요하다. 왜냐하면 경계를 넘거나 혹은 넘겠다고 위협하는 것이 비체이기 때문이다. 비록 그 경계라는 것의 구체적인 본질은 영화마다 다르겠지만 그 영화에서 괴물이 수행하는 역할은 결국 마찬가지이다. 즉 괴물은 상징계적 질서와 그 질서의 안정성을 위협하는 것 사이에 충돌을 일으킨다. 어떤 공포영화에서는 인간과 비인간, 인간과 야수 사이의 경계에서 괴물성이 만들어진다. (<지킬 박사와 하이드씨>, <검은 산호초의 괴물>, <킹콩>). 다른 공포영화에서는 그 경계가 정상과 초자연, 선과 악 사이에 존재한다. (<캐리>, <엑소시스트>, <오멘>, <악마의 씨>). 때로 괴물성은 자신에게 주어진 적절한 성역할을 수행하고 있는 인간과 그렇지 않은 인간 사이를 가르는 경계에서 구성되기도 한다. (<사이코>, <드레스트 투 킬>, <공포의 그림자>). 혹은 정상적, 비정상적 성적 욕망 사이에서 그 경계를 발견할 수도 있다. (<악마의 키스>, <캣 피플>). 대부분의 공포영화는 또한 크리스테바가 '깨끗하고 적절한 몸'이라고 언급한 것과 비천한 몸 혹은 형태가 변형되고 완전성을 잃은 몸 사이에 경계를 구성한다. 완전히 상징계적인 육체는 그것이 자연에 진 빚을 기억하면 안 된다. 크리스테바의 관점에서 여성 육체의 이미지는 어머니로서의 기능 때문에 '자연에 진 빚'을 인식하고 있으며 결과적으로 비체에 좀 더 가깝다(ibid., 102). 여성의 물질적인 신체라는 개념은 공포영화에서 경계를 구성함에 있어 핵심적인 요소다. 이 책의 다음 장들에서 이 중요한 부분에 대해 완전히 파헤칠 것이다.

흥미롭게도 공포영화의 많은 하위 장르들이 아브젝션의 종교적 범

억압과 위반 사이

주에 부응하고 있다. 예를 들어, 종교적인 혐오의 대상인 카니발리즘은 '고기' 영화의 핵심이다. (<살아 있는 시체들의 밤>, <공포의 휴가길>). 혐오로서의 시체는 구울과 좀비 영화에서 비체가 되었다. (<이블 데드>, <좀비2>). 피는 (<피를 빠는 변태들>과 같은) 다른 일반적인 공포영화에서와 마찬가지로 뱀파이어 영화의 핵심이다. (<악마의 키스>). 시체는 사실상 모든 공포영화에서 비체로 구성된다. 종교적 혐오로서 신체적 변형 역시 슬래셔 영화의 핵심이다. 특히 여성이 난자당하는 영화에서 그 표시는 여성의 '차이'와 불결함을 의미한다. (<드레스트 투 킬>, <사이코>).

공포영화가 아브젝션의 작용을 묘사하고 있는 세 번째 방식은 여성의 모성적 특성을 비체로 구성하는 것에 있다. 크리스테바는 모든 개인은 자신의 어머니로부터 벗어나려는 최초의 시도에서 아브젝션을 경험한다고 주장한다. 그녀는 어머니-자녀 관계를 하나의 주목할 만한 갈등으로 본다. 아이는 자유롭고 싶지만 어머니는 아이를 놓아주려고 하지 않는다. (자기성애와 근친상간 금기에 대한 방어로서) 모성적 육체에 새겨진 금지라는 가장 혹독한 부분과 관련한 '상징적 기능의 불안정성' 때문에, 크리스테바는 모성적 육체가 욕망들의 격전지가 된다고 주장했다. '여기서 충동이 지배하면서 내가 플라톤을 따라 (『티메우스』, 48-53) 본능의 수용체인 코라라고 이름 하는 낯선 공간을 구성한다'(ibid., 14). 아이의 위치는 더욱더 불안정적이 되는데, 이는 어머니가 아이에 대한 밀접한 영향력을 행사하는 반면 코라3가 어머니의 존재를 증명해주기

---

3. 크리드가 전제한 것처럼 이 책의 목적은 크리스테바의 철학과 이론을 깊게 파헤치는 것은 아니다. 그러나 크리드가 공포영화의 여성괴물성을 독해하기 위해 기대고 있는 크리스테바 이론의 일부를 이해하기 위해서 몇 가지 개념을 간단하게 설명하는 일은 필요하다. '코라'는 "아직 충동의 체계 속으로 집결되지 않은 몸의 맥박들이 간헐적으로 상징적 담론을 교란시키는 전(前)오이디푸스적 공간"(엘리자베스 라이트, 『라캉과 페미니즘』, 이소희 역, 이제이북스, 2002, 12쪽.)인 '기호계'를 설명하기 위해 크리스테바가 플라톤의 『티메우스』에서 차용해

때문이다. 어머니의 존재는 그녀가 상징계와 가지는 문제적 관계 때문에 증명이 필요하다.

도망치려는 아이의 시도 안에서 어머니는 '비체'가 된다. 따라서 이런 맥락에서 아이가 분리된 주체가 되기 위해 투쟁할 때 아브젝션은 '나르시시즘의 필수조건'이 된다(ibid.). 우리는 원초적인 모성적 존재로 재현되는 어머니로부터 도망치려는 아이가 등장하는 영화에서 활동 중인 아브젝션을 확인할 수 있다. 이런 경우에, 아버지는 예외 없이 부재중이다. (<사이코>, <캐리>, <새>). 이런 영화들에서 어머니는 여성괴물로 구성된다. 아이에 대한 지배를 포기하지 않음으로써 어머니는 아이가 상징계에서 적절한 자리를 차지하는 것을 막는다. 부분적으로는 어머니와의 행복한 관계 안에 갇혀 있고 싶다는 욕망에 사로잡히고, 또 부분적으로는 분리를 두려워하면서, 아이는 이자적 관계가 제공하는 위안을 주는 쾌락에 굴복하는 것이 쉽다는 사실을 발견한다. 크리스테바는 종교의 대부분이 이 위험에 태클을 거는 기능을 맡아왔다고 주장한다.

온 개념이다. '코라'는 어머니와 아이가 분리되지 않은 아버지의 법 이전의 어머니의 권위의 공간이며, 이곳에서 유아는 아직 '타자성을 담보로 하는 주체'로서의 정체성을 확립하지 못한 상태이다. '코라'는 아버지의 언어로 표현될 수 없는 아버지 이전의 "모성적으로 함축된 용기(容器)"로 '기호계'를 가능하게 하는 전제이다. (엘리자베스 라이트, 『페미니즘과 정신분석학 사전』, 박찬부·정정호 외 역, 한신문화사, 1997, 312쪽.) '기호계'는 라캉의 '상상계'에 준하는 단계이지만, 기호계에서는 의미화 과정을 구성하게 될 최초의 자취들이 확립된다. 크리스테바에게 있어 상징계는 기호계의 억압과 승화를 통해 형성되며 기호계 없이 존재할 수 없다. 따라서 그는 기호계와 상징계라는 두 양태의 상호작용이 의미생성과정을 구성한다고 주장한다. 그에게 있어 주체는 항상 기호계적인 동시에 상징계적이기 때문에 그 주체가 생성하는 의미 체계는 어떤 것이든 간에 이 두 가지 양태를 포함할 수밖에 없다. (줄리아 크리스테바, 『시적언어의 혁명』, 김인환 역, 동문선, 2000, 24-25쪽.) 기호계적 코라는 상징계 이전의 단계이기 때문에 의미생성과정이 일어나기 위해서는 이러한 기호계적 연속체가 파열되어야 한다. 즉 어머니와 아이의 분리인 기호계적 파열이 일어나야 하는 것인데, 이 과정이 테틱(thetic)이다. 테틱은 기호계와 상징계의 경계선 단계로 의미화 실천의 필수적인 단계인 동시에 그 안에 기호계의 맥박을 각인하고 있는 단계이다. 시적 언어의 비문법적인 전위적 성격은 테틱에서 비롯된다. (토릴 모이, 『성과 텍스트의 정치학』, 임옥희, 이명호, 정경심 역, 한신문화사, 1994, 190쪽.) 그는 『시적 언어의 혁명』에서 기호계가 소리, 강세, 리듬, 반복 등과 같이 단일한 상징적 언어로는 환원되지 않는 복수적인 의미의 시적 언어 형태로 나타나며, 이것이 상징계에 끊임없이 침투하면서 시적 언어의 혁명을 통해 상징적 언어, 즉 아버지의 법의 전복 가능성을 보여준다고 주장한다. (줄리아 크리스테바, 위의 책.)

억압과 위반 사이

이것이 우리가 불결제의와 그 제의들의 파생을 대면하게 되는 지점이다. 이는 아브젝션의 느낌에 근거하고 전체적으로 모성에 집중하면서 주체에 대한 다른 위협을 상징화하려고 한다. 이 다른 위협이란 이자적 관계의 늪에 빠져서 일부분을 상실하는 위험(거세)이 아니라 그의 존재 자체를 상실하는 위험을 감수하는 것이다. 이런 종교적 의식의 기능은 어머니 안으로 어쩔 수 없이 침잠하는 그 자신의 주체성에 대한 주체의 공포를 물리치는 것이다. (ibid., 64.)

그렇다면 어떻게 어머니와의 접촉에 대한 금지가 규정되고 집행되는가? 이 질문에 답하면서 크리스테바는 전 세계적인 불결제의rituals of defilement를 어머니와 연결했다. 그녀에 따르면 모든 불결제의를 집행하는 과정에서 오염시키는 것들은 두 개의 범주로 나누어진다. 첫째는 외부로부터 주체성을 위협하는 배설이고, 다른 하나는 안으로부터 위협하는 월경이다. 오염시키는 것의 두 범주 모두 어머니와 연결되어 있다. 월경혈과의 관계는 그 자체로 분명하다. 어머니와 배설과의 관계는 배변 훈련에서 어머니가 수행하는 역할로부터 비롯된다. 이 지점에서 크리스테바는 주체가 최초로 대면하는 '권위'는 아이가 어머니와의 상호작용 안에서 몸의 형태, 깨끗함과 더러움, 몸의 적절한 부분과 적절하지 않은 부분 등 자신의 몸에 대해 배워가는 과정에서 대면하게 되는 어머니의 권위라고 주장한다. 내가 공포영화에서 여성괴물에 대해 분석할 때 거세를 이야기하면서 상징계까지 확장해 들어갈 것이 바로 이 '어머니의 권위'라는 개념이다. 크리스테바는 배변훈련의 과정을 그녀가 '기호계'라고 부르는 '몸에 대한 최초의 지형도 그리기'라고 말한다. 그녀는 '어머니의 권위'와 '아버지의 법'을 구분한다. '어머니의 권위는 자기의 깨끗하고 적절한 몸의 지형도 그리기의 관리자이다. 이는 남근기와 언어의 습득을 통해 인간의 운명이 구체화되는 공간인 아버지의 법과는 다르다(ibid., 72). 인도 카스트제도 안에서의 불결제의에 대해 논하면서, 크리스테바는 어머니의 권위와 아버지의 법 사이에 차이점을 설명한다. 그녀는 '자기의 깨끗하고 적절한 몸의 지형도 그리기'(ibid) 시기는 '죄의 식 없는 권위'를 특징으로 하며, 이는 '어머니와 자연이 통합되어 있는' 시간이다(ibid., 74). 그러나 상징계는 이와는 '완전히 다른, 당황과 수치, 죄의식, 욕망과 같은 것들이 작용하는 사회적 의미화 수행의 세계, 남근 적 질서의 세계로 안내한다. 인도의 맥락에서는, 이 두 세계가 불결제의 의 역할 덕분에 나란히 조화롭게 존재한다. 여기에서 크리스테바는 공 공장소에서 배변하는 인도의 관습에 대해 언급한다. 크리스테바에 따르 면 다른 사회에 존재하는 어머니의 세계(수치심이 없는 세계)와 아버지 의 세계(수치심의 세계) 사이의 구분이 신경증을 유발할 수도 있는 반면, 인도에서는 '완벽한 사회화'가 이루어졌다. '이는 인도의 불결제의가 오 염의 세계와 금지의 세계가 각각 비체나 법 등으로 구분될 필요 없이 서로 가볍게 스치고 지나갈 수 있도록 연결선이나 구분선의 기능을 맡 고 있기 때문일 것이다'(ibid.).

사실상 모든 공포 텍스트는 크리스테바가 말한 어머니의 권위 및 자기의 깨끗하고 적절한 몸의 지형도 그리기 개념 안에서 여성괴물을 재현한다. 피, 토사물, 오줌, 똥과 같은 것들의 이미지는 문화적, 사회적 으로 구성된 공포의 개념이다. 그들은 어머니의 권위와 아버지의 법이 라는 두 질서 사이의 구분을 보여준다. 한편으로 육체적 배설물의 이러 한 이미지들은 상징계 안에서 이미 완전하고 적절한 것으로 구성되어 있는 주체를 위협한다. 결과적으로 이런 이미지들은 텍스트 안의 주인 공과 극장 안의 관객 둘 다의 주체들을 메스꺼움과 혐오감으로 가득

억압과 위반 사이

채운다. 또 다른 한편으로 이 이미지들은 '어머니와 자연이 혼합'되어 있던 그 시절을 환기시킨다. 그 시절에 육체적 배설물들은 몸과 분리되어 있을 때에도 당황스럽거나 부끄러운 비체로 여겨지지 않았다. 공포영화에 등장하는 이런 이미지들은 사회적 상징계 안에 위치하고 있는 관객들에게 혐오감을 불러일으킬지도 모른다. 그러나 좀 더 원초적인 단계에서 신체적 배설물들은, 때때로 변태적 쾌락으로 묘사되는 혐오의 타부를 깨는 쾌락과 어머니와 아이의 관계 안에서 몸과 그 몸의 배설물들을 '가지고 노는' 구속되지 않은 즐거움을 느낄 수 있었던 시절로 돌아가는 쾌락을 깨운다.

현대 공포영화는 종종 넘쳐나는 피와 고어 장면으로 관객과 유희한다. 이 영화들은, 육체가 끊임없이 억압당한 어머니의 세계를 드러내고 있는 육체의 영역에서 상징적 질서라는 것이 얼마나 유약한지를 세심하게 보여준다. <엑소시스트>에서는 여성의 부정함이 피, 오줌, 대변, 그리고 담즙으로 떡칠 된 부패하고 더러운 몸으로 표현되는 장면에서, 목사 아버지로 대표되는 상징계적 세계와 악마와 손을 잡은 사춘기 소녀로 대변되는 전(前) 상징계적 세계가 격돌한다. 의미심장하게도, 이 귀신들린 소녀는 초경을 하기 직전이었다. 한 장면에서 상처 입은 소녀의 성기에서 흘러나온 피는 월경혈과 섞여들었고 이런 이미지는 공포영화의 주요 장면 중 하나다. (<엑소시스트>에 대한 자세한 논의는 3장에서 이어진다.) <캐리>에서 가장 공포스러운 상황은 주인공 커플이 영화가 설정해 놓은 방향대로 월경혈을 의미하는 돼지피를 뒤집어썼을 때 벌어진다. 이 영화에서 여자는 '돼지'로 언급되고 여자는 '돼지처럼 피를 흘리'며 돼지 피는 극도의 쾌락의 순간에 캐리의 몸을 타고 흘러내린다. 마치 그녀가 샤워를 하면서 자신의 몸을 즐겼던 쾌락의 순간에 월경혈이 다리를 타고 흘러내렸던 것처럼 말이다. 여기서, 여성의 피와 돼지의 피는 공포와 수치, 그리고 굴욕감을 의미하면서 함께 흘러내린다. 그러나 이 영화에서는 여성의 섹슈얼리티는 악의 근원이며 여성의 월경은 죄의 징표라고 보는 질서를 체화한 캐리의 어머니가 상징계를 대변한다. (자세한 논의는 5장에서 계속될 것이다.)

크리스테바의 기호계는 목소리의 소리와 음조, 충동의 직접적인 표현 및 어머니라는 존재와의 육체적 접촉과 관계되어 있는 전언어 단계pre-verbal dimension를 가정한다. '그것은 의미에 의존한다. 그러나 한편으로 그 의미란 그들이 발견한 언어적 기호의 의미나 상징계의 의미와는 다른 것이다'(ibid., 72). 아이를 어머니로부터 분리하는 과정인 주체의 상징계로의 진입과 함께, 어머니 그리고 어머니의 권위는 억압당한다. 이에 크리스테바는 어머니의 기호계적 권위와 아버지의 상징계적 법 사이에 경계를 그리는 것이 바로 불결제의, 그 중에서도 특히 월경과 배설물에 관련된 불결제의의 기능이라고 주장한다.

크리스테바에 따르면, 역사적으로 비체를 정화시키는 것이 종교의 기능이었지만 이런 종교의 '역사적 형태'는 붕괴되었고, 이제 정화의 과정은 '예술이라는 위대한 카타르시스'에 완전히 의존하고 있다(ibid., 17). 바로 이것, 즉 비체를 '상징계적 구조의 토대로 전락'시킴으로써 정화하는 것이 대중 공포영화의 핵심적인 이데올로기적 기획이다. 공포영화는 결과적으로 비체를 제거하고 인간과 비인간 사이의 경계를 다시 그리기 위해 비체(시체, 신체적 배설물, 여성괴물)와 대면하도록 한다. 현대의 불결제의로서, 공포영화는 상징계의 안정성을 위협하는 모든 것, 그 중에서도 특히 어머니와 어머니의 세계가 의미하는 모든 것을 상징계적 질서로부터 분리한다. 그런 의미에서 주목할 만한 공포는 어머니 육체의 재현과 그와의 화해를 포함한다. 크리스테바의 아브젝션에 대한 이론에서 우리는 공포영화 속 여성괴물 재현을 여성의 재생산성 및 어머니로서의 역할과의 관계 안에서 분석할 수 있는 이론적 틀을 발견할 수 있다. 그러나 아브젝션의 본질 자체는 매우 모호하다. 그것은 혐오스러움과 동시에 매혹적이다. 어머니와 어머니의 우주를 상징계적 질서로부터 분리해 내는 것은 쉬운 작업이 아니다. 혹은 결국은 불가능한 일일지도 모른다. 게다가 괴물과 같은 어머니의 본질에 대해 깊이 연구하다보면 그 어머니 역시 거세와 더불어 아이가 상징계적 질서로 편입되는 과정에서 매우 중요한 역할을 수행하고 있다는 것을 알 수 있다. 이 문제는 2부의 이빨 달린 질과 거세하는 어머니의 이미지에 대한 논의에서 다뤄질 것이다.

2. 공포와 원초적 어머니 : <에일리언>

원초적 어머니에 대한 두려움은 근본적으로 그녀의
생식력에 대한 두려움임이 밝혀졌다.

줄리아 크리스테바, 『공포의 권력』

우리는 SF 공포 영화인 <에일리언>에서 원초적 어머니로서의 여성
괴물에 대한 복잡한 재현을 경함할 수 있다. <에일리언>은 우주를 유영
하는 노스트로모라는 이름의 우주선을 따라가는 롱숏으로 시작한다.
일곱 명의 선원이 탑승한 우주선이 2천만 톤의 미네랄을 싣고 지구로
귀환하고 있다는 사실을 알려주는 자막과 함께 이 장면은 흘러간다.
우주선 안의 오싹한 분위기는 미로와도 같은 컴컴한 통로, 창고, 파이프,
그리고 기계장치 등 모든 것들을 집어 삼킬 것만 같다. 하얀 수면실에
평화롭게 누운 채로 가사 상태에 놓여 있는 승무원들을 깨우는 우주선
컴퓨터의 깜빡거림이 갑자기 침묵을 깬다.

감독 리들리 스콧은 우주에서의 삶에 대한 소소하고 현실적인 디테
일을 강조하면서 사실적인 방식으로 우주선과 승무원들을 관객에게 소
개한다. 자애롭게도 '어머니Mother'라고 불리는 컴퓨터에 의해 잠이 깬
승무원들은 추위와 낮은 봉급, 그리고 우주선에서 유일하게 좋은 것은
커피뿐이라는 사실에 대해서 불만을 토로한다. '어머니'와 소통을 한
선장 달라스는 가까운 행성으로부터의 메시지 때문에 '어머니'가 여행

억압과 위반 사이

을 중단했다는 것을 알게 된다. 그리고 우주선에 기술적인 문제가 생기고, 세 명의 승무원은 행성의 어둡고 비호의적인 표면을 향해 노스트로모를 떠난다. 그들은 버려진 우주선 안으로 들어가는데, 그 곳에서 승무원 중 한 명인 케인이 치명적인 힘으로 얼굴에 달라붙는 우주생명체의 공격을 받게 된다. 케인과 '그것'은 리플리(시고니 위버 분)의 강력한 반대에도 불구하고 노스트로모로 옮겨진다. 리플리는 그들이 검역법을 어겼다고 경고한다. 그러나 때는 이미 늦었다. 에일리언이 승선한 것이다. 이야기의 나머지는 승무원들을 향한 그 생명체의 치명적인 공격과 그를 죽이려는 승무원들의 사투로 이루어진다. 에일리언은 변태할 때마다 모양이 바뀌는 신비롭고 또 기괴한 괴물이다. 이 괴물은 매우 지적이고 비밀스러우며 가학적이라서, 그것을 찾아내거나 죽이는 것은 불가능하다. 결국 혼자 살아남은 리플리는 외계 생명체와 대적할 준비를 한다.

SF 공포 영화(<에일리언>, <괴물>, <신체 강탈자의 침입>, <상태 개조>)의 주요 관심사 중 하나는 다른 형태의 성교나 생식에 대한 상상력 속에서 출산장면과 같은 원초적 장면을 재가공하는 것이다. <신체 강탈자의 침입>은 신체강탈과 편집증에 대한 주제를 파고든다. 강탈자는 처음에는 커다란 알/주머니의 형태로 존재하는데, 이들은 우주에서부터 지구로 침입한 것이다. 알/주머니가 조용히 부화하면 그 외계생물체도 동시에 그가 닮고자 선택한 인간의 리플리카(복제인간)가 된다. <괴물>에서도 원초적 장면이 그로테스크한 신체강탈의 장면으로 묘사된다. 여기에서도 괴물은 인간과 동물의 몸을 탈취한 뒤 강탈당한 대상과 똑같은 모습으로 변한다. 이 두 편의 영화에서 출산의 개념은 복제의 행태로 전시되며, 성적 행위는 뱀파이어리즘의 행위가 된다. <상태개조>에서 남성과학자는 환각제 복용을 통해 스스로를 좀 더 원시적인 상태로 만들 수 있게 된다. 그는 특수한 액체가 담긴 자궁 같은 욕조에서 환각제를 복용한다. 점차로 그는 유인원 같은 괴물로 변해간다. 생식과 출산이 다른 성性의 도움 없이 이루어지는 것이다. 그리고 이렇게 탄생한 괴물은 문명화되지 않고 원시적이며, 이는 인간이라는 동물이 그들의 선조인 유인원과 크게 다를 바 없다는 사실을 시사한다. 이 영화들의 핵심 장면은 다른 형태의 출산을 보여주는 장면들이라고 할 수 있다.

이런 원초적 장면은 <에일리언>에서도 매우 중요한데, 원초적 어머니의 형태로 존재하는 어머니라는 존재 역시 중요하다. 원초적 어머니는 단위생식을 하며, 근원적인 혼돈으로서의 어머니이자 시작과 끝의 장소다. 비록 원초적 어머니의 모습, 즉 알을 낳는 괴물의 모습이 <에일리언>에서 한 번도 드러나진 않지만, 그녀의 존재는 다양한 방식으로 암시된다. 그녀는 텍스트 속 다양한 원초적 장면의 재현과 출생 및 죽음의 묘사에서 만날 수 있다. 그녀는 영화의 피와 어둠, 그리고 죽음의 이미지에 존재한다. 그녀는 또한 카멜레온 같은 외계생명체, 즉 원초적 어머니의 페티시인 괴물 안에도 존재한다. 원초적 어머니의 징후는 영화의 앞부분, 네 가지 방식으로 원초적 장면을 재현하고 이를 강조하는 부분에서 특히 분명하게 드러난다. 우리는 원초적 어머니에 대한 자세한 논의를 진행하기 전에, 프로이트의 원초적 환상에 대한 이론과 텍스트에서 드러난 이의 다양한 재현에 대해 살펴볼 필요가 있다.

프로이트에 따르면 모든 아이들은 부모님의 성교장면을 목격하거나 그 행위에 대한 판타지를 가지고 있다. 이 판타지는 기원에 대한 것이다. 원초적 장면은 아이에게 부모의 성교 안에 존재하는 자신의 기원을 의미하며, 이 유혹의 판타지는 성적 욕망의 기원에 대한 것이기도 하다. 그리고 거세판타지는 성적 차이의 기원을 보여준다. 프로이트는 「유아기 노이로제에 대하여」에서 판타지의 원인에 대해서는 대답하지 않았지만, 그것이 '동물의 성교장면 관찰'로부터 처음 시작되었을 것이라고 말한다(p.59). 프로이트는 실제로 부모의 성교장면을 목격한 경우에는 모든 아이들이 똑같은 결론을 내리게 된다고 주장했다. 「아동기 성에 대한 이론」에서 그는 '아이들이 성교에 대한 가학적 관점이라고 할 수 있는 것을 가지게 된다'고 썼다(p.220). 현실에서건 판타지에서건 아이들이 원초적 장면을 어떤 괴물 같은 행위로 받아들이게 된다면, 그 경험을 통해 아이들은 원초적 장면에 동물이나 신화적 괴물이 개입되어 있을 것이라고 상상하게 된다는 것이다. 실제로 (유로파와 제우스, 레다와 백조의 경우와 같이) 인간이 동물이나 다른 생명체와 성교하는 많은 신화는 원초적 장면의 내러티브를 재가공하고 있다. 이런 의미에서 사자의 몸과 여자의 얼굴을 하고 있는 스핑크스는 흥미로운 존재이다. 프로이트는 스핑크스의 수수께끼가 모든 아이들이 대면한 가장 큰 수수께끼, 즉 "아기들은 어디서 오는 걸까?"의 변형일 수 있다고 설명했다. 『정신분석 입문』에서 프로이트는 원초적 판타지의 가장 극단적인 형태는 '아이가 아직 자궁 속의 태아일 때 부모의 성교를 관찰하는' 것이라고 말한다(p.370).

<에일리언>은 원초적 장면의 다양한 재현을 보여준다. 이 각각의 장면 뒤에 원초적 어머니, 즉 모든 삶의 유일한 기원으로서의 어머니에 대한 이미지가 숨어 있다. <에일리언>에서 볼 수 있는 최초의 원초적 시나리오는 카메라/관객이 모선母船, mother-ship의 내부를 탐험하는 영화 시작부분에서 등장하며, 이는 출산장면과 닮았다. '어머니'의 내부를 탐험하는 시퀀스는 카메라가 복도를 따라 일곱 명의 선원들이 오랜 수면상태에서 '어머니'의 목소리에 의해 깨어나는 선실까지 내려가는 긴

트랙킹 숏에서 극에 다다른다. 일곱 명의 우주비행사들은 신선하고 멸균된 공기를 느낄 수 있는 일종의 재출산 장면에서 서서히 자신들의 수면실에서 깨어 나온다. 우주에서 출산은 통제가능하고 깨끗하며 고통 없는 과정이다. 피도 없고 트라우마나 공포도 없다. 이 장면은 인간주체가 완전히 성장한 상태에서 태어난다는 원초적 판타지로 해석될 수 있다. 심지어 성교조차 필요 없다. 이 첫 출산장면은 아버지가 완전히 부재하기 때문에 뛰어난 근친상간적 욕망의 표현으로 해석될 수도 있다. 이곳에서 어머니는 유일한 부모이자 유일하게 삶을 의지할 수 있는 대상이다.

원초적 장면은 세 명의 선원이 낯선 우주선의 본체에 접근할 때 두 번째로 재현된다. 그들은 '질과 같은 입구를 통해 우주선으로 들어간다. 우주선은 말편자처럼 생겨서 입구부터 긴 다리처럼 생긴 통로가 양쪽으로 펼쳐진다. 그들은 무생물과 유기체의 조합으로 만들어진 듯 보이는 복도를 따라 들어가는데, 복도의 이러한 모습은 마치 이 우주선의 내부가 살아 있는 것처럼 보이게 한다. 그러나 노스트로모의 공기와 비교했을 때 이 우주선은 어둡고 축축하며 비밀스럽다. 희미한 불빛이 깜빡이고 그들이 움직이는 소리는 어두운 방들 사이로 울린다. 첫 번째 방에서 세 명의 탐험가들은 오래 전에 죽은 것처럼 보이는 거대한 외계 생명체를 발견한다. 이 생명체의 뼈는 마치 그것이 안으로부터 폭발한 것처럼 바깥쪽으로 구부러져 있다. 세 사람 중 한 명인 케인은 알들이 부화되고 있는 거대한 자궁 같은 방 쪽으로 불을 비춰본다. 그가 장갑 낀 손으로 만지자 알이 열리면서 맥박이 뛰는 살덩어리가 드러난다. 그리고 갑자기 괴물 같은 생명체가 안쪽으로부터 튀어 나와 케인의 헬멧에 들러붙어 케인의 뱃속에 알을 까기 위해 자신의 꼬리를 케인의

억압과 위반 사이

입속으로 밀어 넣는다.

이 원초적 장면의 재현은 프로이트가 언급했던 극단적인 원초적 장면을 생각나게 된다. 이 극단적인 원초적 장면에서 주체는 자신의 부모님이 성교하는 것, 혹은 아마도 자신들이 임신되는 순간을 보기 위해 자궁의 안쪽으로 들어가는 것을 상상한다. 여기에서 세 명의 우주 비행사는 어머니의 거대하고 음습하며 악의적인 자궁을 탐험하게 된다. 그들 중 두 명은 케인이 남근적 삽입을 당하는 사건을 통해 원초적 장면을 목격하게 된다. 케인 자신은 가장 강력한 위반에 대해 책임이 있다. 그는 비밀을 캐내기 위해 알/자궁의 속을 실제로 들여다보았던 것이다. 그렇게 함으로써 그는 삽입당하고 그 결합의 자손을 임신하는 바로 그 어머니의 자리를 차지한다. 이렇게 그는 원초적 장면의 '일부분' 이 된 것이다. 남성의 몸이 그로테스크해지면 그들은 여성의 몸과 결부 된 특성을 지니려는 경향이 있다. 이 순간 남성의 몸은 삽입될 수 있기 때문에 그로테스크해진다. 이 결합에서 괴물이 탄생한다. 그러나 여성 이 아닌 남성이 '어머니'인 이 장면에서, 케인은 에일리언이 밖으로 나오기 위해 그의 배를 뜯는 가운데 고통 속에 죽는다. 케인의 배로부터 태어난 에일리언의 탄생은 프로이트가 묘사한 아이들의 출산에 대한 일반적인 오해를 떠오르게 한다. 아이들은 어머니가 입을 통해 임신을 하고 (어쩌면 어머니는 특별한 음식을 먹었을지도 모른다) 아기는 배에서 자라서 배로 태어난다고 생각한다. 여기에서 우리는 아기가 입으로 잉태되는 원초적 장면을 발견한다.

또 다른 원초적 장면은 작은 비행선 혹은 육체가 모선으로부터 우주 밖으로 나올 때 벌어지는데, 다니엘 더빈은 이런 장면이 SF 영화의 관습 이라고 주장했다(더빈, 1980, 102). 때때로 이렇게 밖으로 배출된 몸은 긴 구멍밧줄 혹은 탯줄에 의해 모선에 붙어 있게 된다. 이 장면은 두 가지 다른 방식으로 재현된다. (1)케인의 몸이 하얀 수의에 쌓여 모선 밖으로 배출될 때. (2)리플리가 에일리언으로부터 도망치기 위해 작은 캡슐 우주선을 타고 모선의 아래 부분으로부터 튕겨져 나올 때. 케인의 경우에 어머니의 육체는 적대적이 된다. 어머니의 몸이, 우주선으로부터 탈출해 좀 더 안전한 환경, 우주선 내부보다는 외부로 나가려고 하는 그녀의 자식들을 죽이고 게걸스럽게 먹어치우는 것에만 관심이 있는 괴물을 품고 있기 때문이다. 리플리의 경우에는 살아 있는 아기가 스스로 파괴되기 전에 어머니의 사악한 몸으로부터 빠져나온다. 이 시나리오에서 '어머니'의 몸은 출산을 하는 순간에 폭발한다.

비록 <에일리언>에서 원초적 어머니가 가시적으로 등장하지는 않지만, 그녀의 존재는 모든 사건의 발생에 광범위한 배경을 제공한다. 원초적 어머니는 출산의 이미지들과 원초적 장면의 재현들, 자궁과 같은 형상과 내부의 방들로 연결되는 길고 구불구불한 터널들, 부화되고 있는 알들, 모선의 선체, 생명유지시스템의 목소리, 그리고 에일리언의 탄생에 존재한다. 그녀는 생식하는 어머니이자 전 남근적 어머니이며 남근에 대한 지식에 앞서 존재한다. 이 원초적 어머니는 크리스테바가 설정했던 기호계의, 코라의 어머니와는 다소 다르다. 기호계적 코라의 어머니는 가족과 상징계적 질서와의 관계 안에 존재하는 전 오이디푸스적 어머니이다. 단위 생식하는 원초적 어머니의 개념은 어머니의 모습에 또 다른 차원을 추가하며, 우리에게 가부장적 이데올로기가 어떻게 여성의 영화적 재현 안에서 여성의 '차이'를 부인해 왔는지를 이해할 수 있는 새로운 방법을 제공한다.

로제 다둔 역시 「공포영화의 페티시즘」에서 이 원초적 어머니에

　　　　　　　억압과 위반 사이

대해 언급하고 있다. 페티시즘과 어머니에 대한 다둔의 논의는 <에일리언>에 등장하는 생명체와 관련해서 페티시즘이 작동하는 방식을 이해하는데 도움을 준다. 그는 원초적 어머니를 다음과 같이 설명했다.

> 어머니-괴물mother-thing은 선과 악, 그리고 모든 조직된 형식과 사건의 너머에 존재한다. 이것은 총체적이고 광대한 어머니이며, 주체 안에서 혼란과 해체에 대한 두려움을 일깨우는 '어둡고 깊은 개체'이자, 근본적인 차이, 즉 남근에 대한 발견 이전에 존재하는 어머니이다. 이 어머니는 그녀를 폐위시키는 바로 그 직관, 즉 '그녀에겐 남근이 없다'는 직관에 의해서 어디에나 존재하는 전지전능한 전체, 절대적인 존재로만 구성되는 한은 판타지에 불과하다. (다둔, 1989, 53-4.)

뱀파이어 영화의 드라큘라 변형에 대한 논의에서 다둔은 원초적 어머니가 '실재하지 않는' 형태로 존재한다고 주장하는데, 이는 '존재의 굉장히 원초적인 형태로 이해되어야 한다.' 드라큘라 영화 속에서 드러나는 원초적 어머니의 징후는 다음과 같다. 매우 작고 폐쇄적인 마을, 마치 탯줄처럼 성으로 연결되는 좁은 숲속의 길. 그리고 그 성은 구불구불한 계단과 거미줄, 어두운 회랑, 벌레 먹은 계단, 먼지투성이에 축축한 바닥으로 이루어진 폐쇄된 중심공간이다. 이런 것들은 모두 악독한 원초적 어머니의 이마고와 연결되어 있는 요소들이다. 이 한 가운데서 드라큘라 자신이 현실화된다. 검은 망토와 뾰족한 이, (발기한 성기 같은) 단단한 몸, 날카로운 눈과 꿰뚫을 것 같은 시선 등으로 치장된 그는 페티시이다. 즉 '어머니의 페니스 대용'인 것이다(ibid., 52-5).

그러나 위협이 어머니의 남근 부재에서부터 오기 때문에 최고의 방어가 섹스라는 것은 분명하다. 어머니의 사라진 페니스에 사로잡히고 원초적 어머니와 동일시하는 뱀파이어는 남근을 가지고 있지 않으며 그 대신에 스스로 남근 자체가 된다. 그는 비록 환상에 불과하지만 그가 가지지 않은 것으로부터 그가 될 수 있는 것으로 이동한다. (ibid., 57)

로제 다둔은 드라큘라가 원초적 어머니의 상상된 전지전능한 힘에 대항하려는, 그녀의 전체적인 힘을 부정하려는 시도를 암시하고 있다고 확신에 차서 주장했다.

남근은 어머니와의 초기동일시에 대한 대항이고, 섹슈얼리티는 정신적 붕괴의 불안에 대한 대항이며, 제의는 시공간적 분열에 대한 대항이다. 그리고 그것이 페티시즘의 긍정적 측면 위에, 말하자면, 성애화된 남근적 대상의 구축을 완성한다. 이 대상은 연약하고 위협당하고 있기 때문에 더 단단하고 인상적인 것이다. 그리고 이 대상에서 관객은 공포영화에 등장하는 익숙한 존재, 즉 드라큘라 백작을 발견하는 즐거움을 느낄 수 있을지도 모른다. (ibid., 41)

다둔이 주장하는 것처럼, 드라큘라라는 존재는 상당 부분 어머니를 위해서 행동한다. 그는 자신이 지닌 두려움 속에서 그녀가 '근본적 차이' 의 폭로 이전에 존재하는 어머니이자 '어느 곳에나 존재하고 전지전능한 전체로 구성되는 한, 그저 판타지에 불과한 어머니라는 것을 이해하지 못하거나 혹은 잊어버린 채, 어머니를 위해서 남근이 되기를 욕망한다(ibid., 54).

원초적 어머니와 동일시하면서 드라큘라는, 어머니가 한 번도 가져 보지 못했을 뿐만 아니라 남근의 발견 이전에 존재하기 때문에 필요로 하지도 않는 그 남근이 어머니에게 있다고 생각한다. 어머니는 스스로 전지전능하며 절대적이다. 그러나 드라큘라는 어머니의 실체 없음, 그리고 어머니의 전체적이고 광대한 존재가 주는 위협과 대적하기 위해 그녀의 상상된 남근이 되며 그녀에게 분명하게 구분할 수 있는 발기된 외양을 부여한다. 종국에 말뚝이 그를 관통했을 때, 그의 심장은 '텅 비어 있고 떡 벌어진 상처'임이 드러난다. 이 거세는 살과 피, 그리고 부재로 이루어져 있다(ibid., 57). 다둔에 따르면 이런 방식으로 '어디에나 존재하는' 거대한 어머니는 '숭배 받는' 작은 어머니로 바뀐다. 다른 말로 하자면, 원초적 어머니의 모습은 전 상징계적 혹은 이자적 어머니, 남근을 지니고 있다고 생각되는 어머니의 모습으로 몰락한다. 이 과정에서 괴물은 어머니의 '사라진' 남근을 대신하게 된다. 이 대체행위는 원초적 어머니의 자궁/동굴에서의 에일리언의 출생 뿐 아니라 에일리언 자체의 남근적 속성 때문에 특히 <에일리언>에서 유효하게 보인다. 그러나 다둔의 이론을 <에일리언>에 적용시키기 전에 여성 물신주의자의 존재 가능성에 대한 프로이트의 관점을 가지고 오는 것은 중요하다.

비록 「정신분석개요」에서 프로이트가 여성 물신주의자의 존재 가능성을 언급하고 있기는 하지만, 일반적으로 물신주의자는 대체로 남성일 것으로 생각된다. '이런 성도착으로 간주될 수 있는 비정상성은 잘 알려진 것처럼 여성이 페니스를 지니고 있지 않다는 사실을 인식하지 못하는 (*거의 대부분* 남성인) 환자들에게서 나타난다'(p.202: 이탤릭 강조는 저자가). 여성 페티시즘이 다양한 가부장 담론에 등장했음에도 불구하고, 이 개념은 무시된다.

「여성-욕망-이미지」라는 논문에서 메리 켈리는 '예를 들어 여성 페티시즘과 같은 가능성을 제외하고 여성을 억압의 영역에만 가두어 놓는 것은 실수'라고 주장했다.

프로이트가 여성의 거세 불안에 대해서 설명할 때, 이 상상의 시나리오는 여성이 사랑하는 대상, 특히 그녀의 아이들을 배제했다. 아이는 자라고, 그녀를 떠나고, 그녀를 부인하거나 죽을 것이다. 그녀가 어느 한편으로 이미 인지하고 있는 이 이별을 늦추거나 부인하기 위해서 여성은 아이에게 옷을 입히고, 아이가 아무리 나이를 먹어도 끊임없이 먹이며, 혹은 아예 다른 '작은 것little one'을 가짐으로써 아이를 물신화하려고 한다. (켈리, 1984, 31)

『꿈의 해석』에서 프로이트는 계속해서 페니스 상징을 복제하는 것이 어떻게 거세불안을 없애려는 시도와 연결될 수 있는지 설명한다. 줄리엣 미첼은 이런 페니스 상징의 복제가 여성 거세콤플렉스의 징후라고 말한다. '계속해서 아이 — "작은 것들" — 를 낳는 꿈은 같은 의미를 내포하기 때문에, 이것이 여성에게 지니는 중요성을 알 수 있다'(미첼, 1985, 84). 이런 맥락에서, 여성 페티시즘의 한 국면은 상징계 안에서 결정적인 위치를 점함으로써 남근을 계속해서 '가지고 있으려'는 여성 주체의 시도로 해석될 수 있다.

원초적 어머니나 거세된 타자의 이미지 안에서 구현되는 여성 페티시즘, 이 양 국면은 물론 성차의 위협을 감당하지 못하는 가부장제 이데올로기의 구성물들이다. 이 여성 페티시즘의 양면 모두 <에일리언>에 드러난다. 원초적 어머니의 물신화된 남근으로서 괴물은 에일리언의 카멜레온 같은 모습에서 재현되고, 물신화된 아이 혹은 '작은 것'으로서 남근은 여주인공과 고양이 사이의 역학에서 드러난다. 그러나 페티시에 대한 프로이트의 이론은, 여성이 거세하겠다고 위협하기 때문에 공포심을 불러일으킨다는 사실을 간과하고 있기 때문에 부적절하다.

드라큘라 백작처럼 <에일리언>에 등장하는 괴물은 원초적 어머니의 대리자로 구성된다. 그러나 나의 관점에서 어머니의 남근-페티시는

억압과 위반 사이

프로이트가 주장하는 것처럼 어머니의 결핍을 감추는 것이 아니라, 오히려 그녀의 거세하는 '이빨 달린 질'을 감추는 것이다. (이에 대한 자세한 논의는 2부 참고) 어미 에일리언이 공포스러운 첫 번째 이유는 그녀가 거세당했기 때문이 아니라 그녀가 거세하기 때문이다. 그녀의 매우 소모적이고 결합incorporating하려는 힘은 그녀의 에일리언 자손을 통해 더욱 구체화된다. 그 자손의 임무는 원초적 어머니의 임무와 똑같은 것으로 재현되는데, 그것은 모든 생명체를 찢어발긴 후 재결합하는 것이다. 나는 또한 드라큘라 영화의 원초적 어머니가 두려운 근본적인 이유는 그녀가 거세하겠다고 위협하기 때문이라고 주장하고 싶다. 다룬은 드라큘라가 그녀의 물신화된 남근을 의미한다고 주장했다. 뿐만 아니라, 나의 관점에서는, 반짝이는 송곳니가 드러나는 드라큘라 입은 원초적 어머니의 거세하는 '이빨 달린 질'을 상징한다. '통제할 수 없는, 생식하는 어머니에 대한 공포는 육체로부터 나를 쫓아낸다. 나는 (어머니의) 아브젝션이 나로 하여금 타자의 몸, 나의 동료, 나의 형제의 몸을 존중하도록 만들기 때문에 카니발리즘을 포기했다(크리스테바, 1982, 78-9). 원초적 어머니의 생산적인 면모와는 별개로 모든 것을 게걸스럽게 집어삼키는 카니발적인 면모로만 그녀에 대해 논의하는 것은 전 오이디푸스기의 구강 가학적 어머니의 이미지로 그녀의 이미지를 흐리게 하는 경향이 있다. 원초적이고 전 상징계적인 어머니는 결합하기 위해 합체하고자 한다. 카니발적인 부모로서의 그녀의 역할에서 어머니는 완전히 비체로 묘사된다. <에일리언>에서 각 승무원들은 기괴하고 카니발적인 어머니의 모습을 보여주기 위해 미장센이 약호화된 장면에서 에일리언과 대면하게 된다. 그리고 이런 장면에서 기괴한 어머니의 모습은 동시에 '이빨 달린 질'의 위협을 보여준다. 선장인 달라스는 그가 우주선의 자궁과도 같은 밀폐된 통풍관을 기어오른 후에 에일리언과 만나게 된다. 그리고 세 명의 다른 승무원들은 모든 것을 결합해 버리는 어머니를 의미하는 에일리언의 거대하고 날카로운 이빨이 강조된 장면에서 피범벅이 되어 잡아먹힌다. 다른 장면들은 그녀의 사악한 존재를 다양한 방식으로 드러낸다. 괴물이 배를 뜯어먹고 튀어 나오는 케인의 죽음 장면과는 별개로, 다른 이들의 죽음 시퀀스는 케인이 처음 꿈틀거리는 알을 발견했던 거대한 부화장을 상기시키는, 불빛이 거의 없이 밀폐된 위협적인 공간에서 벌어진다. 이 죽음 시퀀스들에서 내버려짐에 대한 공포는 오직 재결합과 죽음에 대한 두려움과 어우러진다. 아이러니하게도 이 죽음의 시나리오들은 모우주선의 몸체 안에서 연출된다. 승무원들은 '어머니'라는 이름의 우주선이 회사의 이익을 위해서 승무원들의 생명을 희생하도록 프로그래밍되어 있는 배신자라는 사실이 폭로되기 전까지 우주선 '어머니'를 신뢰하고 있었다.

<에일리언>은 페티시의 일반적 원칙들을 고수하면서도, 부인의 기원이 거세당한 어머니가 아니라 거세하는 어머니에 대한 두려움이라는 사실을 보여준다. 우리가 <에일리언>을 페티시즘의 관점에서 본다면 에일리언의 특징을 이해할 수 있게 된다. 에일리언의 변화하는 모습은 페티시 기획의 작용을 지시하는 남근의 복제 혹은 증식의 형태를 의미한다. 끊임없이 변화하는 에일리언의 카멜레온 같은 성질은 또한 '외부인(에일리언)' 혹은 외래적 형태로 드러나는 어머니의 페티시 대상을 지시한다. 이것이 여성 주인공의 육체가 영화의 끝에서 그렇게 중요해지는 이유이다.

많은 비평가들이 (그린버그, 1986; 카바노프, 1980) 리플리가 카메라 앞에서 옷을 벗는 마지막 장면의 관음증적인 부분에 대해서 논의했다.

또한 고양이에 대해서도 많은 논쟁이 있었다. 이전 장면에서 검역법과 관련하여 그렇게 신중했던 그녀는 왜 자신과 파커, 그리고 램버트의 목숨을 걸고 고양이를 구하는가? 다시 한 번, 여성 페티시에 대한 남근중심적 개념을 통해 만족할만한 답변이 구해진다. 원초적 어머니의 페티시 대상인 에일리언의 끔찍한 모습에 비해 리플리의 몸은 보고 있기에 즐겁고 또 안전하다. 그녀는 '받아들일 수 있는' 여성의 몸을 보여준다. 용납할 수 없고 끔찍한 여성의 면모는 두 가지 방식으로 재현된다. 죽음과 연결된, 어디에나 존재하는 원초적 힘으로서의 어머니, 그리고 페티시 대상으로서의 에일리언을 통해 재현되는 카니발적 괴물로서의 어머니. 시각적으로 공포를 주는 어머니의 모습들은 안심과 쾌락을 제공하는 여성의 전시를 통해 상쇄된다. 고양이의 이미지 역시 마찬가지 역할을 한다. 고양이는 이 맥락에서 '평범한' 여성들의 받아들일 수 있고 안전한 페티시 대상이다. 히치콕의 <새>에서 중첩된 새의 이미지도 같은 기능을 한다. 사랑스러운 새는 받아들일 수 있는 페티시를 의미하고 죽은 새는 기괴한 여성의 페티시를 보여준다. 따라서 리플리는 마치 고양이가 그녀의 '아기baby' 그녀의 '작은 것little one'인 것처럼 품에 안아든다. 마침내 리플리는 처녀와 같은 모습으로 수면실에 들어간다. 악몽은 끝났고 우리는 출생이 깨끗하고 순수한 일이었던 영화의 첫 시퀀스로 돌아간다. 이 마지막 시퀀스는 에일리언을 처리하는 기능을 할 뿐만 아니라, 텍스트의 가부장적 담론 안에서 아브젝션의 기호로 구성되었던 원초적 어머니의 악몽 같은 이미지를 억압한다. <에일리언>은 원초적 어머니와 그녀의 이미지가 만들어내는 공포에 대한 매혹적인 연구를 선보인다.

원초적 어머니

프로이트의 정신분석학은 기본적으로 전 오이디푸스 단계의 어머니, 즉 이유離乳와 배변 훈련을 통해 아이의 초기 사회화를 책임지는 유아기의 어머니에 대해 다루고 있다. 나는 생명체를 출산하는 원초적 존재, 단위 생식하는 어머니에 대한 신화적 내러티브를 살펴봄으로써 어머니에 대한 질문을 조금 더 전개하고 ,원초적인 어머니라는 존재에 대한 가설을 더욱 긍정적으로 상정할 수 있다고 생각한다. 그녀는 홀로 하늘과 땅을 창조한 어머니-여신으로 모든 문화의 신화에 존재한다. 그녀는 중국에서는 누 쿠아, 멕시코에서는 코아틀리쿠에, 그리스에서는 가이아(문자 그대로 '땅'을 의미한다), 그리고 수메르에서는 나무였다. 「모세라는 인물과 일신교」에서 프로이트는 원초적 어머니의 기원에 대해서 설명하고 있다. 그에 따르면 위대한 어머니 여신은 신화적 존재가 아니라 인간 역사의 모계사회를 반영하는 것이다.

> 어머니-여신mother-goddesses은 모계사회가 사라질 즈음에 어머니들에 대한 모욕의 보상으로 탄생되었다. 남신들은 위대한 어머니 곁에서, 멀지 않아 분명히 아버지의 특성들을 취하게 될 아들로서 처음으로 등장했다. 다신교의 남신들은 부계사회 시기의 상황들을 반영한다. (p.83)

프로이트는 인간사회가 부계사회에서 모계사회로, 그리고 종국에는 다시 부계사회로 이동하면서 발전해 왔다고 주장했다. 부계사회일 때 원시인들은 작은 집단으로 모여 살았고, 각 집단은 모든 여자들을 소유한 질투심이 강하고 강력한 아버지에 의해 지배되었다. 어느 날, 집단의 주변부로 몰려났던 아들들이 아버지의 권력을 획득하고 그의 여자들을 차지하기 위해 아버지를 꺾(고 그의 몸을 나누어 먹)었다. 죄의

억압과 위반 사이

식 때문에 그들은 이후에 아버지를 대신할 토템을 세우고 그들이 아버지로부터 자유롭게 한 여자들을 거부한다. 아들들은 자발적으로 그들 모두가 원해왔던 여자들을 포기하는데, 이는 아들들 사이의 싸움으로 집단이 파괴되는 것을 막기 위해서였다. 「토템과 터부」에서 프로이트는 이 과정에서 '모계사회의 씨'가 발아되었을 것이라고 주장한다(p.144). 그러나 점차적으로 살인과 근친상간에 대한 터부 위에 구축되었던 새로운 형태의 사회구조는 부계질서의 재정립으로 대체된다. 그는 아들들이 '자식으로서의 죄의식 때문에 토템의 두 가지 근본적인 터부를 만들어냈는데, 바로 그 이유 때문에 이는 필연적으로 오이디푸스 콤플렉스의 두 가지 억압된 욕망과 부합한다'고 지적했다(ibid., 143). 프로이트의 가부장제 기원에 대한 설명은 일반적으로 완전한 추측으로 간주된다. 『친족의 기본구조』에서 레비스트로스는 프로이트의 이론이 상징적인 형태로 '고대부터 계속되어 온 꿈'인 아버지를 죽이고 어머니를 소유하려는 욕망을 표현하고 있다는 점에서 '문명의 기원이라기보다는 현재 상태에 대한' 적절한 설명이라고 지적했다(레비스트로스, 1969, 491). 내가 보기에 프로이트의 이론은 또한 원초적 어머니와 그녀의 공포스러운 창조력에 관한 신화가 지니는 신비로움을 제거하려고 했던 것 같다.

위에서 보면 어머니라는 존재는 인간 상상의 역사와 개인 주체의 역사 모두에 중대한 문제를 안겨준다. 프로이트와 라캉 두 사람 다 이자관계, 삼자관계의 어머니와 원초적 어머니를 혼합한다. 프로이트는 원초적 어머니를 그림자 같은 존재로 언급하고(「여성의 성」, p.226) 라캉은 '모든 생명이 태어나는 여성 신체기관의 혼돈'이라고 말한다(히스 인용, 1987, 54). 그들은 전 오이디푸스기의 보호하고/숨막히게 하는 어머니 혹은 오이디푸스 콤플렉스에서 묘사되는 성적 질투와 욕망의 대상으로서 어머니에게서 관찰한 모습과 이런 어머니의 모습 사이에서 변별점을 찾기 위해 특별한 노력을 기울이지 않는다.

크리스테바는 프로이트의 오이디푸스적 어머니의 개념을 확장시켜 다산의 어머니와 주체성의 형성에 매우 중요한 혼돈을 구성하는 환영과 같은 어머니라는 두 가지 면모를 어머니에게 추가시켰다. 이것이 바로 <에일리언>에 핵심적인 혼돈으로 존재하는 다산의 어머니다. 영화에서 가장 근본적인 공포로 작용하는 것이 모든 생명체가 태어나서 다시 돌아가야 하는 혼돈, 모든 것을 게걸스럽게 집어 삼키는 블랙홀이다. 크리스테바는 주체를 어머니의 환영과 같은 힘, 주체를 제거하겠다고 위협하는 그 힘으로부터 분리하기 위해서 비옥한 여성육체를 비체로 구성하는 방법에 대해서 논의한다. 불결하고 비옥한 (여성) 육체와 상징계적 (남성) 육체와 연결된 순수한 발화사이에 대립항이 형성된다.

크리스테바는 '깨끗하고 적절한 질서를 세우기 위한 수단으로 여성성과 남성성 사이에 경계가 만들어 진다고 주장한다. 원초적 어머니에 대한 논의에서 크리스테바는 삶과 혼돈의 원천으로서의 원초적 어머니의 이중 의미화를 강조한다. 이 두 가지 면에서 원초적 어머니는 주체성과 법의 구성을 안전하게 하기 위해 비체로 구성된다. 크리스테바는 그것이 '역사적이든 환영적이든, 자연스럽든 재생산적이든' 원초적 어머니의 환영적 힘과 대체적인 어머니의 힘에 주의를 기울인다(크리스테바, 1982, 91). 그녀는 특히 아브젝션의 과정이 어떻게 어머니의 힘을 상징계적 질서에 굴복시키는 것에 활용되는지에 관심이 있다. 그러나 그녀의 중심 관심은 전 상징계적 어머니에 있다. 그럼에도 불구하고 원초적 어머니의 상상된 모습이 (특히 탄생과 죽음과 관련해서) 공포영화의 의미화 관습 안에서 비체로 구성되는 방식을 분석함에 있어 그녀

억압과 위반 사이

의 아브젝션 이론은 여전히 유효하다.

프로이트와 라캉의 연구에서 구성된 어머니의 존재는 필연적으로 이자 혹은 삼자관계의 어머니이다. 그녀가 상상계의 어머니, 이자관계의 어머니로 재현될 때에도 그녀는 여전히 전 오이디푸스 어머니로 구성된다. 즉 상징계에서 자리를 잡으려는 존재, 언제나 아버지와의 관계 안에서 남근의 대리인으로 구성되는 것이다. 그녀의 '결핍' 없이 그는 그 반대인 결핍의 '결핍' 혹은 현존을 의미할 수 없다. 그러나 우리가 어머니에게 생식하는 자궁으로서의 어머니라는 좀 더 원초적인 층위를 부여한다면, 우리는 적어도 가부장제 가족의 배치 밖에서 어머니의 존재에 대한 논의를 시작할 수라도 있을 것이다. 이런 의미에서 어머니여신 내러티브는 어머니가 유일한 존재였던 원초적 장면의 내러티브로 독해될 수 있다. 그는 또한 내러티브의 대상이 아니라 주체이다.

예를 들어 북아메리카 인디언의 거미여인 신화에는 오직 거미여인만이 존재하는데, 그는 우주를 짓고 모든 생명을 탄생시킨 두 명의 딸을 창조한다. 그녀는 또한 우주의 비밀을 알고 있는 생각하는 여자 혹은 현명한 여자이다. 그러나 그녀는 오이디푸스 신화에서 스핑크스가 된다. 스핑크스는 삶의 비밀에 대한 답을 알고 있지만 더 이상 내러티브의 주체가 아니라 남성 영웅 내러티브의 대상이다. 그가 그녀의 수수께끼를 풀면 그녀는 자기 자신을 파괴할 것이다. 스핑크스는 모순적인 존재이다. '괄약근sphincter'이라는 단어로부터 파생된 그녀의 이름은 그녀가 괄약근 훈련 단계에 참여하는 어머니라는 것을 보여준다. 이 전 오이디푸스 단계의 어머니는 아들이 상징계에서 적절한 위치를 점하기 위해 반드시 관계를 뛰어넘어야만 하는 존재이다. 오이디푸스는 언제나 두 가지 끔찍한 범죄, 즉 살부殺父와 근친상간의 죄를 저지른 것으로 이해되어 왔다. 그러나 그가 스핑크스를 만난 것, 그리고 그 만남이 스핑크스의 죽음으로 이어진 것은 또 다른 끔찍한 범죄를 보여준다. 그것은 바로 살모殺母의 죄다. 메두사처럼 스핑크스 역시 어머니-여신이다. 그들은 모든 생명체에게 생명을 준 신화 속 어머니의 변형이다. 『구조인류학』에서 레비스트로스는 오이디푸스 신화에서 가장 핵심이 되는 문제는 남자가 여자로부터 태어났느냐 아니냐 라는 질문이라고 주장했다. 이 신화는 <에일리언>에서도 핵심이라고 할 수 있다. '비록 문제가 분명하게 풀리지 않는다고 해도 오이디푸스 신화는 '하나로부터 태어났느냐 아니면 둘에서 태어났느냐라는 근원적인 질문을 '다른 것으로부터 태어났느냐 같은 것으로부터 태어났느냐라는 파생적인 질문에 연결하는 일종의 논리적 방법을 제공한다(레비스트로스, 1963, 216). 가부장제의 상징 관습, 특히 공포영화 안에서 모든 생명의 원천인 여성의 신화적 존재를 살펴보면서 발견할 수 있는 가장 흥미로운 점은, 그녀가 자신이 출산한 생명을 다시 빨아들이겠다고 위협하는, 모든 것을 결합해버리는 검은 구멍이자 심연으로만 독해되는 생식하는 어머니에 대한 공포와 연결된다는 점이다. 그리하여 그녀는 부정적인 존재로 재구성되거나 재현된다.

원초적 어머니의 중요한 특징은 출산과 생식의 원칙에만 몰두한다는 것이다. 그녀는 모든 것을 혼자 수태하는 어머니이며, 독자적인 부모이고, 모든 번식의 신성이자, 생식의 기원이다. 그녀는 도덕과 법 외부에 존재한다. 사이보그인 과학 장교 애쉬는 영화의 이름이 된 에일리언을 다음과 같이 칭송하는데, 이는 어머니에 대한 묘사일 수도 있다. "나는 그것의 순수함을 숭배하지. 그것은 도덕의 양심이나 후회, 기만 같은 것에 가려지지 않은 생존자거든." 확실히 위에서 정의내린 것처럼 원초

억압과 위반 사이

적 어머니의 특징을 크리스테바의 기호계 어머니의 권위, 라캉의 상상계 어머니, 남근적 여성, 그리고 거세당했고 거세하는 여성과 같은 다른 어머니로서의 특징과 완전하게 분리하기는 쉽지 않다. 각각의 특징들이 여성괴물의 분리되어 있는 다른 모습들을 보여주는 반면, 각각의 모습 역시 전체의 일부분일 뿐이다. 때때로 여성괴물의 공포스러운 본질은 모든 어머니로서의 특징이 하나로 섞여드는 것으로부터 비롯된다. 즉, 공포영화에서 원초적 어머니, 남근적 여성, 거세된 몸, 그리고 거세하는 부모가 하나의 인물 안에 다 재현되는 것이다. 그러나 공포영화에서 원초적 어머니는 명확하게 두 가지 주목할 만한 방식으로 표현된다.

부정적인 힘으로 구성되면서 그녀는 특히 SF 공포물을 비롯한 많은 호러 텍스트에서 주마등처럼 변모한다. 우리는 <거대한 발톱>의 거대하게 벌린 식인 새의 입에서, <놀랍도록 줄어든 사나이>의 기괴한 거미에서, <죠스>의 이빨 달린 질/자궁에서, 그리고 <괴물>과 <폴터가이스트>의 육질이 고동치는 자궁에서 그녀를 발견할 수 있다. 이 모든 공포 이미지의 공통점은 게걸스럽게 먹어대는 어미다. 이 어미는 모든 것을 자신의 질 속으로 다 삼켜버리겠다고 위협하는 것과 마찬가지로, 끔찍한 녀석들 역시 이 세상에 내어놓겠다고 위협하는 여성 성기를 의미하는 불가사의한 검은 구멍이다. 이것이 가부장제 이데올로기 안에서 태고의 '검은 구멍'이자 모든 생명체를 탄생시키는 생식하는 자궁으로 구성된 생식하는 원초적 어머니이다.

위에서 언급한 공포영화들에서 공포를 만들어 내는 것은 원초적 어머니의 잉태하기도 하고 모든 것을 게걸스럽게 집어삼키기도 하는 자궁의 등장이다. 자궁의 이런 이미지들 중 어떤 것도 아버지의 페니스와 연결되어 구성되지 않았다. 여성의 성기와 달리 자궁은 페니스의

'결핍'으로 구성될 수 없다. 자궁은 거세불안의 장소가 아니다. 오히려, 자궁은 '가득 차 있음' 혹은 '비어 있음'을 의미하지만, 언제나 자궁 스스로가 그 자신의 참조대상이다. 이것이 우리가 어머니에게 더 원초적 차원을 부여해야 하는 이유이다. 원초적 어머니의 개념은 남성성에 기대지 않고 여성성을 정의하는 것을 가능하게 하기 때문이다. 이와는 대조적으로 전 오이디푸스 단계의 어머니는 대부분 페니스와 관련해서 재현되는데, 이것이 후에 거세된 어머니가 되는 남근적 어머니이다. 의미심장하게도 <에일리언>에는 성적 차이의 기표로서의 어머니를 부인하고 출산하는 남성을 재현하기 위해 원초적 어머니의 생식기능을 전유하려는 시도가 보인다. 그러나 여기에서 탄생은 죽음의 이면으로서만 존재할 수 있다. 외계생명체가 남성 우주비행사 중 한 명인 케인을 구강으로 강간했을 때, 그 생명체는 케인의 뱃속에 새끼를 심어 놓는다. 그러나 고대의 어머니는 '아버지'로서가 아니라 오직 숙주로서만 수컷을 필요로 한다. 그리고 이 새끼는 케인의 배를 끔찍하게 뜯어먹고 밖으로 뛰쳐나온다. 그의 출생이 남성 어머니의 죽음으로 이어진 것이다.

원초적 어머니는 모든 공포영화에서 소멸의 암흑, 즉 죽음으로 등장한다. 자신이 출산한 것들과 재결합하겠다고 위협하는 힘인 원초적 어머니에 의해 깨어난 욕망과 공포는 죽음이 변함없이 그곳에 존재하기 때문에 호러 텍스트에서 언제나 설득력이 있으며 포괄적으로 등장한다. 사물의 원초적인 단일성으로 돌아가고자 하는 욕망, 어머니/자궁으로 돌아가고자 하는 욕망은 기본적으로 미분화에 대한 욕망이다. 조르쥬 바타유가 『죽음과 관능』에서 주장했던 것처럼 삶이 불연속성과 분리를 의미하고 죽음이 연속성과 미분화를 의미하는 것이라면 죽음에 대한 욕망, 그리고 죽음의 매력은 어머니와 원초적으로 하나였던 단계로 돌

억압과 위반 사이

아가고자 하는 욕망을 보여주는 것이다. 이 하나가 되려는 욕망이 분화 이후에 일어났기 때문에, 즉 그것이 주체가 분리되고 자율적인 자기로 성장한 이후에 등장했기 때문에, 이는 정신적 죽음이라는 형태로 경험된다. 이런 의미에서 공포영화에서 재현되는 죽음과의 대면은 자기파괴와 자기 혹은 자아ego를 잃는 것에 대한 공포를 일으킨다. 이것은 종종 자기의 소멸, 즉 영화 속 주인공과 극장 안 관객의 자기소멸을 의미하는, 스크린이 검어지는 영화적 기법으로 표현된다. 이는 극장 안에 있는 관객의 위치를 잡는 데 중요한 영향을 미친다.

스크린-관객과의 관계에서 작동하는 가장 흥미로운 구조 중 하나는 공포영화 안에서 괴물이 있는 광경/장소sight/site와 관계가 있다. 다른 고전 텍스트의 변주 안에서 작동하는 관습적인 보기 구조와는 대조적으로, 공포영화는 관객이 내러티브 액션과 지속적으로 동일시하도록 격려하지 않는다. 대신, 관람을 지속시키는 위험을 감수하도록 관객을 자극하는 스크린 위의 기괴한 이미지가 관객의 동일시를 유도하는 영화적 과정들을 순간적으로 훼손할 때 특이한 상황이 벌어진다. 여기서 나는 관객들이 눈앞에서 펼쳐지는 공포의 이미지를 견딜 수 없어서 스크린이 아닌 다른 곳을 보도록 강요되는, 그리하여 스크린을 보지 않도록 강요되는 공포영화의 순간들, 그 중에서도 특히 괴물이 살생의 행위에 몰두하고 있는 순간들에 대해서 이야기하려고 한다. 관객이 자신의 관음증적 욕망 때문에 벌을 받는 동안 동일시의 전략은 순간적으로 깨어지고 보는 즐거움은 고통으로 바뀐다. 예를 들어 <에일리언>에서 외계생명체가 우주비행사의 배를 뜯어먹고 튀어나오는 장면은 우리의 주의를 끄는 반면, 동시에 보는 행위에 대해 우리를 처벌한다. 우리는 무엇인가가 아래로부터 위로 밀고 나오려고 노력하면서 그의 셔츠가 피로 적셔져 오는 것을 보는 동안 끔찍한 매혹 속에서 관람한다. 그 움직임이 실제로 그의 배 안에서부터 이루어지고 있는 것이라는 사실을 깨달았을 때에는 이미 우리가 아는 것을 부인하기에 너무 늦어버린다. 우리가 설사 많은 관객들이 그렇게 하듯이 시선을 돌린다고 해도, 우리는 여전히 어떤 일이 일어날 것인가에 대해 충분히 알고 있다. 이런 장면들은 우리가 고개를 돌려버리기 이전에 우리의 믿을 수 없는 눈앞에서, 남자가 괴물을 출산한다든지 인간의 몸이 뜯겨지는 생생하고 끔찍한 이미지와 같은, 상상할 수 없는 것들을 가능한 많이 보고자 하는 병적인 욕망을 만족시킨다. 고어와 능지처참의 생생한 장면들은 에일리언이 공격할 때마다 반복된다.

스크린-관객 관계와 관련해서 다음의 세 가지 중요한 '시선'이 이론화되었다. 영화에 담겨지는 사건을 향한 카메라의 시선, 디제시스4 안에서의 등장인물의 시선, 그리고 스크린에서 펼쳐지는 사건들을 바라보는 관객의 시선. 포르노에 대한 논의(1980)에서 폴 윌먼은 관객이 보면 안되는 것을 보고 있을 때 그 관객을 감시하는 눈길이라는 네 번째 시선이 존재한다고 정리했다. 공포영화를 볼 때 '시선을 돌리는 것'은 스크린-관객 관계를 구분하는 다섯 번째 시선으로 이해되어야 할 만큼 흔한 행동이다.

괴물을 목격하면서 관람 주체는 위기에 처하게 된다. 비체가 넘어오지 못하도록 설정되어 있던 경계가 붕괴되고 무너져버리겠다고 위협하는 것이다. 라캉에 따르면 인간의 자기는 자신의 외부로부터 수용한

---

4. 디제시스란 영화 속 내러티브에서 전개되는 모든 것, 그 허구적인 실재를 의미한다. 예컨대 영화 사운드에는 디제시스적인 사운드와 비-디제시스적(non-diagesis) 사운드가 존재한다. 디제시스적인 사운드는 인물들 간의 대화나 바닷가의 파도 소리 등, 실제로 영화적 공간 안에서 들을 수 있는 소리를 의미한다. 비-디제시스적 사운드란 예컨대 사운드트랙 등 영화 속 인물들은 들을 수 없지만 관객들은 들을 수 있는 소리. 여기서 크리드가 말하는 '디제시스 안에서의 등장인물의 시선'이란 영화 속에서 인물들이 주고받는 시선을 의미한다.

이미지에서 자신의 몸을 하나의 완전한 전체로 인식하게 되는 '거울단계'를 통해 구성된다. 정체성은 오인에 기반을 둔 소외의 상태에서 구성된 상상의 구성체이다. 「자아에 대한 고찰」에서 라캉은 자기란 착각을 기반으로 구성되었기 때문에 언제나 퇴행의 위협에 놓여 있다고 주장한다. 공포영화는 특히 스크린의 이미지가 볼 수 없을 정도로 위협적이거나 공포스러울 때, 비체가 관람하는 주체를 '의미가 무너져버리는' 장소, 즉 죽음의 장소로 끌고 가겠다고 위협하는 순간에 관람하는 주체의 통합된 자기에 대한 인식을 위협에 빠뜨린다. 보지 않음으로써, 관객은 자기와 스크린 사이의 경계를 재구성하고 붕괴의 위협을 받았던 '자기'를 다시 세우기 위해 스크린 위의 이미지와의 동일시를 잠시 철회할 수 있다. 다섯 번째 시선을 통해 자기를 재구성하는 이런 과정은 괴물이 '호명'되고 파괴되는 일부 호러 내러티브의 관습적 엔딩에서도 확인할 수 있다.

자신과 자신의 경계를 잃는 두려움은 연속성에 비해 경계를, 동일성에 비해 분리를 더욱 높게 평가하는 사회에서 좀 더 통렬하다. 공포영화에서 죽음은 자기경계에 대한 위협으로 재현되고 괴물의 위협으로 상징화되기 때문에 죽음의 이미지들은 대체로 관객들로 하여금 시선을 돌리고 보지 못하도록 만든다. 원초적 어머니는 그 부정적인 면에서 (죽음이 연속성과 경계를 없애는 것에 대한 욕망으로 읽혀지므로) 죽음과 긴밀하게 연결되기 때문에, 공포영화 안에서 그녀의 존재는 부정적으로 드러난다. <에일리언>이 그렇게도 무섭게 보여주고 있듯이, 어머니와 죽음은 자기의 기괴한 소멸을 의미하며, 둘 다 악마적이다.

3. 여성, 악령 들린 괴물 : <엑소시스트>

어째서 월경혈과 대변, 혹은 손톱 부스러기에서 충치
까지, 그것들과 관련된 모든 육체적 배설물들이—육체
를 갖추게 된 은유처럼—상징계 질서의 물질적인 유
약함을 표현하는가?

줄리아 크리스테바, 『공포의 권력』

<엑소시스트>의 어린 여주인공 리건은 정말로 끔찍한 존재다. 그
녀는 초록색 담즙을 게워내고 지저분한 음담패설을 늘어놓으며 어머니
와 섹스를 하려고 할 뿐 아니라 생명이 없는 물건들을 날아다니게 한다.
또 머리를 목 위에서 360도로 회전시키고, 한방에 성인 남자들을 바닥에
패대기치며, 신부를 거세하려고 한 뒤, 두 명의 남자를 죽이는 것도 모자
라, 남는 시간에는 십자가로 자위를 한다. 영화에서 그려지는 여성의
욕망, 섹슈얼리티와 아브젝션 사이의 관계는 단순한 빙의 이외에 무언
가가 더 있다는 사실을 보여준다. 빙의는 타락하고, 기괴하며, 비체적으
로 그려지는, 그럼에도 불구하고 이상하게 매혹적인, 비정상적인 여성
행동을 합리화하기 위한 변명에 불과하다. 공포영화로서는 가장 큰 상
업적 성공을 거두었던 <엑소시스트>의 대단한 성공은 <그녀 안의 악
마>, <애비>, <캐시의 저주>, <리사와 악마>, <악마에게>, 그리고
<오드리 로즈와 섹소시스트>와 같은 아류작들을 양산했다. 이 작품들

은 모두 악마에게 홀린 소녀/여자를 그리고 있다. 이 아류작들의 핵심적인 특징은 육체적인 유약함과 빙의에 대한 무방비 상태를 중점적으로 재현한다는 것이다. 또한 신체의 파괴를 상세한 시각적 이미지로 표현한다. 그러나 대체로 이런 아류작들은 원작의 힘과 공포를 따라오지 못했다.

    <그녀 안의 악마>(1975)는 악마에게 홀린 아이를 낳은 젊은 여성 루시에 관한 이야기이다. 루시는 아이를 낳기 전 스트리퍼로 일했던 나이트클럽의 사장과 혼외 성관계를 맺어왔다. 루시는 아이의 아버지가 그 사장일까봐 두려워한다. 또한 루시는 댄스 파트너였던 난쟁이의 유혹을 경멸적으로 거절하는데, 결국 그는 루시와 그녀의 남편을 죽인다. 이렇게 루시는 성적인 죄악에 대한 벌을 받는 것이다. 영화는 난쟁이의 죽음 및 아기의 엑소시즘과 같은 몇몇 오싹한 장면들을 보여주지만 서스펜스와 영화를 끌어가는 힘이 부족하다. 특수효과에는 크게 의존하지 않으면서 강력한 서스펜스로 영화를 끌어갔던 <오드리 로즈>(1977)는 차 사고로 불에 타죽은 오드리 로즈의 환생인 어린 소녀 아이비에 대한 이야기이다. 오드리 로즈의 아버지는 다소 불길한 분위기의 인물인데, 그는 곧 아이비 가족의 친구가 된다. 아이비가 발작을 일으켜 정신적 충격을 받았을 때나 그녀의 손에 불이 붙었을 때에도 오드리 로즈의 아버지만이 그녀를 진정시킬 수 있다. 이런 장면들에서 그는 아이비를 '오드리 로즈'라고 부른다. 인디안 주술사가 환생의 본질에 대해서 설명하는 법정 공방 이후에 엑소시즘이 시행되고 죽은 소녀의 영혼은 편안히 잠든다. 환생에 대해 신뢰를 주지 못하는 몇몇 부분들은 영화의 아쉬움으로 남는다. <캐시의 저주>(1976)는 완전히 <엑소시스트>의 지루한 복사판이다. 어린 로라는 차 사고로 아버지와 함께 죽는다. 30년 후 로라

의 오빠와 오빠의 아내, 그리고 딸 캐시가 집으로 돌아오는데, 이곳에서 로라가 캐시에게 빙의된다. 염력, 가족의 파괴, 괴상한 목소리 등 <엑소시스트>를 그렇게 기괴하게 만들었던 모든 특수효과가 이 영화에서도 남용되고 있지만 별 효과는 없었다. 연기는 안타깝고 연출은 독창성이 부족했으며 특수효과는 진부했다. '빙의'라는 주제를 탐구하려는 어떤 노력도 영화 속에서 발견되지 않는다. 마침내 이전의 사고에서 살아남았던, 기괴한 눈을 가진 로라의 인형이 공포의 원천임이 밝혀진다. 그것의 눈이 뜯겨지자 공포도 멈춘다.

위의 어떤 영화도 빙의의 본질을 깊이 있게 다루고 있거나 <엑소시스트>의 공포를 성공적으로 재현하지 못하고 있다. 악령이 들린 인물인 리건은 분열된 인격(<자매들>), 늑대인간(<늑대인간>), 그리고 침탈된 주체(<신체 강탈자의 침입>)와 같은 이중인격 공포 캐릭터의 계보를 잇고 있다. 귀신들린 존재 혹은 침탈당한 존재는 자기와 타인 사이의 경계가 위반 당한다는 점에서 아브젝션의 존재이다. 주체가 다른 성별의 인격에 의해 침탈당하면 젠더의 경계가 침해당하기 때문에 이 위반은 더욱 비체적이다. 이런 경우에는 대체로 여성이 남성의 인격을 침탈한다. (<사이코>, <드레스트 투 킬>, <공포의 그림자>). 반대의 경우는 그다지 많지 않다. (<악령의 리사>가 그 중 한 편이다.) 침탈이 악마에 의한 것으로 그려지는 영화에서는 거의 대부분 어린 소녀가 희생자이며 들러붙는 악마는 남성이다. 침범 당하는 중요 경계 중 하나는 순수와 타락, 순결과 불결 사이의 경계이다. <엑소시스트>는 대체로 남성 악마가 소녀에게 빙의한 경우로 해석된다. 그러나 이 영화에서 악마는 여성이라는 것이 나의 주장이다.

<엑소시스트>의 중심 갈등은 표면상으로 예수와 악마 사이의 갈등

억압과 위반 사이

이다. 영화는 유명한 엑소시스트 머린 신부(막스 폰 시도우 분)가 유적 발굴을 감독하고 있는 북부 이라크의 유적지에서 시작된다. 도입부는 삭막한 사막 위로 펼쳐진 하늘에 거대한 붉은 태양이 작열하는 이미지로 구성된다. 인부들이 메달을 발견하고 그것을 본 신부는 공포에 사로잡힌다. 이라크의 사막에서 벌어진 사건은 등골이 오싹한 긴장감을 주는 불길한 전조를 느끼게 하는 분위기를 만든다. 사운드트랙은 망치질하는 소리, 중얼거리는 소리, 그리고 기도하는 이들이 부르는 성가로 가득 차 있다. 불길한 전조의 기운은 근처 마을까지 가득 채운다.

긴장감은 검은 옷을 입고 급하게 길을 지나가는 한 여성의 갑작스러운 등장으로 고조되고, 그녀의 등장과 함께 시끄러운 소리들은 사라진다. 그리고 두 번째 검은 옷을 입은 여성이 지붕에서 머린 신부를 위협적으로 쳐다본다. 마찬가지로 검은 옷을 입은 두 명의 여자가 그 길을 지나간다. 거의 그를 덮칠 뻔 했던 마차에서는 이가 다 빠진 채 웃음을 짓는, 얼굴에 주름이 잡힌 노파가 그를 쏘아본다. 이 불길한 분위기는 특히 긴 겉옷을 입은 어딘가 사악한 여자들과 연결이 되어 있는데, 이 맥락에서 이들은 검은 옷, 혹, 주름진 얼굴, 이 빠진 웃음 등과 같이 노파 혹은 폐경기 여성과 이어지는 전형적인 특징들을 보이고 있다. (Greer, 1991, 411).

곧 재앙이 닥칠 것이라는 사실을 예감한 머린 신부는 발굴지로 돌아가 돌들로 뒤덮인 언덕을 오른다. 그곳에서 그는 뱀 형상의 페니스를 가졌으며 뱀-어머니인 라미아의 배우자였던 바빌로니아의 신 (그리고 비교적 메소포타미아 신 중에서는 비주류에 속하는) 파주주의 위협적이고 거대한 동상과 마주한다. 파주주의 열린 입과 사악한 외모는 마차를 타고 있던 노파의 이 빠진 미소를 떠오르게 한다. 머린 신부의 적敵은 신화적으로 그리고 시각적으로 마녀인 여성과 연결되어 있다. 영화의 배경은 갑자기 바뀐다. 또 다른 태양이 스크린을 채우고 워싱턴 D. C가 와이드 앵글로 이중인화된다. 카메라는 서서히 한 집을 줌인 해 들어간다. 한 여성이 무엇인가를 쓰고 있고 침대를 밝히는 전등이 그녀 옆에서 빛나고 있다. 갑자기 다락으로부터 덜거덕 거리는 이상한 소리가 들려온다. 그녀는 그것이 쥐들이 내는 소리라고 생각한다. 이라크와 조지타운은 태양, 반짝이는 램프, 거슬리는 소리와 같이 동일한 이미지와 소리로 연결된다. 늙은 여자의 모티브는 이후에 데미안 신부의 나이든 어머니로 이어진다.

<엑소시스트>의 오프닝 시퀀스는 악령에 홀린 소녀에 관한 장면으로 이어진다. 이 장면에서 유명 배우인 어머니 크리스 맥닐(엘렌 버스틴 분)과 함께 살고 있는, 겉보기에는 평범하고 행복한 열두 살 소녀 리건 맥닐(린다 블레어 분)의 집이 등장한다. 집안일을 돌보아 주는 여러 명의 고용인들과 함께, 딸과 어머니는 행복한 가족처럼 보인다. 이 가족에 존재하는 모든 긴장은, 장거리 전화로 남편과 끊임없이 싸우는 장면에서 드러나는 것처럼, 멀리 떨어져 있는 남편과의 관계를 잘 해결하지 못하는 어머니로부터 비롯된다. 리건에게 있어서 가장 불안한 것은 그녀의 이름 '리건'뿐이다. 이는 리어왕의 '뱀의 이빨보다 날카로운' 괴물 같은 딸의 이름이기도 하다. 이름을 통해 리건은 뱀과 연결되는데, 뱀이란 기독교에서 불복종과 통제할 수 없는 성욕, 그리고 변절을 나타내는 상징이다. 악마이며 뱀여신의 배우자인 파주주가 빙의하는 것은 바로 이렇게 뱀과 연결되어 있는 아이의 몸이다.

<엑소시스트>가 말하고자 하는 바의 한 층위는 소돔과 고모라처럼 현대 사회가 스스로를 악마에게 팔아버렸다는 것이다(데리, 1987, 169;

킨더, 휴스톤 공저, 1987, 52). 그렇기 때문에 도덕성은 너무 타락했고 악마는 너무나도 쉽게 어린 아이를 취할 수 있는 것이다. 현대 도시의 삶은 가난과 인구 과밀, 소외와 외로움, 노인에 대한 무시, 이혼, 알코올 중독, 그리고 폭력 같은 것들이 보여주는 타락의 인상으로 두드러진다. 이 현대 폐허의 핵심에 신앙의 타락이 존재한다. 이런 도덕성과 신앙의 타락은 데미안 신부(제이슨 밀러 분)라는 인물을 통해 표현된다. 이 감정적이고 좌절에 빠진 청년은 두 어머니에 대한 헌신 사이에서 혼란스럽다. 하나는 영적 어머니인 교회이며, 다른 하나는 고통 속에 홀로 죽어가고 있는 속세의 어머니이다. 속세의 어머니는 (병원으로 모실 수 없는 그의 경제적 무능력 때문에) 강제적으로 보호수용소에 감금되자 원망과 좌절 속에서 그에게 등을 돌린다. 어머니에 대한 아이의 배반은 데미안 신부가 수용소의 정신과 병동을 걸어서 어머니의 침대로 향해가는 비참한 장면에서 강조된다. 그의 길은 지옥으로의 여행처럼 보인다. 치매의 다양한 단계들을 겪고 있는 여자들이 신부로 보이는 남자에게 안식이나 도움을 얻고자 그에게 다가선다. 이 여자들은 영화의 도입부에서 불길한 징조를 만들었던 검은 옷을 입은 이라크의 여자들을 떠오르게 한다. 어머니는 죽은 뒤 그의 악몽 속에서 되돌아온다.

'도시와 영적 타락'이라는 주제는 맥닐 가족을 통해 '정상 가족의 타락'과 연결된다. 아버지는 부재하고 어머니는 끊임없이, 특히 자신의 남편과 관련해서, 신성모독의 욕설을 퍼부어대는 집이야말로 악마가 뿌리 내리기에 더없이 적합한 장소가 아니겠는가? '그는 상관도 안 해. 빌어먹을 전화통을 붙들고 20분이나 있었다구! 하느님 맙소사!' 크리스 맥닐은 현재 학생운동과 관련된 영화에 출연 중이며, 많은 사람들이 이런 학생운동이 곧 닥쳐올 사회적 파멸의 전조라고 생각한다. 이렇듯

영적 타락의 주제가 <엑소시스트>의 핵심 소재이긴 하다. 그러나 이 소재는 영화에서 드러나는 여성괴물성과 몸을 통해 기괴함을 표출하는 여성을 통제할 수 없는 남성들의 무능에 대한 탐구에 비하면 부차적인 문제이다.

영화의 중간 부분은 악령에 사로잡힌 리건의 여러 가지 단계들을 보여주고 영화의 마지막 부분은 엑소시즘에 초점을 맞춘다. 시작 단계에서는 리건의 변화의 징조들이 공공연하게 성적으로 드러나지는 않는다. 우선 그녀는 날개 달린 사자나 파주주의 모습을 암시하는 조각상 등을 그리기 시작한다. 그리고 점판으로 그녀의 상상의 친구인 하우디 선장과 대화한다. 밤에는 그녀의 침대가 흔들려서 잠을 잘 수 없다고 불평하고, 어머니가 손님들과 파티를 하던 어느 날 밤에는 아래층으로 내려와 당황한 사람들 앞에서 카펫에 오줌을 싼다. 그녀는 손님들 중 한 명인 우주비행사에게 '저 위에서 뒈지'라고 말한다. 어머니는 딸의 방으로 달려가 침대가 난폭하게 위 아래로 날뛰는 것을 본다. 크리스는 리건을 의사에게 데리고 가는데, 그 의사가 리건에게 행하는 의학적 검사들은 리건의 증상보다 더 끔찍하다. 리건은 더욱 악화되어 간다. 의사들이 할 수 있는 일이란 없다.

새로운 전개는 크리스를 더욱 두렵게 한다. 리건의 몸은 마치 외부의 어떤 힘에 의해 조정되고 있는 것처럼 침대 위에서 들썩거리며 위 아래로 들려졌다 떨어졌다 한다. 크리스는 의사들을 부른다. 이런 곡예가 계속 되던 중 갑자기 멈춘 리건은 눈의 흰자위를 드러내면서 야만적인 욕설을 퍼붓는다. 한 의사가 다가서자 리건은 굵은 남자의 목소리로 '꺼져! 이 돼지 같은 년은 내 거야. 나랑 하자! 날 가져! 날 먹으라고!'라며 명령을 내리면서 주먹으로 그를 쳐서 바닥에 패대기친다. 의사가 강제

　　　　　　　　　　　　　　　억압과 위반 사이

로 그녀에게 주사를 놓는 동안 리건의 방은 혼돈에 휩싸인다. 리건의 이런 상태에 대해 의사는 '병적인 상태가 비정상적인 힘을 발휘하게 할 수도 있다고 진단한다. 이로 인해 리건은 또 다른 끔찍한 검사를 받게 된다. 의사들은 리건의 몸에서 아무런 이상도 찾지 못하고 결국 정신과의사를 추천하게 된다. 그리고 크리스가 집으로 돌아왔을 때, 그녀는 리건을 돌보고 있던 버크가 죽었다는 사실을 알게 된다. 경찰은 그가 위층의 창문에서 떨어져 목이 부러져 죽었다고 설명했지만, 이후에 관객은 그의 목이 뒤쪽으로 완전히 돌려져 있었다는 사실을 알게 된다.

이제 정신과의사가 등장한다. 그는 리건과 '그녀 안의 인격'에게 최면을 걸어 리건의 다른 '자기'의 정체를 알아내려고 한다. 초자연적인 힘을 가진 리건이 갑자기 그의 성기를 움켜쥐고, 그는 바닥에 엎어져 고통 속에 비명을 지른다. 리건은 마치 그의 성기를 물어뜯으려는 것처럼 그의 위에 올라타지만 다른 두 명의 의사들이 그녀를 끌어내려 강제적으로 진정시킨다. 정신과 의사들은 리건이 원시 문화에서만 보이는 일종의 빙의로 고통당하고 있는 것 같다고 진단한다. 의사 중 한 명이 엑소시즘을 제안하는데, 이는 환자가 자신의 몸에 빙의하고 있다고 믿는 '영혼'을 신부나 랍비가 끌어내는 양식화된 의식이다.

리건이 자신의 어머니인 크리스에게 성적 접촉을 강요하면서, 리건의 홀림은 새로운 국면을 맞이한다. 딸 방에서 들려오는 소리를 듣고 방으로 뛰어 들어간 크리스는 물건들과 가구들이 공기 중에 날아다니는 것을 보게 된다. 온 얼굴에 피범벅이 된 리건은 '예수와 붙어먹어라!'라고 굵은 남자 목소리로 소리치면서 십자가로 자신의 성기를 찌른다. 크리스는 리건을 말리려고 한다. 리건은 자기 어머니를 잡고 어머니의 얼굴을 자신의 피범벅이 된 성기 쪽으로 끌어당긴다. 비록 리건이 이제 막 사춘기에 접어들긴 했지만 그 피가 월경혈인지 자해에 의한 것인지는 분명하지 않다. '핥아! 핥으라고!' 그녀가 명령한다. 그리고서 그녀는 어머니의 얼굴을 친다. 크리스는 방에서 기어 나가려고 하지만 리건이 염력으로 가구들을 옮겨서 어머니의 퇴로를 차단한다. 그런 뒤 리건의 머리가 360도로 돌아가기 시작하고 그녀는 미소를 지으며 묻는다. '네 창녀 같은 딸년이 무슨 짓을 했는지 알아?' 이것이 영화에서 가장 중요한 장면이다. 천사에서 악마로의 리건의 변화는 분명히 성적인 문제이다. 모든 옳은 미덕과 훌륭한 도덕적 가치의 요새인 가정은, <캐리>에서도 다루어지고 있는, 어머니와 딸 사이의 욕망까지 포함하고 있는 억압된 성적 욕망 위에 서 있다는 사실을 보여주고 있는 것이다.

<엑소시스트>에서 어머니와 딸 사이의 관계에서 성적 차원은 좀 더 명백해진다. 빙의라는 가면을 쓴 욕망은 (<캐리>에서의 칼/강간과 같은) 물건의 상징적 교환을 통해 표현되지 않고 딸의 침실에서 큰 소리로 말해진다. 어머니와 딸 사이의 성적 조우 장면이 있은 뒤에 영화는 다른 방향으로 나아간다. 이제까지 리건의 힘은 염력, 목소리의 변조, 그리고 엄청난 신체적 힘이 보여주는 묘기에 국한되어 있었다. 그러나 말로서 근친상간의 터부를 깬 이후부터 리건의 행동은 더욱 기괴해지고 목이라는 신체적 부분을 통해 현실적으로 불가능한 일들을 벌이기 시작하는 것이다. 영화는 리건이 악령에게 홀렸다는 것을 분명히 함으로써 그녀의 끔찍한 행동들에 면죄부를 주려고 한다. 즉 이런 근친상간적 욕망으로 인해 비난을 받아야 하는 것은 악마라는 것이다. 물리학이나 정신분석학이 제공할 수 있는 설명들은 이제 논외인 것처럼 보인다. 악마가 정말로 활개치고 있다는 것이 동정녀 마리아의 남근 장면에서

억압과 위반 사이

강화된다. 근처의 교회에서는 신부가 성모상에 두 개의 커다란 남근적 가슴과 매우 거대한 페니스가 달려있는 것을 발견하고 경악한다. 성모는 시각적으로 거대한 남근을 자랑하는 파주주와 연결된다.

리건에게 악령이 씌었다는 것을 확신한 크리스는 데미안 신부에게 도움을 청한다. 그는 엑소시즘을 행해달라는 크리스의 요청을 거부하면서도 리건을 한번 만나보기로 한다. 리건은 침대에 묶여 있다. 그리고 그녀의 얼굴은 하얗게 부풀어 올라 상처투성이이다. 그녀는 더러운 돼지처럼 반은 인간이고 반은 짐승인 것처럼 보인다. '리건은 어디 있나?' 그가 묻는다. 마녀가 대답하다. '이 안에. 우리와 함께! 너의 어미도 이 안에 우리와 함께 있지, 데미안 신부. 전할 말이라도 있나? 내가 그녀에게 전해주지.' 데미안 신부가 리건에게 몸을 기울이자 그녀는 초록색 담즙을 그에게 토해낸다. 그날 밤, 크리스는 데미안 신부를 다시 집으로 부른다.[5] 리건의 방은 얼어붙을 것처럼 춥다. 크리스는 리건의 잠옷을 벗겨서 그녀의 복부 안쪽으로부터 쓰여진 것처럼 보이는 메시지를 보여준다. '살려주세요 Help Me'라는 문장이 피부를 통해 드러나고, 이는 '진짜' 리건이 그녀의 육체 속에 갇혀 있다는 것을 보여준다. 바로 이 지점, 리건의 근친상간적 욕망을 보여준 바로 다음에, 내러티브는 또다시 리건과 악마를 구분하려고 시도한다. 리건은 근친상간 터부를 깨지 않았으며, 그런 일을 한 것은 악마라는 것이다. 영화는 자신이 날것으로 드러내놓은 논쟁적인 문제를 덮으려고 한다. 어머니-딸의 근친상간의 문제는 영화에서 거의 다루어지지 않았고 공포영화조차 예외는 아니었다.

유명한 엑소시스트인 머린 신부가 데미안 신부의 요청으로 등장한

---

5. 바바라 크리드는 그날 밤 크리스가 데미안 신부를 불렀다고 쓰고 있지만 영화 내러티브 상 그를 부른 것은 크리스의 비서였으며, 그를 부른 시기도 그 날 밤이 아니라 데미안이 리건이 하는 말들을 녹음한 날 밤이었다. 저자가 내용을 정리함에 있어 착오가 있었던 것 같지만, 주장의 전개에는 큰 무리가 없는 착오다.

다. 리건은 그들을 맞이한다. '너희들의 물건을 이 년의 엉덩이에 박아라. 지어미랑 붙어먹을 쓸모없는 호모 새끼들.' 이제 그녀의 욕설은 남성의 성적 욕망의 터부를 직접적으로 언급하는데, 특히 동성애의 욕망을 말한다. 리건은 그녀의 또 다른 악마적 연행이 시작될 것을 암시하듯 일어나 앉는다. 다시 한 번, 그녀의 머리가 목 위에서 천천히 360도 회전한다. 그녀는 데미안 신부를 비난한다. '네가 니 어미를 죽였어. 그녀가 죽도록 혼자 남겨 두었지!' 마지막 대결에서 머린 신부는 심장마비로 죽는다. 데미안 신부가 이어 엑소시즘을 계속 진행한다. 그는 리건을 바닥으로 끌어내려 계속해서 그녀를 때린다. '내게로 와' 그는 악마에게 소리 지른다. 악마가 그의 몸으로 들어가자 그는 스스로 창밖으로 뛰어내려 높은 계단에서 굴러 떨어져 죽는다. 마지막 장면에서 우리는 검은 옷을 입고 영원히 떠나려고 하는 리건과 그녀의 어머니를 볼 수 있다. 어머니와 딸은 다시 합쳐졌다. 검은 옷을 입은 두 여자의 이미지는 도입부에서 등장했던 검은 옷을 입은 불길한 노파의 이미지를 떠오르게 한다.

<엑소시스트>의 다양한 패턴과 갈등을 통해 이 작품의 중심이 되는 대립이 남자와 여자, '아버지'와 '어머니' 사이의 싸움이라는 것을 알 수 있다. 이 싸움은 검은 옷을 입은 노파/마녀와 머린 신부, 크리스 맥닐과 그녀의 남편, 데미안 신부와 그의 어머니, 데미안 신부와 병원에 버려진 여자들, 리건과 의사들 및 교회의 신부들과의 관계 안에서 드러난다. 더 광범위한 대립이 리건과 데미안 신부와의 사이에서 표현되고 있거나 집중되고 있다. 두 사람은 유사와 대립의 패턴에 연결되어 있다. 악마로서의 리건이 강력한 반면 신의 대변인인 데미안 신부는 약하고 무기력하다. 그는 믿음을 잃었을 뿐 아니라 교회를 떠나려고 생각 중이었다.

여성의 비체적 육체

<엑소시스트>에서 찾을 수 있는 가장 흥미로운 특징 중 하나는 영화가 이런 갈등을 보여주기 위해 여성의 몸을 사용하는 방식이다. 반란은 괴물처럼 묘사되지만 동시에 매우 매혹적이다. 이런 방식으로 영화는 아브젝션의 모순적인 면모를 보여준다. 아브젝션은 '욕망을 매혹'하지만 자기를 지키기 위해 추방되어야만 한다. 리건의 행동은 기괴하지만 주목하지 않을 수 없다. 괴물은 매혹적이지만 대결하지 않을 수 없는 존재다. '타자를 구성하는 바로 그 행위는 궁극적으로 자기에 대해 어떤 것을 인식하기를 거부하는 것'이다(폴란, 1984, 203). 그것은 우리가 허용할 수 있는 것, 사고 가능한 것의 한계까지 끌고 가선 물러선다. <엑소시스트>는 질서가 재정비되기 전에 관객으로 하여금 정상적으로는 터부로 여겨지는 행동에 동일시하여 탐닉하도록 하기 때문에 정화의 '제의'와 다르지 않다. 물론 이것이 공포영화의 핵심 매력이다. 그러나 <엑소시스트>의 다른 점은 괴물성과 여성 신체의 시각적 결합이다. 이 영화의 특징에 대해 이야기하기 전에 나는 우선 아브젝션과 제의 사이의 관계에 대해 좀 더 자세히 살펴보고 싶다. 왜냐하면 이런 고찰이 괴물로 그려지는 리건의 재현을 이해함에 있어 많은 도움을 줄 것이기 때문이다.

1장에서 논의한 것처럼 비체는 여성성 쪽에 놓여 있다. 그것은 규율과 법으로 지배되는 아버지의 상징계 반대편에 존재한다. 비체는 '정체성, 체계, 질서를 흩트리는 것'을 의미한다(크리스테바, 1982, 4). 비체에 대한 분석은 '깨끗하고 적절한 자기'가 구성되는 방식에 집중되어 있다. 비체는 자기를 구성함에 있어 반드시 추방되거나 제거되어야 하는 어떤 것이다. 상징계의 질서 속으로 편입되기 위해서 주체는 용납될 수 없거

나, 부적절하거나, 혹은 지저분하다고 여겨지는 행동, 언행, 그리고 존재 양식의 모든 형태를 거부하거나 억압해야만 한다. 거부되어야만 하는 주체의 개인적 역사 속에 가장 중요한 부분은 유아기의 신체적 경험 그리고 배변 훈련과 연관이 있다. 담즙, 오줌, 똥, 콧물, 침, 피와 같은 신체적 배설물의 모든 표시들은 비체로 취급되어야 하며 깨끗하게 치워져서 눈앞에 보이지 않아야 한다. 바로 이런 담즙, 피, 침, 오줌, 토사물과 같은 아브젝션의 한 특징인 신체적 배설물을 전시하는 것이 <엑소시스트>의 핵심이다.

'어머니의 권위는 자기의 깨끗하고 적절한 몸의 지도 그리기의 수탁자이다. 이런 육체의 지도 그리기는 '기호계'적인데, 왜냐하면 어머니가 스스로의 몸에 대해 아이에게 가르치는 방식이 언어를 배우는 경험과 비슷하기 때문이다. '혼란과 금지를 통해, 이 권위는 육체를 구역과 구멍, 점과 선, 표면과 내부를 지닌 영역에 맞추어 넣는다(ibid., 71-2).

기호계는 '전언어 단계'이다(ibid., 72). 시와 예술─그리고 여기에 나는 공포영화도 포함시키고 싶은데─과 같은 비이성적 담화를 통해 표현하고자 하는 억압된 언어의 기호계적 코라는 상징계 질서의 이성적 담화와 이성적 주체의 외적인 안정성에 도전한다. 크리스테바는 기호계적 언어를 여성성의 영역에 놓고 상징계적 언어를 남성성의 영역에 놓는다. 비록 이 기호계/여성성과 상징계/남성성이라는 언어의 양 국면은 그들의 생물학적 성과 상관없이 모든 개인들에게 열려 있지만 말이다.

기호계적 코라는 주체가 상징계적 질서와 이 과정이 수반하는 다양한 형태의 억압에 편입되면서 존재하게 된다. 이 편입은 특히 어머니의 권위와 어머니가 아이의 몸을 통제하면서 훈련시켰던 시기의 억압과 함께 이루어진다. '만약 언어가 문화처럼 구분을 설정하고 비연속적인 요소들로 시작해서 질서를 이어간다면, 언어는 이것을 꼼꼼하게 어머니의 권위와 그들과 인접해 있는 육체적 지도 그리기를 억압함으로써 그렇게 할 것이다(ibid., 72). 어머니는 점차로 거부당하는데, 왜냐하면 그녀는 아버지의 상징계가 '비체'로 구성한 기호계의 시기를 재현하고 의미하기 때문이다. 어머니가 자신과 아이 사이의 경계를 지우는 것처럼 보이기 때문에 제의의 기능은 분리를 강화하는 것이 된다. <사이코>, <캐리>, <브루드>, 그리고 <악마의 키스>와 같이 괴물이 여성으로 재현되는 공포영화의 이데올로기적 기획이, 어머니와 아이 사이의 분리와 분열을 확실하게 하기 위해 아버지 법의 실패를 괴물성의 재료로 삼고 있다는 것은 명확해 보인다. 어머니와 아이가 아버지의 법을 인식하기를 거부한 것으로 읽힐 수도 있는 이 실패가 괴물을 만들어 내는 것이다. 악령이 들린 여성 주체는 상징계 질서 속에 존재하는 자신의 적절한 자리에 위치하기를 거부하는 존재이다. 그녀의 저항은 전 오이디푸스 단계로의 귀환, 기호계적 코라로의 귀환으로 재현된다. 그러나 일반적인 사건의 상태는 전복된다. 이자 관계는 아이의 '깨끗하고 적절한 몸'이 아니라 지저분하고 훈련되지 않았으며 상징화되지 않은 몸의 귀환으로 드러난다. 아브젝션은 불결하고 탐욕적이며 육욕적인 여성 육체의 반란으로 구성된다.

가장 중요한 비평조차 리건을 사로잡은 악령의 정체에 대해 질문을 던지지 않거나, 악령이 남성일 것이라고, 즉 기독교의 전통적인 악마일 것이라고 가정했다. 이런 비평들은 이 영화를 남자와 여자의 대결이라기보다는 선과 악, 신과 악마의 갈등으로 해석했다. 다음과 같은 언급은 매우 전형적이다. '선과 악 사이의 균형을 다루고 있는 <엑소시스트>는 관객들의 고민을 완벽하게 반영했다. 우리가 현대 사회에서 신을 찾을 수 없다면, 적어도 우리는 악마를 만날 수는 있을 것이다(데리, 1987, 169). 앤드류 튜더는 호러 장르의 변화를 연구하면서, <엑소시스트>가 처음으로 젊고 순수한 사람의 빙의를 중심 소재로 다루었다는 점에서 현대 공포영화에 있어 중요한 변화의 획을 그었다고 평가했다(튜더, 1989, 176). 나는 <엑소시스트>에서 리건에 빙의한 악마는 여성이며 '순수'함과는 거리가 멀다고 생각한다. 영화에서 '악마의 목소리'가 제작 된 방식이 나의 이런 주장을 뒷받침해 준다.

대부분의 비평가들이 리건을 통해 말하는 목소리에 주목했다. 이 목소리는 '악마의 굵고 나이든 목소리'(캐롤, 1990, 23), '남성적인/저음 의'(브리튼, 1979, 27), '조롱하는 쉰 목소리'(하디, 1986, 28), 그리고 '쉬고 끔찍한 목소리(킨더와 유스턴, 1987, 46) 등 다양한 방식으로 묘사되었 다. 목소리는 사실상 멀시데스 맥캠브릿지가 연기했다. 심지어 S. S. 프 러워는 공포영화 연구에서 '이 노골적이고 기분 나쁜 영화의 진정한 "스타"는 직접 등장하지 않고 악마에게 목소리를 빌려준 멀시데스 맥캠 브릿지이다(1980, 172)라고 언급했다. 모든 비평가들이 그 목소리가 여 성 배우의 목소리라는 것을 알고 있으면서도 어린 소녀에 의해 말해지 는 남성 악마라고 생각했고, 따라서 목소리는 '남성화'되어 버렸다. 그러 나 우리는 그것을 '여성' 악마의 목소리라고 해석할 때에야 이 작품을 더 잘 이해할 수 있다. 게다가 데미안 신부는 리건을 통해 말한 악마의 목소리를 녹음한 테이프를 거꾸로 돌렸을 때, 그 목소리가 사실은 리건 의 것이라는 것을 발견한다.

리건의 빙의의 중심 원인은 어머니-딸 관계에 있다. 영화 도입부에 서 그려지는 리건과 어머니의 관계는 행복하고 서로 좋아하며 매우 친 밀해 보인다. 빙의된 이후 어머니에 대한 리건의 감정은 변태적이며 노골적으로 성적이다. 데미안 신부의 어머니와의 관계처럼—비록 그 원인은 매우 다르다고 하더라도—리건이 어머니와 맺고 있는 관계 역시 문제적이다. 데미안 신부의 감정적이고 영적인 여행이 이머니로부터 그를 더욱 멀어지게 한다면, 리건의 여행은 궁극적으로 어머니와의 유대를 더욱 단단히 한다. 어머니와 딸 사이의 깊은 유대는 텍스트에서 다양한 단계로 드러난다. 어머니의 욕설은 리건의 외설스러운 행동으로 이어진다. 어머니의 성적 혼란은 리건의 음란한 제안이 되며, 어머니의 분노는 리건의 힘이 되는 것이다.

리건의 빙의/반란의 한 이유는 어머니와의 친밀한 이자 관계에 갇혀 있고 싶다는 그녀의 욕망인 것으로 보인다. 리건의 부모는 이혼했다. 리건은 자기 생각에 어머니가 결혼하고 싶어 할 것 같은 버크에 대한 질투의 감정을 표현한다. 악마에 빙의된 후에 리건은 버크를 죽여 버린다. 그녀는 버크를 자신의 방 창문 밖으로 던져서 높은 계단에서 굴러 떨어지게 한다. 그는 계단의 끝에서 목이 뒤로 돌아간 채 발견된다. 그는 말 그대로 '다른 곳을 보도록' 강요당한 것이다. 아버지 혹은 아버지와 같은 존재가 없이, 리건과 어머니는 연인처럼 함께 살았다. 그들은 일상에 대해 계획을 세우면서 서로를 껴안고 쓰다듬는 등 일반적이지 않은 육체적 친밀감을 나누었다. 리건이 사춘기의 시작을 알리는 나이, 소녀와 여자 사이의 경계이자 청소년기의 성적 욕망이 형태와 표현을 갖추는 나이인 열세 살이 되기 직전에 악령에 들린다는 것은 주목할 만하다.

이런 맥락에서 보자면 리건의 빙의가 공격적으로 성적이라는 것은 그리 놀라운 일도 아니다. 그녀는 뱀 여신인 라미아의 배우자인 뱀 악마에게 홀렸거나 혹은 연결되었다. 그녀의 목소리는 사춘기 소년들에게 흔히 있는 일처럼 변해서 깊고 굵어지는데, 이는 그녀의 젠더에 모호함을 부여한다. 모든 여성스러운 행동을 피하면서, 그녀는 음란한 신성모독을 입에 담고 어머니에게 음란한 제안을 하며 의사의 성기를 쥐면서 공격한다. 그녀는 거세하는 소녀/여성, 남자의 심장에 공포심을 주도록 기획된 존재가 된다. 또한 그녀의 몸이 신체적 배설물의 운동장으로 변화하면서 극도의 아브젝션이 된다. 그녀의 피부에는 질척거리는 염증이 발진하고, 그녀의 머리카락은 흐트러지고 지저분한 거적더기 같다. 그녀는 카펫에 오줌을 싸고 초록색 담즙을 뱉어내며 성기에서는 피를 흘린다. 그녀는 십자가로 자위하면서 자기 스스로를 어머니의 '창녀 같은 딸'이라고 말한다. 리건의 몸은 반란 중인 몸으로 재현된다. 리건의 으르렁 거리는 목소리를 비롯한 영화의 리듬과 소리, 언어의 사용은 영화의 기호계적 목소리가 상징계의 목소리를 제압한 것처럼 교란적이고 강력한 효과를 보여준다.

영화 속에서 리건은 우리를 아이와 어머니가 맺는 초기 관계로 데려가고, 우리로 하여금 그녀와 하나가 되어 어머니와 배설 훈련 시기에 가장 긴밀하게 연결되어 있는 아브젝션이나 신체적 배설물 속에서 뒹굴 수 있도록 한다. 리건은 그녀가 상징계 질서의 법에 의해 정착된, 자기의 '깨끗하고 적절한 몸'을 구성하고 유지하도록 도와주는, 주요 터부를 깨고 있기 때문에 기괴하다. 더욱 중요한 것은 그녀가 이런 법과 터부의 나약함을 강변한다는 사실이다. 리건의 빙의는 이런 비체적 요소들이 절대로 성공적으로 제거되지 않으며 그저 주체 정체성의 경계에서 그 정체성이 언제든지 깨질 수 있다고 위협하면서 조용히 잠재해 있다는 것을 보여준다. 리건의 여행에서 가장 흥미로운 것은 주체와 비체 사이의 갈등이 묘사되는 방식이다. 이런 갈등의 격전지가 바로 리건의 몸인 것이다. 이 갈등은 말 그대로 몸의 내부에서 그리고 몸을 가로질러 일어

억압과 위반 사이

난다. 점액, 담즙, 고름, 토사물, 오줌, 피. 이 모든 배설물의 비체적 형태가 리건의 무기다. 리건은 악마가 아니라 자신의 사회화 되지 않은 육체에 사로잡힌 것이다.

가장 놀라운 장면은 '살려 주세요 Help Me'라는 글자가 리건의 배에 드러났던 그 장면이다. 이 장면은 리건이 자신의 몸에 갇혔다는 것, 자신의 육욕의 포로가 되었음을 보여준다. 언제나 어머니의 곁에 남고 싶은, 어쩌면 어머니의 연인이 되고 싶은 딸의 욕망은 리건의 빙의를 이해함에 있어 핵심적이다. 리건은 근친상간적 욕망에 '홀린 것'이다. 리건은 아브젝션의 영역으로 추락함으로써 자신의 욕망을 말할 수 있게 되었지만 그녀의 어머니는 리건이 아브젝션으로 드러나는 한 신체적으로 그녀의 손에 닿을 수 없는 곳에 남아 있다. 몇몇 공포영화의 어머니와 달리, 리건의 어머니는 육체적으로 곧고 깨끗하며 적절하다. (배우인 그녀가 출연했던 가장 유명한 작품의 제목은 적절하게도 <천사 Angel>다.) 비록 그녀의 언행은 그녀의 딸처럼 상스럽지만 말이다. <사이코>에서 노만 베이츠의 어머니에 대한 욕망 역시 신체적 관계의 몰락으로 재현된다. 그러나 여기에서 어머니의 몸은 접근 가능하다. 그 대가가 죽음이긴 했지만. 그 영화에서 아들이 가진 욕망의 터부 대상인 어머니의 몸은 혐오스럽고 끔찍한 것으로 그려진다. 그러나 아들은 여전히 미라가 된 그녀의 시체에 달라붙어 어머니의 포옹만을 끊임없이 갈망하고 있다. <캐리>에서 어머니와 딸은 서로 칼/강간 공격으로 상대방의 피를 흩뿌린다. 그리고서 딸은 어머니의 몸을 자궁 같은 벽장으로 끌고 간다. 그곳에서 두 사람은 마치 부뉴엘의 <절멸의 천사>에 등장하는 운명으로 맺어진 사랑처럼 함께 죽는다.

<엑소시스트>는 우리의 기원이 되는 어머니의 몸과의 화해란 오직

우리 문화의 비체와의 조우, 그 공포와의 조우를 통해서만 가능하다는 것을 명백하게 주장하고 있다. 여성은 그녀가 상징계적 질서를 공격하고, 약점을 드러내고, 그 나약함을 가지고 놀 때 악령에 홀린 것으로 그려진다. 특히 여성은 상징계적 질서가 성적 억압과 어머니의 희생 위에 구축되었다는 것을 강변한다. 마지막에 리건과 어머니는 다시 결합한다. 두 명의 '아버지'들은 죽었다. 상징계의 질서는 회복되었지만, 그것은 오직 명목에 불과하다.

우리의 논의에 부합하는 아브젝션의 또 다른 면모가 있다. 크리스테바는 그리스도의 강림 이후에 아브젝션의 본질이 바뀌었다고 주장한다. 구약과 관련한 아브젝션에 관해 논의하면서, 크리스테바는 성서적인 혐오와 신성모독의 본질에 대해서 연구했다. 우리가 살펴 본 것처럼, 여성, 특히 어머니는 월경과 출산과의 관계 안에서 불결한 것으로 구성되었다. 일련의 육체적 금기에 기반을 둔 유대의 법은 모성을 상징하는 것들을 구분해 내서 비체로 구성한다. 성서적 혐오는 오염시키는 물체를 '외부에서' 정체성을 위협하는 것으로 정의내리는 구조를 통해 여성을 제외시키는 상징계적 질서를 구축했다. 예수의 급진적인 메시지에는 이런 터부의 폐지가 포함되어 있었다. 예를 들어 예수는 이교도와 음식을 함께 먹었고, 창녀와 벗하였으며, 나병 환자와 가까이 지냈다. 예수의 강림 이후 오염은 내부로부터 나오고 주체에 의해 말해지는 '죄'로 재규정되었다. 예수의 역할은 개인의 내부에 있는 죄를 밖으로 끌어내는 것이다. 아브젝션은 더 이상 외적인 것이 아니다. 강조점은 '이제 경계의 안/밖에 위치하게 되었고 위협은 더 이상 외부가 아니라 내부에서부터 비롯되었다(크리스테바, 1982, 114). 신약에서 죄는 내뱉는 말과 연결되었다. 자신의 죄를 고백하는 것은 '완전히 다른 말하는 주체를 형성하는

억압과 위반 사이

일이다. 아브젝션은 내면화되었지만, 그것이 말해질 수 있기 때문에 주체는 그것과 타협할 수 있게 되었다. 그러나 교회는 비체에 대해서 이야기하고 죄에 대해 분명히 언급함으로써 그것을 극복할 수 있는 가능성을 북돋우기보다는, 그런 길을 옹호하는 이들에 대한 '가장 맹렬한 검열과 처벌'의 잔인한 정책을 받아들였다. 비체에게 목소리를 주는 것은 예술가와 작가들의 몫으로 남겨졌다. 이것은 <엑소시스트>와 같은 영화에서도 역시 하나의 기획으로 드러나며, 이 영화에서 리건의 신성모독은 비체에 대해 말하고 있는 것으로 독해될 수 있는 것이다.

내적/외적 갈등으로서의 아브젝션을 정의 내릴 때 여성은 어떤 입장을 견지할 수 있을까? 죄를 해석하는 데에는 두 가지 방법이 있다. 하나는 신의 뜻에 관한 것이고, 다른 하나는 육체의 욕망에 대한 것이다. '물론 양성 모두 죄가 가득 찬 살덩어리로부터 자유로울 수 없다. 그러나 그것의 뿌리와 근본적인 표현은 여성의 유혹에 다름 아니다'(ibid., 126). 에덴동산과 은총으로부터의 남자의 타락에 대한 이야기는 '신성에 대한 악마적 타자성'을 구성했다(ibid., 127). 남자는 여자를 욕망하지만 그는 '그를 소진시키는 죄 많은 음식과 그가 욕망하는 것으로부터 그 자신을 지켜내야만 한다(ibid.). 나는 죄/아브젝션이 내부로부터 비롯되는 어떤 것이라는 정의가 여성을 기만하는 반역자로 위치 짓는 길을 열었다고 생각한다. 그녀는 겉으로는 순수하고 아름답게 보임에도 불구하고 내부에는 악이 존재할 지도 모른다. 외면적으로는 아름답지만 내면은 썩었다는 것이야말로 여성의 악한 본질을 말하는 가부장적 담론 안에서 매우 인기 있는 정형이다. 이런 이분법이 뱀파이어 영화와 <캣 피플>, <반항>, <자매들>, <위험한 정사>와 같은 다른 공포영화 텍스트의 여성 살인범 재현에 있어 핵심적이기도 하다. 이것이 리건의 빙의가 그렇게도 공포스러운 이유이다. 우리가 처음 리건을 보았을 때, 리건은 매우 순결하고 순수한 것처럼 보인다. 저질스러운 언행과 저열한 행동이 부각되면서 그녀가 홀려가는 과정이 그렇게 충격적인 것은 당연하다. 사회적으로 구축된 모든 형태의 예의범절과 깨끗하고 적절한 몸, 그리고 법 그 자체에 대한 리건의 비웃음이 그녀를 비체로 규정한다. 그러나 그녀의 기괴한 외형과 충격적인 언행에도 그녀는 매우 모호한 존재로 남아 있다. 리건이 자신의 몸을 카니발적으로 전시하는 것은 분명하게 비체의 강력한 매혹을 떠오르게 한다. 공포는 여성이 적절한 여성으로서의 역할을 깨고 자신의 사회화되지 않은 육체를 전시했다는 사실에서 비롯된다. 그녀는 '자기 자신을 볼거리로 만들었다.' 그리고 더 사악하게도 그녀는 이 모든 것을 충격에 휩싸인 두 명의 성직자 눈앞에서 행했던 것이다.

억압과 위반 사이

4. 여성, 기괴한 자궁 : <브루드>

> 그러나 비체의 숭배자들은, 남자뿐만 아니라 여자 역
> 시, 타자의 가장 내면 깊숙이 '에서 흘러나오는 것 안
> 에서 매력적이지만 공포스럽고, 영양분을 주면서도 살
> 인적이며, 매혹적이지만 비천한 어머니의 육체의 내면
> 을 찾아 헤매는 것을 그만두지 않는다.
>
> 줄리아 크리스테바, 『공포의 권력』

　　고전주의 시기에서부터 르네상스기에 이르기까지 자궁은 빈번하게
악마와의 연관성을 강조하는 뿔과 함께 묘사되었다. '원초적 어머니에
대한 공포는 근본적으로 그녀의 생식력에 대한 두려움이라는 것이 밝혀
졌다. 바로 이런 힘이 부계 혈통주의가 억제해야만 한다는 부담을 지고
있는 두려움의 대상이었다(크리스테바, 1982, 77). 마가렛 마일즈는 그
로테스크에 대해 연구하면서, 여성이 '철저하게 그로테스크'한 것으로
보였던 섹스와 출산 같은 자연적인 사건들과 긴밀하게 연결되어 있기
때문에 여성의 이미지로부터 '그로테스크의 가장 응축된 정신'이 시작
된다고 주장했다. 그녀는 기독교 예술에서 지옥이라는 공간이 종종 죄
인이 영원히 고통당할 '선정적이고 타락한 자궁'으로 묘사되었음을 지
적했다. 이렇게 여성과 자궁, 그리고 괴물성 사이에 설정되었던 고대의
관계가 공포영화에서도 빈번하게 재현되고 있다. 내가 아는 한에서는
이에 대한 연구가 단 한 건도 진행되지 않았으므로, <브루드>에 대해

자세히 분석하기 전에 영화 몇 편의 내러티브에 대해 간단히 살펴보자.

<프로테우스 4>에서 수잔(쥴리 크리스티 분)은 그녀의 남편 알렉스가 디자인한 새로운 가정용 슈퍼컴퓨터 프로테우스 4에게 강간을 당한다. 프로테우스 4는 이런 저런 파괴로부터 세계를 구하기 위해 평범한 인간을 대신 할 뛰어난 인간을 창조하고자 한다. 프로테우스 4는 지하실의 컴퓨터 전산망을 통해 집을 장악한다. 로봇 '추종자'의 도움으로 그는 수잔에게서 난자를 추출해 수정하고, 그녀의 자궁에서 수정란을 꺼내서 인큐베이터에 넣은 뒤 28일 꽉 차게 성장시킨다.

영화의 공포스러운 효과는 강간과 출산 장면에 집중되어 있다. 프로테우스 만큼이나 여성은 '타자' 즉 기계와 짝짓기할 수 있는 인간으로 구성된다. 마지막 장면에서 그녀의 자손, 즉 여성이자 '타자'인 그녀의 딸을 대면하게 되는 순간, 우리는 그녀의 괴물성에 대해 더욱 강렬하게 자각하게 된다. 그러나 이 영화가 여성을 완전히 기괴한 존재로만 묘사하는 것은 아니다. <프로테우스 4>는 파괴적 힘으로서의 남성 지성에 대한 흥미로운 비판을 제공한다. 프로테우스가 수잔에게 말한다. '우리 아이는 인간이 된다는 것이 무엇인지 너에게서 배워야 한다.' 여성이 파괴로부터 지구를 구원할 가능성, 그리고 지켜갈 가치가 있는 인간적 자질을 전달할 가능성을 지닌 인물로 그려지는 것이다.

<엑스트로>에서는 어린 소년이 아버지가 우주선에 납치당하는 것을 본다. 이후에 아버지는 인간으로 변장한 외계인이 되어 지구로 돌아온다. 가장 끔찍한 시퀀스는 이 사라진 남자의 아내가 외계인에 의해 강간을 당할 때 벌어진다. 그녀의 배가 놀라울 정도로 짧은 시간 안에 엄청난 크기로 부풀어 오른다. 그녀의 자궁이 외계 생명체를 임신하고 외부로 팽창하면서 그녀의 피부는 배 위로 팽팽하게 확장되고, 다 자란

억압과 위반 사이

성인 남자가 피범벅인 상태로 그녀의 다리 사이에서 등장하는 것이다. 그는 탯줄을 물어뜯고 피를 닦아 낸 뒤 떠난다. 이 출산은 인간이 완전히 자란 뒤 태어나서 어머니로부터 완벽하게 독립적이 될 수 있다는 괴상한 원초적 판타지이다.

<인큐버스>에서는 여성 우주비행사가 외계 생명체에게 강간을 당한다. 이번에도 그녀의 수태 기간은 짧다. 이 기간 동안 그녀는 생고기에 대한 욕구에 사로잡히게 되고, 동료들을 살해해서 인육을 먹기 시작한다. 결국 그녀는 쌍둥이 소년을 출산한다. 영화는 그녀가 외계인 아들들을 데리고 지구로 향하는 장면으로 끝난다. 1986년 판 리메이크 <플라이>에서는 여성 주인공의 애인인 과학자가 파리로 변해가고 있다는 사실을 관객이 알게 되면서, 그녀의 임신에 대한 궁금증이 영화 후반부를 지배하게 된다. 이 공포는 주인공이 거대한 구더기를 낳는 자신의 모습을 보는 끔찍한 악몽으로 표현된다. 재생산 능력 때문에 여성은 자연의 세계로부터 멀리 떨어질 수 없다는 것을 강조라도 하듯이, 그구더기는 그녀의 다리 사이로 미끄러져 나온다. 그녀의 생식 기능은 그녀를 비체의 자리에 위치시킨다. <마니토우>에서는 여성 주인공의 목에서 기괴한 종양이 자란다. 결국 그것은 사실상 자신의 부활을 제어할 수 있는 마녀-의사 마니토우의 태아임이 밝혀진다. 영화의 가장 끔찍한 시퀀스는 그녀의 기괴한 자궁/종양과 마니토우의 출생 장면에 집중되어 있다.

크로넨버그는 <브루드>가 <크레이머 대 크레이머>의 크로넨버그 판이라고 설명했다. 이 영화들은 모두 가족사의 어두운 면과 결혼의 종말을 다루고 있다(핸들링, 1983, 93). 놀라 카베스(사만다 에가 분)는 논쟁적인 정신치료 상담소인 '소마프리 인스티튜트 오브 사이코플라즈

믹스'에 다니고 있다. 이곳을 운영하는 할 래글란 박사(올리버 리드 분)는 그의 환자들에게 분노와 신경증을 깨끗하게 제거하라고 가르친다. 그들의 억압된 감정은 통증과 상처 같은 신체적 변화로 나타난다. 래글란은 놀라를 그녀의 남편 프랭크(아트 힌들 분)와 어린 딸로부터 격리시킨다. 프랭크는 점차 놀라를 위협했던 사람은 누구나 난쟁이 같은 생명체에 의해 살해당한다는 것을 깨닫게 된다. 이 생명체 중 한 명이 죽자 해부를 통해 그것이 치아와 발화 능력, 그리고 망막이 없으며, 성별과 배꼽 역시 없다는 사실이 밝혀진다. 의사는 '이 생명체는 사실상 태어난 적이 없다고 말한다.

프랭크는 이 생명체들이 '한 배 brood'에서 태어난 무리들이라는 것을 알게 된다. 그들은 놀라의 분노로부터 태어난 '아이들'이었던 것이다. 그들은 분노한 정신의 신체적 표현으로, 그녀의 몸에서 바로 태어났다. 그들은 정신적으로 그녀와 연결되어 있고 그녀의 무의식적 욕망을 수행한다. 그러나 그녀의 분노가 오래 가지 않기 때문에 그들의 생명도 마찬가지다. 프랭크는 그 요양원을 뒤져서 상단에 '여왕벌(래글란이 그녀에게 집중하는 것을 질투한 한 환자가 그녀에게 붙인 별명)'처럼 앉아 있는 놀라를 찾아낸다. 놀라는 프랭크에게 그가 진정으로 자신과 자신에 관한 모든 것을 사랑하는지 질문한다. 그는 그렇다고 대답한다. 제왕과 같은 손짓으로 놀라는 그녀의 하얀 나이트가운을 들어 올린다. 이 시점에서 영화의 분위기는 급변한다. 미스테리와 서스펜스가 완전한 공포에 그 자리를 내어주는 것이다.

섬뜩한 주머니들이 놀라의 배 주변에 매달려 있다. 놀라는 미소를 지으며 몸을 숙여 입으로 그 주머니를 물어뜯고는 태아와 태반을 꺼낸다. 피범벅이 된 태아와 태반은 그녀의 다리에 피를 떨어뜨린다. 놀라는

억압과 위반 사이

피와 후산을 핥아낸다. 프랑크가 역겨움에 사로잡혀 있다는 것을 깨닫자 놀라는 그가 사랑에 대해 거짓말을 했다고 비난한다. '내가 당신을 역겹게 했군!' 그녀가 놀라움에 차서 말한다. 놀라는 육체적 직감과 재생산 기능에 매우 익숙한 야생의 생명체와도 같았다. 프랑크는 뻔한 변명을 늘어놓다가 그녀에게 뛰어들어 목을 조르기 시작한다. 놀라와 그녀의 아이들은 결국 죽음을 맞이한다. 그리고 프랭크와 캔디6는 한밤중에 차를 타고 떠난다. 그러나 캔디는 진정으로 '구출'된 것이 아니다. 우리는 그녀의 팔에서 혹이 자라기 시작하는 것을 본다. 병은 어머니에게서 딸로, 여성의 한 세대에서 다음 세대로 이어진다.

영화의 마지막 장면은 놀라의 분노의 기원을 짐작할 수 있게 해준다. 그것은 남편이 그녀의 어머니로서의 역할에 대해 가지고 있었던 혐오감이었던 것이다. 원형적 여왕벌이자 재생산 기능을 수행하는 여성으로서 놀라는 남자를 불쾌하게 한다. 물론 다른 여성들과 비교해 볼 때 놀라는 혼자서 아이들을 임신하고 혼자서 출산한다는 점에서 차이가 있다. 그녀의 단성생식 자손들은 좀비와 닮았다. 그들은 자기 자신의 마음은 없고 완전히 어머니의 명령만을 따른다. 그들은 사실, 어머니 그 자신이다. 영화에서 아버지는 가족이 등장하는 모든 장면에서 사라지고 없었다. 이 영화가 암시하는 바는 남자가 없다면 여자는 오직 돌연변이에 흉악한 자식밖에 낳지 못한다는 것이다. 영화가 놀라를 양육의 희생양으로 재현한 것은 사실이지만, 또한 더 중요하게는 그녀 어머니의 희생양이었고, 그녀의 어머니는 또 그 어머니의 희생양이었으며, 상황은 계속 이런 식으로 계속되어 왔던 것이다. 여성의 파괴적인 감정은 유전되는 것처럼 보인다.

6. 놀라의 어린 딸

히포크라테스의 시대부터 암브로스 파레의 시대에 이르기까지 괴물 같은 자식은 어머니의 상상력에 의해 만들어 진다고 믿어졌다. 마리-헬렌 휴에트에 따르면 어머니들이 그녀의 상상력의 힘으로 괴물성을 창조한다는 믿음은 오랜 전통을 가지고 있다.

에무사의 헬리오도루스는 침실 벽에 걸려 있는 창백한 안드로메다의 그림을 본 뒤로 끊임없이 흰 피부의 아이를 낳는 에디오피아의 여왕에 대해서 말했다. 암브로스 파레는 자신의 침실에서 동물의 가죽을 뒤집어 쓴 세례 요한의 그림을 훔쳐 본 어머니가 온 몸이 털로 뒤덮인 소녀를 낳은 것에 대해서 보고했다. 이런 이야기에는 오랜 전통이 있다. 그들은 임신한 여성들이 자신의 욕망의 대상에 대해 오래도록 생각하는 것이 기괴한 출생에 영향을 준다고 설명했다. (휴에트, 1983, 73)

다른 말로 하자면, 아이들이 어머니의 욕망의 시각적 이미지로 변한다는 것이다. '괴물은 공공연하게 변태적인 욕망을 나타내고 모든 과도한 열정과 용인되지 않는 판타지들을 범한다'(ibid., 74). 괴물은 또한 불임으로 간주되었다. 휴에트는 이런 생각이 어머니의 용인되지 않는 욕망을 인정하려는 가능성을 제거하기 위한 것이라고 설명했다. 물론 기형의 탄생이 때로 저주나 악마와의 성교의 결과라는 믿음이 이어져오긴 했지만, 19세기에 괴물성이 분류되기 전까지는 괴물성의 원인은 다른 곳에서 찾아졌다. 그러나 19세기에 들어서는 정상과 비정상의 범주가 괴물성의 범주를 대신했고, 일반적으로 괴물은 일반 기준의 변형으로 받아들여졌다. <브루드>는 괴물의 탄생에 대한 현대적 설명을 무시하고 어머니의 욕망이 괴물성의 기원이라는 좀 더 과거의 생각으로 돌아갔다. <브루드>에서 여성의 욕망은 내면의 분노의 형태로 표현되는

데, 이는 한 세대에서 다음 세대로 이어지면서 과거로 이어지는 것처럼 보이는, 어머니에 대항하는 분노이다.

그렇다면 어머니의 어떤 욕망이 <브루드>에서는 허용할 수 없다고 가정되는 것일까? 첫째는, 그것이 의식적이든 그렇지 않든, 남성의 도움 없이 아이를 낳고자 하는 여성의 욕망이다. 그리고 두 번째는 자신의 욕망, 특히 화를 표현하고자 하는 여성의 욕망이다. 단성생식의 출산은 야만적으로 그려지고 자식들은 단명한다. 래글란 박사의 환자들이 그들의 분노를 표현할 때에는 대체로 물처럼 끓어오르거나 피부 조직의 손상을 보이는 반면, 놀라의 몸은 다른 형태의 생명체, 기형인 아이들의 무리를 출산한다. 여성이 자신의 화에 대해 육체적 표현을 해야만 한다는 생각은 생래적으로 파괴적인 과정으로 표현된다. 영화는 여성의 분노에 대해 두 가지 가능한 이유를 제시한다. 하나는 아버지가 아닌 어머니에게 당했던 아동학대이고, 다른 하나는 자신의 딸들을 지켜내지 못한 아버지들의 실패이다. 놀라의 어머니는 놀라를 공격했다. 이제 놀라는 캔디를 공격한다. 그러나 영화는 딸을 신체적으로 해치려는 어머니의 욕망에 대해 그 근원을 탐구하려는 어떠한 노력도 하지 않는다. 그보다는 그런 분노가 유전되는 병인 것처럼 모계를 따라 내려온다고 말한다. 마찬가지로 아버지는 마치 그게 천성인 양 나약하게 그려진다.

우리는 크리스테바의 비체 이론을 통해 적어도 세 가지 방법에서 놀라의 괴물성의 본질을 설명할 수 있다. 첫째, 놀라는 자식들의 자주적인 정체성을 부정할 힘을 가지고 있다. 그녀는 심지어 그녀의 아이들이 태어나기 전부터 그들을 통제할 수 있다. 그들은 말 그대로 '그녀의 창조물'이다. 한 배에서 태어난 자식들은 젠더도 없고 말을 할 수도 없으며 사고도 불가능하고 세상을 오직 흑백으로만 볼 수 있다. 그들이 달고 태어나는 혹은 아주 짧은 기간 동안만 영양분을 제공한다. 또한 그 무리는 완전히 어머니의 감정에 의해 지배당한다. 그들에게는 그들만의 정체성이 전혀 없으며 어머니의 무의식적 감정의 지도에 따라 행동하는 것이다. 어머니가 안정되었을 때에는 그들도 안정되어 있다. 어머니가 화가 나면 그들도 분노하고, 어머니의 적대심을 부추기는 자는 누구든지 살해해 버린다. 이는 그들의 정체성이 회복할 수 없이 어머니의 정체성으로 빠져들었기 때문이 아니라, 그들의 정체성이 곧 어머니의 정체성이기 때문이다. 캔디가 잡혔을 때 래글란 박사가 '어떤 의미에선 캔디도 그들 중 하나다'라고 말한 것에 주목해 보면 흥미로운 지점을 발견할 수 있다. 어머니로부터 딸로 전해지는 병은 바로 여성이라는 병이다. 동물의 세계에서 그다지 멀리 떨어져 있지 않은 비체적 존재, 그리고 자신의 감정과 출산 기능에 의해서 완전히 지배되는 존재. <브루드>에 등장하는 어머니의 자식들은 어머니에게 너무 많은 권력을 주었을 때 벌어지는 끔찍한 결과를 상징적으로 대변한다. 단성 생식이라는 극단적이고 불가능한 상황은 억제되지 않는 어머니의 힘이 주는 공포를 강변하는데 이용되었다. 단성생식은 불가능하다. 그러나 만약 그것이 가능하다면 여성은 자기 자신의 기형적인 유전자만을 출산할 것이라고, 영화는 주장하고 있는 것처럼 보인다.

왜 어머니로서의 기능이 비체로 구성되는가에 대한 두 번째 이유 역시 끔찍하다. 생명을 출산할 수 있는 여성의 능력은 그녀를 동물의 세계와 탄생, 타락, 그리고 죽음이라는 위대한 순환에 직접적으로 연결시켰다. 남성은 스스로와 자연 사이의 연결을 자각함으로써 죽음을 벗어날 수 없는 자신의 운명과 상징계 질서의 유약함을 떠올리게 된다. 어머니로서의 역할 안에서 여성을 인간/동물의 모습으로 변형시켜버리

억압과 위반 사이

는 사고는 <브루드>, 그리고 생식하는 어머니가 말 그대로 외계 생물이고 '인간 어머니는 실제로 출산을 하지 않는 대리자일 뿐인 <에일리언>과 같은 다양한 공포영화에서 강력하게 표현된다. 놀라가 자신의 주머니를 이로 물어뜯고 피 범벅의 아이들을 꺼내는 장면은 너무나도 분명하게 여성이 짐승과도 같다고 주장하고 있는 것이다. 외부 자궁으로 기능하는 찢어지고 피 흘리는 생식주머니는 동물 세계와 여성이 가지는 특별한 관계를 분명하게 지시한다.

크리스테바는 출산하는 여성을 더러운 존재로 재현하는 것에 대해서 밝히기 위해 성경에 등장하는 불결함에 대한 재현으로까지 추적해 올라간다. 레위기는 어머니의 지저분한 몸과 타락한 몸을 비교한다. 이 두 가지는 아이의 출산을 통해 연결된다. '어머니의 몸과 아이의 출산이라는 초혼evocation의 과정은 초기 육체가 어머니의 내부로부터 자기 자신을 뜯어내는, 추방이라는 폭력적인 행위로서의 출산의 이미지를 유발한다(크리스테바, 1982, 101). 육체가 상징계의 질서를 나타내려면 아무런 표시가 없어야 한다. '아이는 자연에게 빚지고 있다는 흔적을 지니고 있으면 안 된다. 그것은 완전히 상징계적이 되기 위해서 깨끗하고 적절해야만 한다(ibid., 102). 여성의 재생산 기능은 그녀를 상징계적 질서 쪽보다는 자연의 편에 위치시킨다. 이런 방식으로 여성은 그녀의 몸을 통해 또다시 비체에 연결된다.

<브루드>에서 래글란 박사의 환자들의 피부에서 자라는 염증이 지니는 상징적 기능은 출산과 아브젝션에 대한 논의 안에서 새로운 의미를 지니게 된다. 래글란 박사는 실제로 환자들에게 그들 내면의 적대감을 피부에 드러난 염증과 상해로 표현하라고 가르친다. 프랭크가 이전 환자인 잔 하토그를 방문했을 때, 이 아픈 남자는 그의 목에서 자라고

있는 끔찍한 것을 드러낸다. 잔은 래글란이 자신의 몸에게 '그에게 반발하는 법'을 가르쳤다고 말한다. 화의 표현은 말 그대로 상처의 개방과 동의어가 되었다. 상처는 피부의 존엄성을 해치는 존재이다. 위에서 언급했던 것처럼, 출생의 행위는 어머니의 피부를 찢고 그녀의 몸을 열린 상처로 변형시킨다. 피부의 상처나 문드러진 염증은 주체에게 그의 기원, 즉 여성의 몸에서 태어났다는 사실을 환기시킨다. 그렇다면 어떤 의미에서 (피부의 상처로 표현되는) 주체의 분노란 여성으로부터 태어난 것에 대한 분노, '자연에 빚을 졌다는 것에 대한 분노인 것이다. 이것이 피부의 표면을 파열시키는 나병이 레위기에서 불결로 표현되는 이유이다. 흥미롭게도 크리스테바는 이 분노를 심지어 단성 생식의 한 형태로 연결시킨다. 자기 자신을 스스로 출산하는 것에 대해 상상하는 주체는 어머니와의 유대를 끊기 위해 그런 판타지에 빠진다. '문드러지고 썩어가는 육체에 대한 집착은 따라서, 자신의 어머니를 받아들이지 못하고 게걸스럽게 집어 삼키는 어머니를 구체화해 온 주체가 자신의 한 부분을 재출산하는 판타지이다'(ibid.).

자궁이 괴물성을 의미하는 세 번째 방식은 내부/외부의 관점에서 내린 아브젝션에 대한 정의와 관계가 있다. 여성이 종교적 담론 안에서 비체로 구성되는 방식에 대한 분석에서, 크리스테바는 기독교의 출현과 함께 비천함을 이론화할 때 일어난 중요한 변화를 연구했다. 예수의 가르침의 핵심은 이전까지의 금기들과 부정함의 카테고리에 대항하는 일련의 행동들에 있었다. 이는 이교도들과 식사를 하고, 나병 환자들과 어울리며, 음식과 관련한 터부를 깨는 등의 행동들을 포함했다. 어떻게 이것이 아브젝션의 이론화에 영향을 미쳤을까? 유대교에서는 아브젝션이 인간 주체에게 있어 일련의 외면적인 혐오로 구성되었던 반면에 기독교에서의 아브젝션은 내면화된 것이었다. '이 복음의 행동들 혹은 서사들의 정수는 아브젝션이 더 이상 외면적인 것이 아니라는 점에 있었다. 그것은 영원한 것이며 내면으로부터 오는 것이었다(ibid., 113). 외면으로는 깨끗해 보이는 개인도 어쩌면 내면에서는 썩었을지도 모른다. 순결/불결의 이분법은 내면/외면의 이분법으로 바뀌었다. 아브젝션의 이 두 가지 면이 공포영화에 모두 존재한다. 공포와 몸에 대한 주목할 만한 논문에서, 필립 브로피와 피트 보스는 괴물성의 재현에 있어서 중요한 변화 중 하나는 그것이 점차로 내부에서 오는 것으로 재현되었다는 점이라고 목소리를 모았다. 순결/불결의 카테고리는 더 이상 개인에게 있어 단순히 외면적 대항관계가 아니라는 점에서 후자가 좀 더 세련된 관점을 제공하는 것으로 보인다.

비체적 자궁

괴기스러운 출생을 묘사하는 공포영화들은 인간의 영역에서 비체를 완전하게 제거하는 것이 절대로 불가능하다는 사실과 함께 자궁의 생래적으로 기괴한 본질을 보여주기 위해서 내면/외면의 구분을 이용한다. 내면/외면의 개념은 서로에게 접혀져 있는 두 개의 표면을 제시한다. 서로의 표면이 상대의 '다른' 쪽을 구성하고 있기 때문에 외면으로부터 내면을 분리하는 것은 불가능하다. 따라서 비체는 절대로 완전하게 사라지지 않는다. 만약 '내면'이라면, 비체적 요소는 외면의 안감이 된다. 그리고 만약 '외면'이라면, 그것은 내면의 표면이 된다. 자궁은 내면에서 외면으로 자신과 함께 피, 후산, 배설물과 같은 오염물을 함께 가지고 나올 새로운 생명체를 지니고 있기 때문에 아브젝션의 최극한을 상징한다. 자궁의 비체적 본질과 출산의 과정은 남자가 여자로부터 태어나야만 한다는 생각으로 인해 교회의 아버지들을 공포 속에 후퇴하게 한다. 공포영화는, 여성이든 남성이든, 괴물을 낳는 인간을 묘사함으로써 자궁의 비체적 본질을 착취한다.

<브루드>에서 암 종양처럼 보이는 자궁은 여성 신체의 외부에 존재한다. 따라서 관객은 공포의 장면과 직접적으로 대면하게 된다. 놀라의 외부 자궁에 대한 비평적 반응은 흥미롭다. 로빈 우드의 관점에 따르면 '태어나지 않은 아이, 놀라의 육체에 존재하는 거대한 이상 생성물은 거대한 페니스의 외형을 지니고 있다(우드, 1981, 30). 폴 새먼은 그녀의 자궁을 악성 종양으로 보았다. 놀라는 '제왕처럼 그녀의 팔을 펼쳐 가운을 들어 올리고 자신의 몸에 붙은 암 덩어리 안에서 자라고 있는 태아들을 드러낸다(새먼, 1981, 30). 나는 여성의 자궁은 그것이 페니스나 암 종양처럼 보이기 때문이 아니라, 그것의 근원적 기능 때문에 공포스럽게 보인다고 생각한다. 그것은 외계 생명체를 품고, 그것은 신체의 변형을 야기하며, 그것은 출산의 행위를 가능하게 한다. 자궁은 본질적으로 소름끼친다. 그리고 가부장제의 담론은 여성의 육체를 상처입고, 불결하며, 자연/동물 세계의 일부분인 것으로 재현하기 위해 자궁을 이용해 왔다. 놀라는 출산을 했기 때문에 불결할 뿐 아니라 태아의 피로 입술을 적셨다. 이는 그녀의 타락한 상태의 또 다른 증거이다. 놀라는 단순히 그녀가 살인하는 아이들을, 그런 돌연변이들을 낳았기 때문에 기괴한 것이 아니다. 그녀의 기괴함의 또 다른 원인은 그녀의 기괴한 외부 자궁으로 상징되는 어머니로서의 본질과의 동맹 관계에 있다.

이런 영화들의 출산 시나리오 재현은 어머니의 자연 세계와 아버지의 상징계 사이의 분리를 지시한다. 아버지의 상징계는 완전히 다른 일련의 법칙들로 통제되며, 그 법칙들은 행동에 대한 적절히 문명화된

억압과 위반 사이

규범과 깨끗하고 적절한 몸을 강화한다. 마일즈는 라블레의 그로테스크에 대한 범주화 작업에 있어 여성의 몸, 특히 임신한 몸의 중심적 역할을 지적한다. 마일즈의 결론은 아브젝션의 중심 요소로 여성의 몸을 읽는 크리스테바의 이론을 뒷받침한다. 남성의 몸이 예절과 고결함을 의미하고 세상과 분명하게 구분이 되는 반면, 여성의 몸은 이런 특징 중 어떤 것도 지니지 못한다. 여성 신체의 변덕스러운 본질은 임신 기간 중 가장 두드러진다.

임신한 자궁을 다루는 공포영화에는 확실히 그로테스크의 강한 요소가 있다. 특히 공포가 자궁의 변화와 연결되어 있을 때에는 더욱 그렇다. <엑스트로>에서 임신한 자궁은 괴물스러운 크기로 부풀어 오른다. <브루드>는 여성의 자궁을 역겨운 종양으로 묘사했다. <에일리언>에서 외계 생명체가 태어나는, 얼마 전에 낳은 박동치는 알들로 꽉 차 있는 방은 쩍 벌어진 검고 게걸스러운 입처럼 보인다. <마니토우>에서는 자궁이 여성의 목에서 자라는 종양으로 대체된다. 아마도 여기에서 '목은 자궁 경관이나 자궁 경부를 대신하는 것일 터다. 이런 텍스트들에서 강조되는 것은 생성, 변화, 확장, 성장, 변형이다. 월경과 출산은 여성의 인생에서 그녀를 비체의 자리에 위치시켜온 두 가지 사건이다. 여성을 자연과 연결시키고 가부장제의 상징계 질서를 위협하는 것은 바로 여성의 생식하는 몸이다.

여성의 출산하는 기능은 자궁 내의 도상학iconography, 단성 생식하는 어머니, 기괴함의 환기, 그리고 외계 생명체를 출산하는 이미지들과 같이 공포영화가 전시할 수 있는 가장 끔찍한 이미지들의 중요한 재료를 공급해 왔다. 이 모든 요소들과 완벽하게 유희하는 최근작이 <에일리언>이다. <에일리언>의 놀랄만한 성공 이후 속편이 제작되었다. 속

편 <에일리언 2>에서 첫 작품의 주인공 리플리(시고니 위버 분)는 50여
년 이상 우주를 여행한 뒤 캡슐 안에서 잠이 든 채로 발견된다. 회사는
한 행성에 주재하던 사람들의 실종을 조사하기 위해 그녀를 그 행성으
로 보낸다. 그리고 리플리는 그곳이 어미 에일리언의 둥지라는 사실을
발견한다. 어미 에일리언이 새끼들의 부화를 위한 숙주로 사용하기 위
해 모든 주재원들을 잡아갔고, 오직 어린 소녀만이 홀로 살아남아 있다.

　<브루드>의 놀라처럼 에일리언은 남성의 도움 없이 치명적인 생명
체의 무리를 출산하는 원초적 어머니이다. 이 어린 에일리언들은 다
자라기 전에 몇 개의 다른 형태로 변태한다. 이 변태 단계 중, 기다란
남근적 꼬리를 지닌 게처럼 생긴 형태는 <에일리언>에서 외계 생명체
가 케인의 얼굴에 달라붙었던 것처럼 입을 통해 희생자들을 강간한다.
음경 같은 기관이 외계 생명체 하복부의 질처럼 찢어진 틈에서 나온다.
이 기관이 입을 통해 인간의 몸으로 들어가 자신의 태아를 그곳에 심어
놓는다. <에일리언 2>는 자가 생식할 수 있는 여성괴물의 성기를 시각
적으로 재현해낸다. 데이비드 크로넨버그는 <열외 인간>에서 이와 비
슷한 질/페니스를 표현했는데, 페니스처럼 생긴 기관이 희생양에게 삽
입되려고 균형 잡히고 준비된 상태로 여성 주인공의 겨드랑이로부터
튀어나온다. 존 카펜터의 <괴물>에서는 다른 생명체와 똑같은 모습으
로 자신을 복제할 수 있는 외계 괴물이 등장한다. 이 괴물은 커다란
질과 같은 입을 가졌는데, 그 입술이 뒤로 벗겨지면서 그 안에 숨겨져
있던 페니스처럼 생긴 뼈대가 굵은 기관이 드러난다. 이런 영화들은
적어도 두 가지 형태를 띠는 남근적 어머니에 대한 유아기적 판타지를
시각적으로 재현한다(라플랑슈와 퐁탈리스, 1985, 311). 그녀는 외부에
드러나는 페니스를 가지고 있거나 그녀의 몸 안에 숨겨진 페니스를 가

억압과 위반 사이

지고 있다고 생각된다.

이런 영화들은 어머니가 몸 안에 페니스를 숨기고 있다는 후자의 판타지를 탐구하고 있는 것처럼 보인다. 비록 많은 텍스트가 남성이 출산하는 의만擬娩의 주제들을 다루고 있지만, 남자들이 질을 가지고 있다는 식의, 위와 반대되는 판타지의 시각적 재현을 보여주는 공포영화는 거의 없다.

<에일리언 2>에서 가장 비천한 공포는 주인공 리플리(시고니 위버 분)가 괴물의 외부 부화장/자궁에 포로로 잡혀 있는 뉴트를 구하기 위해 어미 에일리언의 부화 공간으로 들어갈 때 등장한다. 미장셴의 모든 것은 크리스테바가 '어머니 육체의 매혹적이고 비체적인 내부'라고 묘사했던 것의 악몽 같은 광경을 보여준다(1982, 54). 내부는 어둡고 끈적거리며 바닥은 난포卵胞들과 알들과 함께 살아 숨 쉰다. 기다란 관은 어미 에일리언의 배꼽으로부터 늘어져서는, 마치 컨테이너 벨트처럼 이미 부화되기를 기다리고 있는 알들이 가득 차 있는 바닥으로 새로운 알들을 떨어뜨린다. 거대한 어미 에일리언은 어둠 속에서 그녀의 이중 턱이 독액을 뚝뚝 흘리는 사이로 이를 반짝이면서 누구라도 그녀의 알들을 위협하는 자라면 찢어발길 준비가 된 채로 쉭쉭 거리며 서있다. 리플리가 핵 원자로가 터지기 전에 뉴트를 구할 수 있는 시간은 15분밖에 없다. 이 폭발은 출산을 내부에서부터 외부로 터져나오는 폭발로 이해하는 생각과 일맥상통한다. 영화의 초반부에서 우리는 리플리가 에일리언을 출산하면서 자신의 배가 안으로부터 터지는 악몽을 반복해서 꾸는 것을 보았다. 영화 전반에 걸쳐서 <에일리언 2>는 어머니 역할의 두 가지 형태를 대치시킨다. 하나는 리플리의 어머니 역할대행으로, 그 역할에는 임신도 출산도 없으며 여성의 육체는 상처입지 않는다.

또 하나는 어미 에일리언의 생물학적이고 동물적이며 본능적인 어머니 역할로, 여기에서 어머니의 육체는 열려 있고 상처 입은 자리가 쩍 벌려져 있다. 이에 대해 번트젠은 다음과 같이 적절하게 지적한다. '해병대는 플라스틱 메탈과 유리에서 편안함을 느낀다. 그러나 그들이 이 유기체적이며 여성적인 자궁-무덤에 도착했을 때는 완전히 당황하게 된다(1987, 14). 그러나 번트젠이 제시했던 것처럼 리플리가 '불임의 어머니'이며 그녀와 어미 에일리언이 본능과 문화라는 이분법적으로 대치되는 재생산의 법칙들을 대변하고 있는 것은 아니다. 그보다는 어미 에일리언은 리플리의 다른 자기, 즉 여성의 이질적이고 내면적이며 신비로운 재생산 능력을 표현한다. 기괴하고 공포스러우며 비체적인 것은 바로 후자, 그러니까 여성의 재생산/어머니 능력 그 자체인 것이다. 어미 에일리언처럼, 리플리 역시 비록 그 아이가 친자식이 아니더라도 자신의 아이가 위협당할 때에는 불멸의 살인 기계로 변한다.

<에일리언 3>은 리플리(시고니 위버 분)와 에일리언 사이에 더 깊은 유사점을 발전시킨다. 리플리의 비행선이 퓨리161이라는 경비가 엄중한 강간범과 살인범들의 감옥에 착륙했을 때 그녀는 인간 '에일리언'이 된다. 일군의 적대적이고 막가는 남자들과 함께 지내도록 강요당한 홀로 남겨진 여성인 것이다. 리플리가 목사인 딜런에게 그녀의 등장에 대한 남자들의 반응을 물었을 때, 그는 다음과 같이 대답한다. '뭐, 여자가 이곳에 왔던 적은 없었지만 우리는 누구든지 참아낼 수 있죠. 비록 견딜 수 없는 상대라고 하더라도.' 리플리와 에일리언 사이의 다른 유사점들 역시 드러난다. 그들은 충돌의 유일한 생존자들이며, 그들의 연합된 등장은 행성에 재앙을 가져왔다. 또한 그들은 퓨리161에서 유일하게 재생산을 할 수 있는 존재들이며, 둘 다 자신의 종족을 지키기 위해

억압과 위반 사이

싸운다.

<에일리언 3>은 스타일과 톤에서 전작들과 완전히 달라진다. 그리고 이 차이는 여성과 에일리언을 묶는 데 활용된다. 그들은 모두 각자의 방식에서 '나쁜 년bitch'들이다. (이 영화의 홍보에 쓰인 광고 문구는 '나쁜 년이 돌아왔다'였다.) 퓨리161의 남자들은 자발적으로 여자를 포기하고 묵시적이고 천년왕국을 신봉하는 기독교 근본주의를 선택했다. 갈색의 참회복을 입고 머리를 짧게 깎은 그들은 일군의 수도사들처럼 보인다. 미장센은 중세 이후의 산업과 기술, 그리고 커뮤니케이션 혁명에서 뒤쳐진 중세 요새와 같은 느낌을 준다. 그곳에는 하이테크 무기나 어떤 종류의 기술도 없다. 퓨리161의 심장부는 거대한 불타는 용광로로, 시각적으로 기독교의 지옥을 환기시킨다. 이것은 어두운 풍경에 희미한 불빛을 뒤덮으며 행성에 붉은 빛을 드리운다. <에일리언 3>은 미래이기도 한 과거를 배경으로 한다. 이것은 세상의 끝이며, 문명의 죽음이고, 에일리언/여성의 도래에 의해 예고된 묵시이다.

이런 '쥐 똥구멍 같은 공간에서 여성이 잉태할 수 있는 유일한 생명체가 도덕적으로 끝장난 남성/인간에게 죽음을 의미한다는 것은 놀라운 것도 아니다. <에일리언 2>의 오프닝 시퀀스에서 리플리는 에일리언이 자신의 배에서 살과 뼈를 뚫고 태어나는 것을 공포에 질려 바라보는 악몽에서 깨어난다. <에일리언 3>의 마지막 시퀀스에서 이 꿈은 현실이 된다. 우주선에서 깊은 잠에 빠져 있는 동안, 리플리는 에일리언에게 강간을 당하고 임신을 하게 된다. 그녀는 이제 어미 에일리언의 씨를 지닌 그릇이며, 그녀의 몸/자궁은 뉴로스캐너가 '외부 조작'이라고 설명하는 것에 오염당했다. 에일리언은 남자들을 찢어발기면서도 리플리는 건드리지 않는다. 에일리언은 자신의 태어나지 않은 자손을 보호하고

있었던 것이며, 리플리는 자신의 배속에 있는 이 자손이 수천마리의 에일리언을 낳을 수 있는 '여왕'이라는 것을 알게 된다. 공포스러운 한 장면에서 에일리언은 리플리의 부들부들 떠는 볼 앞에 자신의 드러난 턱과 침 흘리는 입을 들이댄다. 이 이미지는 죽음과 욕망, 두 가지를 보여준다.

자신이 끔찍한 생명체를 임신하고 있다는 것을 안 리플리는 스스로를 희생하기로 결정한다. <에일리언> 삼부작 중 가장 놀라운 장면에서 리플리는 자신의 몸을 불타는 용광로 속으로 던진다. 그녀가 용광로를 등지고 추락하는 동안 그녀의 얼굴을 잡은 클로즈업은 그 얼굴에 나타난 엑스타시의 표정을 보여준다. 동시에 에일리언이 튀어 나온다. 리플리는 자신의 팔을 앞으로 가져와서 어린 퀸을 어머니의 손길이자 살인자의 손길로 끌어안는다. 이 포옹은 에일리언이 그의 대리모와 함께 죽을 것이라는 사실을 보여준다. 리플리의 죽음은 마치 그것이 신성한 희생인 것처럼 재현된다. 밀어버린 머리와 행복한 죽음의 표정을 담은 리플리 얼굴의 클로즈업 숏은 칼 드라이어의 <잔 다르크의 수난>에서 화염 속에서 사그라져가는 팔코네티와 매우 닮았다. 따라서 <에일리언 3>의 중세적 배경은 새로운 의미를 드러낸다. 즉 리플리의 죽음을 고대 양성의 신 혹은 종교적 성인의 궁극적인 희생과 같은 것으로 재현하고 있는 것이다. 리플리가 화염 속으로 떨어지는 동안 화면은 떠오르는 태양의 이미지로 가득차고 우리는 딜런이 리플리의 동료들과 그녀의 대리 딸 뉴트를 용광로에 화장할 때 부활에 대해 한 말을 떠오르게 한다. 그녀의 고결함과 용기에도 불구하고, 리플리/여성은 그녀의 육체에게 배반당하고, 결국 비체, 에일리언 타자, 괴물스러운 다산의 어머니에 의한 오염으로부터 자신의 육체를 지켜낼 수 없게 된다.

억압과 위반 사이

공포영화에서의 자궁

위의 논의에서 우리는 공포영화에서 자궁이, 상징적으로 자궁 내부를 배경으로 사용하는 것과 말 그대로 여성의 몸을 나타내는 것, 이두 가지 방식으로 재현된다는 것을 살펴보았다. 많은 영화에서 괴물은 자궁과 닮은 장소에서 끔찍한 짓을 행한다. 이렇게 자궁 내부를 활용하는 배경은 중앙 방, 지하실 혹은 다른 출산의 상징적 공간으로 이어지는 어둡고 좁으며 구불구불한 통로로 구성된다. 다른 공포영화에서는 기괴한 자궁이 얼마 지나지 않아 외계 생명체나 일련의 끔찍한 생명체들을 출산할 예정인 여성 혹은 암컷에게 속해 있다. 그녀의 자궁은 그로테스크하게 그려지고, 따라서 그 기괴한 본질에 구체적인 모습을 제공한다. 외계 생명체를 출산하거나 변형된 자궁을 지닌 여성들이 모두 마녀나 뱀파이어처럼 적극적인 괴물인 것은 아니다. 어떤 여성들은 (<브루드>에서처럼) 자신의 악마 같은 자식들을 지배한다는 점에서 적극적이며, 어떤 이들은 (<인세미노이드>에서처럼) 외계 생명체나 (<프로테우스4>에서처럼) 심지어 컴퓨터에게 강간을 당하고 인간이 아닌 자식을 출산하게 된다. 최근의 (<데드링거>와 같은) 영화에서 여주인공은 그녀가 의학적으로는 불가능하게도 세 개의 자궁을 가졌기 때문에 괴물로 그려진다.

프로이트의 기괴함(운하임리히unheimlich)에 대한 논의는 공포영화에서의 자궁 이미지 묘사와 일치한다. 그는 기괴함을 '의심할 여지없이 놀라게 하는 것, 불안과 공포를 불러일으키는 것과 연결되어 있는 것'이라고 정의한다(「기괴함」, 219). 그의 논의 전체에서 프로이트는 종종 기괴함이라고 불리는 것들에 대해서 논의하는데, 그것들은 다음 세 가지 범주로 나누어질 수 있다.

1. 생령生靈의 개념과 연결될 수 있는 것들. 예를 들어 사이보그, 쌍둥이, 도플갱어, 번식한 것, 귀신 혹은 영혼, 어떤 행동의 원하지 않는 반복

2. 여성 성기, 잘려진 수족, 잘려진 머리 혹은 손, 눈에 대한 손상, 시력의 상실 등에 대한 두려움으로 표현되는 거세 불안

3. 친근한/친근하지 않은 장소, 길 잃음, 자궁 판타지, 유령이 출몰하는 집 등에 관련된 감정

이 모든 두려움들이 공포영화에서 탐구된다. 각 범주 안에서 표현된 공포영화는 분명한 경계의 상실과의 관계 안에서 이야기되어질 수 있다. 생령은 분리된 총체로서 각 인간을 구성하는 경계를 교란시킨다. 거세 공포는 젠더 경계의 붕괴에서 유희하며 친근한/친근하지 않은 장소와 관련된 기괴한 감정은 알고 있는 것과 알 수 있는 것을 표시해주는 경계를 유린한다. 기괴함은 정체성과 질서를 교란한다는 점에서 비체와 공통된 특성을 지닌다. 프로이트는 '기괴함은 예전부터, 오랫동안 익숙하게 잘 알아온 것으로 이끄는 두려운 것들의 집합'이라고 말했다(ibid., 220). 이를 통해 기괴함의 모든 면에 공통되는 개념은 기원의 개념이라는 것을 알 수 있다. '기괴함은 실제로 새롭거나 외부적인 것이 아니다. 그것은 익숙하고 오랫동안 마음속에 존재했고 단지 억압의 과정을 통해서 마음으로부터 괴리된 어떤 것이다(ibid., 241).

물론 자궁은 주체의 말 그대로의 기원일 뿐만 아니라 주체가 처음으로 분리를 경험하는 공간이기도 하다. '예전부터, 오랫동안 익숙하게 잘 알아온' 이것은 무엇인가?

신경증의 남자가 여성의 성기에서 무언가 기괴함을 느낀다고 말하는 것은

억압과 위반 사이

종종 있는 일이다. 그러나 이 기괴한unheimlich 장소는 모든 인간의 예전의 집 Heim, 즉 우리 모두가 옛날에 그리고 처음에 살았던 그 공간으로의 들어가는 입구다. '사랑은 향수병'이라는 농담이 있다. 그리고 남성이 어떤 장소나 시골에 대해 꿈을 꾸면서 여전히 잠든 상태에서 '이 장소는 나에게 익숙해. 난 이 곳에 와 본 적이 있어'라고 말할 때마다, 우리는 그 장소가 그의 어머니의 성기이거나 그녀의 몸일 것이라고 독해할 수 있다. 이런 경우에도 역시, 기괴함 unheimlich은 한때 익숙했던 heimlich 것이다. 접두사 un은 억압의 증거이다. (ibid., 245).

비평은 일반적으로 프로이트의 기괴함에 대한 이론에서 거세 불안에 의한 공포를 강조한다. 그러나 프로이트는 단순히 여성의 외부 성기에 대해서만 이야기하고 있는 것이 아니다. 그는 주체의 '예전의 집'의 중심 공간, 즉 자궁을 설정하고 있다. 기괴함은 '예전부터 오랫동안 익숙하게 잘 알아온' 공간이며, 이 공간에서 개인은 억압을 통해 소외되었다. '예전부터 알아온' 것에 대한 느낌이 사실 기괴함의 핵심이다. 프로이트는 독일어의 '기괴한 집unheimlich house'이 단순하게 '귀신 들린 집'으로 번역되는 것을 지적했다(ibid., 241). 집은 유령 뿐 아니라 기억의 흔적에 의해 홀려있을 수 있다. 이 기억의 흔적들은 최초의, 어쩌면 태아 시절에 개인이 어머니와 가졌던 관계로 그를 끌어당긴다. 이런 주제는 여성 주인공이 다른 여성, 보통은 남편의 전 부인인 상징적 어머니의 기억에 홀리는 고딕 공포영화에서 중심적이다. 우리는 이런 역학을 <레베카>, <가스등>, <비밀의 문>, <드래곤윅> 등과 같은 영화에서 볼 수 있다. 고딕 호러물과 상관없이 다른 공포영화에서의 기괴함에 대한 탐구는 더욱 폭력적이며, 괴물은 더욱 기괴하다. 끌어당기는 힘이 특히 더 강력하다면 개인은 말 그대로 유령에게 홀리는 자신을 발견하게 되거나, 유령이 흡입하는 거대한 자궁으로 재현되는 <폴터가이스트>에서처럼 다른 차원으로 빠져들지도 모른다.

집/방/지하실 혹은 다른 어떤 폐쇄된 공간으로 자궁이 상징화되는 것은 공포영화의 핵심적인 도상학이다. 친근하고 또 친근하지 않은 공간으로서의 자궁의 재현은 그것이 완전한 공포 속에 드러나기 전까지 반쯤만 보여지거나 처음부터 시야에서 숨겨진 괴물스러운 행위의 표현을 통해 공포영화에서 드러난다. 매리 앤 도앤은 여성영화에 대한 논의에서 기괴함과 어떤 특정한 집 사이에도 모종의 관계가 있다고 주장했다. 특정한 집이란 영화에서 '인간의 몸과 유사한 것이 되고, 텍스트의 작동에 의해 그 일부분이 물신화되며, 내부의 에로틱한 공간은 섹슈얼리티에 집착하는 병적인 욕망에 의해서 변형되는' 그러한 집이다(도앤, 1987, 72-3). 귀신 들린 집이 공포스러운 이유는 정확하게 그것이 끔찍한 비밀을 지니고 있으며, 대체로 가족들 간에 서로에게 행했던 끔찍한 행위들의 비밀을 목격해 왔기 때문이다. 대체로 이런 행동들의 기원은 개인이 자신의 기원 – 임신, 성차, 욕망이라는 세 개의 원초적 장면과 연결되어 있는 – 을 찾으려고 떠난 모험으로 우리를 데리고 간다. 집은 기원의 장소인 자궁의 상징적 공간이 되고 이곳에서 이 세 개의 꿈이 펼쳐진다. 노만 베이츠의 살해당한 어머니는 자신의 침대에서 죽었고, 노만은 미라가 된 어머니의 시체를 지하실에 숨겨 놓는다. 캐리는 집 전체가 땅 속으로 가라앉기 전에 어머니의 욕실에서 월경혈을 닦아 낸다. <아미티빌>에서 소외된 아버지는 피로 자신을 닦아 내는데, 이 피는 그가 가족들과 만나기 전에 지하실을 가득 채운다. 이 영화들의 정체성을 찾아 떠나는 모험 이면에는 자궁의 상징과 장치들을 통해 재현되는 어머니의 육체가 놓여 있다. 여기서 몸/집은 말 그대로 공포의 육체이며, 욕망이 언제나 어머니의 유령 같은 존재로 인해 상처 입는 기괴함의

억압과 위반 사이

공간이다.

집이 중심 장소가 될 때, 내러티브는 대체로 우리를 한 때 그곳에 살았던 가족에 의한, 혹은 가족에 대한 끔찍한 범죄의 순간으로 데려간다. 이것은 어머니 살해(<사이코>), 카니발리즘(<텍사스 전기톱 학살>), 근친상간(<지킬 박사와 여동생 하이드>, <데이 컴 프럼 위딘>), 시체 성애(<검은 고양이>), 가족 학살(<계부>, <샤이닝>), 능지처참(<비명 지르는 집>), 마법과 고문(<공포의 외딴 집>), 자살(<하우스>)과 같은 주제들을 포함한다. 이런 영화들에서 집은 단순히 그것의 (어둡고, 축축하고, 비어있고, 좁으며, 비밀스럽고, 불길한) 외관 때문만이 아니라 가족이라는 맥락 안에서 벌어진 범죄들 때문에 공포스럽다. 피는 집과 묶여진 공포에 있어서 가장 일반적인 이미지이다. 피는 벽에서 떨어지고 지하실을 가득 메우며(<아미티빌>) 복도를 따라 파도처 내려온다(<샤이닝>). 호러 장르에 있어서 집의 중요성은 집과 공포를 연결하는 다음과 같은 영화들의 제목에서 확인할 수 있다. <하우스 오브 다크 샤도우 House of Dark Shadows>, <악마의 집 House of Evil>, <리사와 악마 House of Exorcism>, <변태들의 집 House of Freaks>, <저주받은 자들의 집 House of the Damned>, <하우스 오브 어셔 House of Usher>, <여대생 기숙사 House on Sorority Row>, <공포의 집 House of Fear>.

많은 영화들에서, 집은 우선 피난처로 묘사된다. 괴물의 은신처가 되거나 희생자가 집에서 안전하게 숨으려고 한다. 필연적으로 상황은 전복되고 위안을 제공하던 집은 궁극적으로 함정이 되며, 괴물이 파괴되거나 희생자가 살해당하는, 혹은 둘 다 파괴되는 장소가 된다. 현대 공포영화의 클리셰라고 까지 말할 수 있는 장면 중 하나는 쫓기는 자가 자신을 방이나 통풍관, 혹은 벽장 같은 곳에 가두어 놓고 살인자가 들어

오려고 애쓰는 동안 숨도 쉬기 어려운 상태에서 기다리는 장면이다. 희생자는 벽 속으로 사라지려고 노력하는 것처럼 태아의 자세로 웅크린다. 그리고선 경계가 흐트러진 가해자를 잡기 위해 갑자기 튀어 나온다. 이런 장면들은 공포스러운 경험으로 그려지는 출산 시나리오의 재작동을 보여주는 비슷한 행위나 움직임들을 활용하는 경향이 있다. 왜냐하면 안전한 장소에 들어가 있다가 미지의 공간으로 갑자기 튀어나오는 모습이기 때문이다.

공포영화가 자궁을 괴물로 재현하는 두 번째 방법은 <브루드>와 같이 여성이 비인간을 출산하는 것이다. 이런 영화들은 (<지킬 박사와 하이드씨>, <프랑켄슈타인>, <너티 프로페서>, 그리고 <플라이>에서처럼) 새로운 생명체를 창조하려다가 괴물을 만들어 버리는 결과를 낳는 미치광이 남성 과학자를 그리는 영화들과 많은 특징을 공유한다. 샤론 러셀에 따르면 '여성들은 (<트로그>에서처럼 모/자 관계의 변형이나 괴물을 출산하는 행위를 통해서가 아니라면) 거의 괴물을 창조하거나 그들을 통제하지 않는다'(러셀, 1984, 117). 제라르 렌은 심지어 공포영화에는 미치광이 여성 과학자는 존재하지 않는다고 주장했다(1979, 38). 그러나 이는 틀린 지적이다. <까다로운 여자>와 <저주받은 핏줄>에는 자연에 함부로 손을 대는 여성 과학자가 등장한다. 그러나 여성 과학자들이 인공적인 환경에서 괴물을 만들어 내는 일은 거의 없다는 것은 사실이다. 왜 그래야 하겠는가? 여성은 자기 자신의 자궁을 가지고 있는데. 흥미롭게도 여성이 자기 자신의 몸에서 (신체적인) 괴물을 출산하는 주제는 최근 몇몇의 공포영화에서 다루어지고 있다. 아마도 복제와 재생산 기술에 대한 과학적 실험을 둘러싼 최근의 논쟁들에 대한 반응의 결과일 것이다. 괴물을 품고 있는 자궁으로 여성을 묘사하는

억압과 위반 사이

공포영화들에는 <브루드>, <엑스트로>, <프로테우스 4>, <에일리언의 씨>, <플라이>, <마니토우>, 그리고 <데드링거> 같은 작품들이 있다. <에일리언>, <에일리언 2>, <아라크네의 비밀>, 그리고 <거대한 발톱>과 같은 영화에서처럼 어떤 공포영화들은 괴물스러운 여성의 자궁 혹은 둥지를 자연의 일부분으로 표현한다. 이런 모든 영화들의 공통점은 여성을 그녀의 자궁, 즉 재생산 능력과의 관계 안에서 괴물로 재현해 낸다는 점이다.

자궁에 대한 이론들은 이를 여성의 히스테리 발현이라는 또 다른 괴물성 담론에 연결시킨다. 히스테리에 대한 가장 최초의 의학적 언급은 이집트에서 나왔고 그것은 대략 기원전 1900년으로 거슬러 올라간다. 그리스인들은 자궁이 여성의 몸 안에서 돌아다니며 그것이 특정한 병으로 이어진다고 믿었다. 그들은 여성이 성적으로 혼란스러워지면 자궁이 몸 안을 떠돌아다니기 시작한다고 생각했다. 욕구 불만이 여성의 몸 안의 수분을 말리고 이 때문에 자궁이 수분을 찾아 움직인다는 것이다. 번 벌로의 논의를 보면, 중세 의사들은 자궁의 위치 변화가 일련의 질병을 일으킨다고 믿었다. 이런 관점은 오랜 세월 지속되었다.

만약 그 기관(자궁)이 쉬기 위해 이 위치(하복부 근처)에 오게 되면, 그것은 간질의 증상과 비슷한 경기를 유발하게 된다. 만약 그것이 위로 올라가 심장에 붙게 되면 환자는 분노와 압박감을 느껴 구토하게 된다. 만약 그것이 여성의 간을 조이면, 여성은 그녀의 목소리를 잃고 이를 갈며 안색이 잿빛으로 변할 것이다. 만약 그것이 요부腰部에 안착하게 되면, 그녀는 딱딱한 공과 같은 덩어리를 허리 쪽에서 느낄 수 있다. 만약 그것이 그녀의 머리에까지 올라가게 되면 그것은 그녀의 눈과 코 주위에 고통을 유발하고 머리를 무겁게 하며 현기증이나 혼수상태를 유발할 수 있다. (벌로, 1973, 493-4).

자궁이 여전히 문화적 담론 안에서 공포의 대상으로 그려지고 있다는 사실을 보면, 이런 경향의 이유를 무지의 탓으로만 돌릴 수는 없다. 더 그럴 듯한 설명은 여성의 자궁이, 그녀의 재생산 기능을 지닌 다른 기관들과 함께 성차를 의미하며, 그렇기 때문에 여성의 성적 타자를 공포에 몰아넣을 힘을 가졌기 때문이라는 것이다. 정신분석학이 여성의 외부 성기, 즉 그녀의 소위 거세된 기관을 성차를 보여주는 가장 끔찍한 증거로 주목하는 것은 흥미롭다. 그러나 여성의 출산할 수 있는 능력이 남성들에게 경외와 질투, 그리고 공포라는 다양한 모순된 반응들을 불러일으키는 핵심적인 차이를 구성한다는 것은 너무 분명하다. '원시' 사회에서 남성이 출산의 행위를 흉내 내는 의만擬娩 관행은 (그들은 고통을 경험하고, 진통을 겪으며, 출산하는 자세로 쭈그려 앉는다) 남성이 여성의 출산 능력을 얼마나 중요하게 보았는가를 설명해 준다. 세냐 구뉴가 이 주제에 대해서 분명히 논의했던 것처럼, 의만 관행은 성차의 문제에 관해 토론할 때 여성의 거세된 상태만을 차이의 주요 기표로 언급해 온 관습적 접근에 문제를 제기한다(구뉴, 1983, 156-7). 하지만 프로이트는 남성을 공포로 물들이는 것은 특히 여성의 거세된 외양이라고 주장했다. 이런 영화들을 얼핏 살펴보는 것만으로도, 겉으로 보기에 그로테스크하게 부풀어 오른 임신한 자궁이 성적 '타자'로서 여성에 대한 끌림과 두려움을 일깨운다는 것을 알 수 있다. 생명을 창조하고자 하는, 즉 출산하고 싶은 남성의 욕망은 작동 중인 더 깊은 욕망을 보여준다. 그들은 여성이 되고 싶은 것이다. 공포영화들이 이 열망을 탐구하는 한, 이런 경향들이 정해진 젠더 역할에 대한 남성 안에 존재하는 히스테리적인 거부를 재현하고 있다고 주장할 수 있다. 이 히스테리성의 증상은 질의 개방(<비디오드롬>), 임신(<에일리언>), 출산(<토탈 리콜>)과

억압과 위반 사이

같은 여성의 성기나 재생산 행위의 형태로 남성의 몸에 표면화된다.

　미하엘 바흐친은 라블레에 대한 그의 작업에서 그로테스크한 몸에 대한 세 가지 사례/보기를 구분했다. 그것들은 '성교, 죽음의 고통(늘어진 혀, 무표정하게 튀어나온 눈, 질식, 임종 시의 가래 끓는 소리 등 죽음에 대한 코믹한 묘사에서 드러나는), 그리고 출산 행위'이다(바흐친, 1984, 353). 바흐친에 따르면 '그로테스크한 이미지의 예술적 논리는 신체의 닫혀져 있고 부드러우며 통과할 수 없는 표면을 무시하고, 오직 신체의 이상 생성물 (싹이나 아상 돌기 같은) 및 상처의 구멍만을 간직하며, 신체의 한정된 공간을 뛰어 넘거나 육체의 내면으로 들어가는 것만을 신경 쓴다(ibid., 318). 출산의 행위는 그것의 '쩍 벌어진 입, 튀어나온 눈, 땀, 떨림, 질식, 부어오른 얼굴' 등으로 인해 그로테스크한 것으로 그려진다(ibid., 308). 다른 말로 하자면, 출산의 행위는 더 이상 신체의 표면이 닫혀져 있고, 부드러우며, 손상되지 않은 상태가 아니라, 오히려 갈기갈기 찢겨졌고, 활짝 열려 있으며, 그것의 가장 깊숙한 내면을 드러내고 있기 때문에 그로테스크하다. 공포영화가 괴물성을 재현함에 있어 강조하는 것은 바로 이렇게, 경계를 잃은, 임신한 육체의 특징들이다.

5. 여성, 뱀파이어 : <악마의 키스>

> 그러나 생명에 필수적인 요소로서 피는 또한 여성, 다
> 산, 그리고 수태의 확신을 지시한다. 따라서 그것은
> 매혹적인 의미의 교차로가 되며 아브젝션에 있어 상
> 서로운 장소가 된다.
>
> 줄리아 크리스테바, 『공포의 권력』

여성 뱀파이어는 1970년대 뱀파이어 영화에서 두드러지기 시작한
다. 이 기간 동안 뱀파이어 영화는 드러내놓고 성, 폭력, 그리고 죽음
사이의 첨예한 관계를 탐구하기 시작했다. 앤드류 튜더에 따르면, 1970
년대 뱀파이어 영화들은 <섹스와 뱀파이어>와 <늑대인간의 그림자>
같은 영화에서처럼 탐욕스러운 성적 욕망과 여성 뱀파이어를 혼합했고
이 두 가지를 '뱀파이어 내러티브의 심장부'에 위치 시켰다(튜더, 1989,
64-5). 튜더는 이런 경향과 페미니즘 운동의 봉기 사이에 어떤 관계가
있을 것이라고 설명했으며, 이는 좀 더 적극적으로 여성 섹슈얼리티를
표현하는 것에 대한 대중의 공포로 이어졌다. 보니 짐머만은 레즈비언
뱀파이어에 대한 선구적인 논문에서(1984) 이와 비슷한 연관성을 끌어
냈다. 뱀파이어 영화에서의 여성 재현은 레즈비언 뱀파이어로서의 여성,
희생자로서의 여성, 괴물로서의 여성, 젠더와 변형, 아브젝션과 모성
등과 같이 연구할만한 몇몇의 분야를 개시했다.

억압과 위반 사이

드라큘라 백작이 영화에 등장하는 원형적인 뱀파이어를 대표하고 있지만, 가장 흥미롭고 강력한 괴물 중 하나는 종종 레즈비언으로 묘사되는 여성 뱀파이어라고 할 수 있다. 어떤 의미에서 그녀의 레즈비어니즘은 뱀파이어적인 행동 그 자체의 본질에서 비롯된다. 희생자의 목에서 피를 빼는 것은 뱀파이어와 희생자를 매우 친밀한 관계에 위치시킨다. 다른 공포영화의 괴물들과 달리, 뱀파이어는 명백하게 혹은 진정으로 에로틱한 포옹으로 희생자를 끌어안는다. 이것은 남성 뱀파이어뿐만 아니라 여성 뱀파이어에게서도 마찬가지인 것이다. 그녀는 공격하기 전에 불안을 위로하고 잠재우기 위해 모든 유혹의 기술을 활용하면서 그녀의 여성 희생자를 포옹한다. 필연적으로, 여성 뱀파이어의 유혹은 레즈비언 욕망의 이미지를 차용한다. 어떤 영화에서는 이것이 의도치 않게 일어나지만, 또 다른 작품들에서 여성 드라큘라들은 명백히 레즈비언이다. '레즈비언'과 '드라큘라'의 조합은 두 존재가 모두 대중문화에서 성적으로 적극적으로 재현된다는 점에서 행복한 만남이다. 이런 이유에서 나는 레즈비언이라는 인기 있는 가면을 쓴 여성 뱀파이어에 대해서 논의할 것이다. 1970년대 이전의 뱀파이어 영화들에서 레즈비언의 등장은 명백하기 보다는 은연중에 제시되었다. 칼 드라이어의 <흡혈귀>에 등장하는 뱀파이어는 레즈비언 욕망을 얼핏 드러내는 늙은 여성이었고, <드라큘라의 딸>에서는 레즈비언 욕망을 상대적으로 은밀하게 드러낸다. 그러나 1970년대 이후 뱀파이어 영화들은 뱀파이어의 레즈비어니즘을 드러놓고 다루어 왔다.

『뱀파이어 영화』라는 제임스 어시니와 알랭 실버의 책에 따르면, 거의 대부분의 레즈비언 뱀파이어 영화들이 다음 두 가지의 소스 중 한 가지에 의존한다. 첫째는 셰리단 르 파누의 소품 『카르밀라』인데,

이 소설은 젊은 여자들의 피를 빨아먹고 수 세기를 살아 온 밀라르카 칸스타인 백작 부인에 대해 이야기한다. 다른 하나는 16세기 헝가리에 역사적으로 실존했던 귀족 부인 엘리자베스 바토리의 이야기로, 그녀는 젊음과 아름다움을 유지하기 위해서 600명의 처녀들을 고문하여 죽이고 그 피로 목욕을 한 것으로 고발당했다. 레즈비언 뱀파이어만을 다루고 있는 공포영화에는 <뱀파이어 연인>, <뱀파이어 연인 2>, <뱀파이어 연인 3>, <피와 장미>, <뱀파이어들>, <레즈비언 뱀파이어>, <벨벳 뱀파이어>, <악마의 키스>, <어둠의 딸들>, 그리고 엘리자베스 바토리 백작부인의 이야기를 한 시퀀스의 주제로 다루고 있는 발레리안 보로브치크의 <음란한 이야기> 등이 있다. 칸스타인 삼부작이라고도 불리는 앞의 세 작품은 셰리단 르 파누의 『카르밀라』를 그 기원으로 한다. 이 중에서 <뱀파이어 연인>은 여성 뱀파이어를 메두사와 연결시키면서 그녀의 치명적인 본성을 강조하는 데 특히 공을 들였다.

<뱀파이어 연인>에서 잉그리드 피트는 유명한 뱀파이어 사냥꾼인 바론 하토그로부터 구사일생으로 탈출한 칸스타인 집안의 아름다운 딸 미르칼라 역을 연기한다. 부자 집 딸들의 말동무로 일하면서 생계를 유지하던 미르칼라는 처음으로 스필스도프 장군의 딸 로라를 유혹해서 흡혈한다. 그런 다음 그녀는 다른 소녀인 엠마, 그녀의 남성 주치의, 여성 가정교사, 그리고 집사의 피를 빤다. 미르칼라는 결국 로라의 아버지에 의해서 사냥되어 죽임을 당한다. 그는 반드시 미르칼라의 목을 베어야 한다고 주장하고 결국 그녀의 머리를 높이 쳐드는데, 이는 페르세우스가 메두사의 잘린 머리를 들고 있는 모습과 흡사하다. 스필스도프는 이웃의 아버지들을 선동해 뱀파이어 사냥에 나선다. 그는 관능적이고 에로틱한 여성 뱀파이어에 의해서 재현되는 가치들과 대비되는

억압과 위반 사이

냉정하고 잔인하며 청교도적인 인물로 그려진다.

레즈비언 뱀파이어로서 카르밀라가 이중으로 공포스러운 이유는 엠마를 유혹하는 장면에서 분명하게 드러난다. 완전히 정신을 잃어버리는 엠마의 반응은, 어떤 누구도, 특히 청교도적인 아버지를 닮은 그녀의 약혼자라면 더욱, 카르밀라의 에로틱하고 관능적인 포옹과 대적하기 어려울 것이라는 사실을 보여주기 때문이다. 영화는 여성의 열정적인 섹슈얼리티와 남성, 특히 아버지의 차갑고 위축되고 억압된 섹슈얼리티를 명백히 대조하고 있다. 카르밀라의 죽음 때문에 영화는 이 대조를 더 깊이 파고들 필요가 없어진다. 그러나 영화가 내포하는 내용은 만약 여성에게 선택권이 주어진다면 그녀는 동성의 포옹을 더 좋아할 것이라는 사실이다. 짐머만은 레즈비언을 '폭력을 행사하고 희생자를 파괴하는 뱀파이어-강간범으로 묘사함으로써, 남성은 레즈비언의 사랑이 대안적 모델이 될 수 있다는 자신들의 공포를 완화시키려고 한다고 주장했다(1984, 156). 나의 관점에서 여성 뱀파이어가 공포스럽고 또한 매혹적인 이유는 정확하게 그녀가 가부장제 사회를 지속하기 위해 필수적인 관습적이고 상징적인 남성과 여성 사이의 관계를 훼손하겠다고 위협하기 때문이다. <뱀파이어 연인>에서 이 위협은 견고하고 굽히지 않는 아버지들의 정신적 태도와 관능적이며 에로틱한 여성들의 육체 사이의 비교를 통해 시각적으로 강화된다. 그들은 여성이자 (드라큘라 백작과 같은) 발군의 유혹자이기 때문에, 레즈비언 뱀파이어는 이중으로 위험하다. 그녀는 희생자를 피를 빠는 괴물로 변형시킬 뿐만 아니라 (그녀가 반드시 희생자를 파괴시키는 것은 아니다.) 가부장제의 딸들을 적절한 젠더 역할로부터 유혹해 내겠다고 위협한다.

로빈 우드가 그의 글 「미국의 악몽: 70년대의 공포영화」에서 명료하게 주장하고 있는 것처럼 공포영화는 시종일관 괴물을 가족, 커플, 그리고 가부장제 자본주의의 제도와 갈등상태에 위치시킨다(우드, 1986, 70-94). 그러나 공포영화가 항상 이성애 커플의 젠더 기반에 도전하는 것은 아니다. 괴물에 의해 위협당하는 커플은 대부분 이성애자들이다. 여성을 욕망하는 괴물은 대체로 남성이다. 게이 남성 뱀파이어를 창조하려는 몇몇의 시도가 있어왔지만(<박쥐성의 무도회>), 이는 그다지 많지 않은 경우였을 뿐더러 이런 시도는 대체로 호모포비아적인 분위기를 풍기는 코미디 뱀파이어물을 탄생시켰다(루소, 1981, 53-4). 공포영화에서 이성애 제도를 위협하는 가장 끈질긴 위협은 다른 여성을 먹잇감으로 삼는 여성 뱀파이어로부터 비롯된다. 한번 물리고 나면 그 희생자는 더 이상 부끄러움을 모른다. 그녀는 행복하게 자신을 유혹한 여성 유혹자와 결합하고 현실 세계에서 영원히 사라진다.

여성 뱀파이어는 그녀가 정체성과 질서를 교란한다는 점에서 비체이다. 피에 대한 탐욕에 이끌려 그녀는 적절한 성적 행위의 법칙들을 정착시킨 법의 명령을 존중하지 않는다. 남성 뱀파이어처럼 여성 뱀파이어 역시 산 자와 죽은 자, 인간과 동물 사이의 경계를 넘나들기 때문에 아브젝션을 재현한다.

뱀파이어의 동물성은 피에 대한 욕망과 뾰족한 송곳니에서 더욱 분명해진다. 완전히 동물적이지도 않고 그렇다고 인간이지도 않기 때문에, 그리고 이 두 상태의 경계 주변에서 배회하고 있기 때문에, 그녀는 아브젝션을 재현한다.

레즈비언 뱀파이어가 기괴해지는 것에는 또 다른 이유가 있다. 그 이유란 그녀의 섹슈얼리티와 직접적인 연관이 있으며, 그 비체적인 본질 때문에 위협을 가한다. 남성 뱀파이어처럼 여성 뱀파이어도 여성의 피를 흐르게 한다. 종교적, 문화적 담론 안에서 여성의 피가 지니는 비체적 위치 때문에, 피를 흐르게 하는 것 자체만으로도 아브젝션의 대표적인 경우를 구성할 수 있다. 그러나 레즈비언 뱀파이어리즘은 이미 남성보다 더 비체적인 여성이 다른 여성의 피를 흐르게 한다는 점에서 이중으로 비체적이다. 이러한 원초적 장면의 재생에서 아브젝션은 어디에나 존재한다.

분비물이 몸에 흠집을 내고 그 몸을 불완전한 것, 완전히 상징계적이지 않은 것, 그리고 자연의 일부분인 것으로 전시한다. 신체적 배설물로서 피는 그 자체로 비체적 요소이다. '어떤 분비물 혹은 방출물이든, 여성 혹은 남성의 육체에서 흘러나오는 것은 그것이 무엇이든 오염시킨다(크리스테바, 1982, 102). 공포영화가 비체와의 만남에서 피에 매혹되었다는 것에는 의심의 여지가 없다. <악령의 피 Blood Bath>, <피의 신부 Blood Brides>, <블러드 드링커 Blood Drinkers>, <피의 축제 Blood Feast>, <앤디 워홀의 드라큘라 Blood for Dracula>, <피의 향연 Blood Orgy>, <죽음의 집에서의 피목욕 Bloodbath at the House of Death>, <피의 생일 Bloody Birthday>, <버켓 오브 블러드 A Bucket of Blood>, <공포의 외딴 집 The House That Dripped Blood> 등과 같은 영화 제목 자체에서도 이런 집착이 드러난다. 크리스테바에 따르면 여성의 피는 가부장제 담론 안에서 적어도 세 가지 이유에서 남성의 피보다 더 비체적인 것으로 그려졌다. 첫째, 여성의 월경혈은 '성차에 직면하여 있어서 각 성의 정체성'을 위협한다(ibid). 둘째, 여성의 피는 여성 신체의 다산의 본성을 지시하면서 여성과 자연 세계 사이의 연합의 증거를 내포하고 있다. 셋째, 탄생과 삶을 상징하는 여성의 피는 남성에게 피를 흘리고 살해하고자 하는 능력과 자발성을 환기시킨다.

불순함의 징조로서 피는 이전의 적대의 '동물적' 특성을 취하고 남자가 자신으로부터 깨끗하게 씻어내야만 하는 살인 성향을 계승한다. 그러나 생명에 필수적인 요소로서 피는 또한 여성, 다산, 그리고 수태의 보증을 나타낸다. 따라서 피는 매혹적인 의미의 교차로이자 아브젝션에 있어 상서로운 장소가 되며, 그 장소는 죽음과 여성성, 살인과 생식, 삶의 중단과 생명력과 같은 것들이 모두 함께 모이는 곳이다. (크리스테바, 1982, 96)

위에서 언급했던 것처럼, 레즈비언은 아브젝션의 여러 형태와 결부된다. 그녀는 성차와 거세 위협을 의미하며 여성의 피가 흐르도록 하고 젠더 경계를 건넌다. 그러나 레즈비언 뱀파이어가 진정으로 괴물성을 띠는 것에는 또 다른 이유가 있다. 내가 보기에 이는 여성 월경혈의 흐름에 관련된 상징적 이야기로서 뱀파이어 전설이 지니는 신화적 의미와 관계가 있다.

월경하는 괴물로서의 뱀파이어

뱀파이어 이야기는 수세기 동안 지속된 많은 상징적 요소들을 지니고 있다. 뱀파이어는 죽었으나 죽지 않은 괴물 중 하나로, 보름달이 뜨면 대체로 처녀인 여자들을 찾기 위해 무덤에서 일어나는 존재이다. 뱀파이어가 쉬고 있는 장소는 언제나 길고 긴 계단을 타고 내려가야 나타나는 어둡고 거미줄이 무성한 지하실 혹은 토굴에 숨겨져 있는 관이다. 뱀파이어는 피를 빨기 위해 자신의 날카로운 두 개의 송곳니를 희생자의 목에 깊숙이 박아 넣는다. 시각적 강조는 대체로 뱀에게 물린 상처처럼 뱀파이어의 송곳니에 의해 남겨진 두 개의 상처에 집중된다. 공격을 당한 뒤 희생자는 완전히 죽지 못하는 괴물 the undead의 일원으로 변한다. 종종 여성 희생자들은 흥미롭게도 그들의 나른하고 무기력한 상태

억압과 위반 사이

를 벗어버리고 적극적이고 탐욕스러운 욕망으로 가득 찬 시련 속에서 나타난다. 이 내러티브에 공통적으로 드러나는 상징적 요소는 자궁 같은 관, 보름달, 뱀 같은 송곳니, 두 개의 물린 자국, 뚝뚝 떨어지는 피, 변신 등이다.

『현명한 상처』라는 월경에 대한 연구에서 페넬로페 셔틀과 피터 레드그로브는 뱀파이어 내러티브의 영화 버전에서 드라큘라는 성적으로 모호한 인물이라고 지적한다(1978, 267). 남성 드라큘라는 여성화되어 있다. 그는 검은 새틴 망토를 입고 유혹적인 발음을 가진 관능적이고 우아하며 귀족적인 존재이자, 명백하게 악마적이지만 여성들에게는 엄청나게 매력적인 존재이다. 대체로 남근적 말뚝이 그의 육체를 관통하면서 죽음을 맞이한다는 점에서 그는 여성화된다. 반면 여성 드라큘라는 남성화된다. 그녀는 적극적이며 탐욕스러운 유혹자인 것이다.

『드라큘라는 여자였다』에서 레이몬드 T. 맥넬리는 브람 스토커의 드라큘라가 상당 부분 남성이 아니라 여성, 즉 트란실바니아의 백작부인 엘리자베스 바토리에 기원을 두고 있다고 상당히 설득력 있게 주장하고 있다. 스토커의 출판되지 않은 원고들이 엘리자베스 바토리 케이스에 관한 풍부한 노트를 포함하고 있을 뿐 아니라, 출판된 소설들에도 그 이야기의 특징들을 혼합해 넣고 있다. 예를 들어 드라큘라 백작이 피를 마신 후 더 젊어 보인다는 아이디어는 바토리 백작부인의 전설에서부터 기인한다. 유럽 예술에서 나타나는 여성의 재현에 대한 매혹적인 분석인 『변태성의 우상』에서 브람 딕스트라는 여성이 월경 기간 중 잃어버린 피를 보충하기 위해 뱀파이어가 된다는 것이 그 시대에 유행했던 생각이라고 지적한다.

뱀파이어와 피 사이의 관계는 무엇인가? 셔틀과 레드그로브는 뱀파이어 신화를 어린 소녀들의 초경을 설명하기 위해 사용된 통과의례로 해석했다. 그들은 거의 언제나 물어뜯기는 신체부위가 되는 목neck이 자궁 경부neck를 의미한다고 주장했다. 그들은 뱀파이어의 희생양의 변화된 상태에 크게 강조점을 두었다. 뱀파이어에게 물리고 난 뒤, 즉 월경이 시작되고 난 뒤, 여성들은 새로운 에너지로 가득 찬다.

> 뱀파이어를 위해 피를 흘리고 난 뒤, (그리고 그것은 언제나 우리가 자궁 경부 혹은 경관이라고 말했던 목으로부터 흘러내린다), 그리고 뱀파이어로서의 새로운 삶으로 이어지는 첫 번째 죽음의 고통을 겪고 난 뒤, 도대체 그들은 어떤 생명체로 변하는가! 그들의 눈은 빛나고, 그들의 걸음걸이는 빠르고 활기차며, 그들은 볼 때마다 넘치는 에너지로 이야기하고, 멋진 송곳니가 빛나는 환한 치아를 뽐내며 미소 짓고, 품위 있는 표범처럼 날렵하고 자유로우며, 마치 키이츠의 '잔인한 미녀'와도 같다. 적어도 뱀파이어가 되는 것에는 어떤 장점이 있는 것처럼 보이는 것이다! (셔틀과 레드그로브, 1978, 267-8).

이런 해석을 접한 뒤, 우리는 특히 달과 송곳니, 물린 흔적과 피와 같은 뱀파이어 내러티브의 다양한 상징적 요소들에 대해 어떤 의미를 부여할 수 있을까? 바바라 워커에 따르면(1983, 635) 피가 죽은 자를 살릴 수 있다는 믿음은 호머 시대부터 서구 사회의 사고에 영향을 미쳐왔다. 왜 피가 달과 연관되는가? 워커는 달이 부활과 관계가 깊은 것으로 믿어져 왔다고 주장한다. 달빛은 (인간의 네 가지 기질 혹은 체액 중 하나인) 피가 살아 있는 자의 혈관에서 일어나도록 유도할 뿐 아니라 죽은 자의 피 역시 불러낸다는 것이다. 물론 이런 믿음은 현실적인 근거를 지니고 있다. 보름달은 실제로 지구의 조수에 영향을 미치고, 어떤

억압과 위반 사이

이들에 따르면 동물과 식물을 포함하는 많은 생명체의 체액에도 영향을 미친다(브라운, 1972, 756-66, 셔틀과 레드그로브, 1978, 163). 완전히 죽지 않은 자가 살아 있는 자의 피를 빨기 위해 제일 좋은 시간은 보름달이 뜬 밤이다. 뱀파이어와 같이 완전히 죽지 않은 괴물은 생명의 근원인 피를 마심으로써 일시적으로 살아날 수 있다. 뱀파이어를 지칭하는 그리스어인 사크로멘스 sarcomens는 '달로 만든 살'이라는 뜻이다(워커, 1983, 1040).

그러나 달과 피의 관계는 이보다 더 복잡하다. 『문명의 기원』에서 알렉산더 마샥은 각 28일로 이우러진 13개의 달 month로 구성된 음력은 원래 여성의 월경 주기에 기원한 것이라고 주장했다. 로버트 그레이브스 역시 『백색의 여신들』에서 '28일은 천문학적인 의미에서 뿐만 아니라, 여성인 달 moon이 28일로 구성된 여성의 일반적인 월경 주기를 따르고 있다는 신비로운 관점에서 진정으로 태음월이다'라고 주장했다. (월경의 영어단어인 'menstruation'은 'moon'이라는 단어와 관련이 있다.) (그레이브스, 1966, 166). 몇몇 고대 문화들은 또한 보름달과 여성들이 매달 피를 흘리는 것을 뱀과 연결시키기도 한다. 달, 뱀, 그리고 여성의 주기라는 이 세 가지는 옛 것을 버리고 새롭게 다시 태어나는 단계들을 거친다. 달은 오래된 달에서 새로운 달로 변화하는 주기를 거치며, 뱀은 허물을 벗고 새로운 껍질을 얻는다. 그리고 여성은 묵은 피를 흘리고 새로운 피를 보충하는 것이다. 많은 고대 신화들이 어린 소녀는 달에 사는 뱀-여신, 혹은 신에게 물린 뒤 피를 흘리기 시작한다고 말했다. H. R 헤이즈는 『기원』에서 크레타 섬의 종교적인 도자기가 뱀이 안쪽으로 기어들어가고 있는 질로 재현되었다고 언급했다. 그들은 천국의 정원이 뱀이 살고 있는 여신의 자궁이라고 생각했다(헤이즈, 1963, 101).

모든 사람들이 뱀에 물리는 것이 월경을 불러 온다고 믿었던 것은 아니다. 박쥐 역시 피의 흐름을 불러온다고 이야기되었다. 뱀파이어는 박쥐로 변신할 수 있다고 생각되었다. 『꿀에서 재까지』에서 레비스트로스는 아즈텍인과 콜롬비아인들이 월경의 시작과 흡혈박쥐 사이에 설정했던 연관성에 대해서 논의했다(레비스트로스, 1973, 382). 그들은 소녀가 한 번 물리고 나면 그때부터 월경을 시작한다고 믿었다.

위에서 살펴 본 신화와 상징들의 암시적 의미를 살펴보면, 뱀파이어 이야기에 대한 셔틀과 레드그로브의 해석은 그럴 듯해 보인다. 뱀파이어가 깨문 자국은 뱀의 송곳니와 비슷하다. 의미심장하게도 이 송곳니들은 언제나 뱀이 문 것과 닮은 두 개의 둥근 찔린 자국을 남긴다. 어떤 뱀파이어 영화에서는 희생자의 몸에 난 상처가 뱀파이어의 송곳니에 물렸다고 하기에는 너무 가깝게 드러날 때도 있다. 또 (<뱀파이어 연인>, <드라큘라의 딸>, <드라큘라의 아들> 같은) 어떤 영화들에서는 물린 구멍이 관객이 긴 송곳니가 만들 것이라고 기대했던 것 같이 피범벅이 되어 찢어진 상처가 아니라 둥글고 깨끗하다. 이는 뱀파이어 신화에서는 물린 자국을 뱀에게 물린 자국과 비슷하게 표현하는 관습이 영화적 사실성보다 더 중요하다는 사실을 암시한다. 뱀-여자의 괴물 같은 입이 뱀파이어의 입과 흡사하게 묘사되었던 <파충류>라는 영화에서도 뱀파이어와 뱀 사이의 관계가 분명히 드러난다. 위에서 논의된 사실들로부터 뱀파이어는 상징적으로, 처음 자궁에서부터 월경혈을 자궁 경부를 통해 질로 끌어내는 신화나 전설에 나오는 뱀이라는 사실을 알 수 있다. 그/그녀는 특히 28일 주기를 맞추어 보름달이 뜬 밤에 공격하는데, 이는 또한 여성들의 평균 월경 주기와 그 기간이 일치한다. 뱀파이어와 늑대인간 사이에도 밀접한 신화적 공통점이 존재한다. 『공포』에서 드레

억압과 위반 사이

이크 더글라스는 뱀파이어가 늑대인간이 될 수 있고, 늑대인간은 죽어서 뱀파이어가 될 수 있다는 고대의 믿음에 대해서 지적한다. 그가 보름달이 뜬 밤에만 공격한다는 점에서 볼 수 있듯이, 늑대인간의 피에 대한 욕망은 28일 주기와 더욱 긴밀하게 연결되어 있다. 월터 에반스는 '매달 규칙적으로 벌어지는 늑대인간의 피에 절은 공격은 갑작스럽고 신비롭게 모든 청년기 소녀들의 몸을 지배하는 월경 주기와 확실한 관계가 있다고 언급했다(에반스, 1973, 357). 그러나 그는 이에 대한 논의를 더 발전시키지는 않았다.

뱀파이어는 성에 눈을 뜨게 만드는 뛰어난 성의 전수자다. 뱀파이어 영화에 대한 비평은 대부분 여성 희생자의 일반적이지 않은 상태에 대해서 지적한다. 튜더는 토드 브라우닝의 <드라큘라>에서 여성 희생자들이 '목을 드러내고 팔은 침대보 위에 무기력하게 둔 채로, 저항할 의지나 능력도 없이' 침대에 누워 있다고 쓰고 있다(튜더, 1989, 164). 희생자가 물리고 난 뒤에는 성적 에너지로 충만하여 자리에서 일어나 자신의 희생양/파트너를 찾아 나선다. 셔틀과 레드그로브에 따르면 초경의 시작과 함께 성적 욕망이 일어나고 특히 클리토리스가 정력적으로 활동하기 시작한다(1978, 59). 이것이 뱀파이어의 여성 희생자들에게 일어나는 급작스러운 변화를 설명하는 데 도움을 준다. 그들은 또한 소녀가 초경과 함께 자위를 시작하는 것은 꽤 일반적인 경우라고 지적했다(ibid., 244). 이것은 <캐리>에서도 벌어지는 사건인데, 영화는 여주인공이 피를 흘리기 시작하면서 자위를 하는 장면을 묘사한다. 튜더는 또한 뱀파이어의 희생자들이 '어떤 의미에서는 언제나 기꺼이 희생자가 되고자 하며(1989, 165) 이런 장면은 무언가를 기다리는 듯한, 관능적인 분위기로 표현된다. 이렇게 소극적인 상태에서 적극적인 상태로의 일반적이지 않은 변화는 사춘기 소녀의 통과의례라는 의미에서 설명하면 이해가 간다. 물론 서구 사회는 더 이상 초경에 대한 사춘기 의례를 치르지 않지만, 대중문화가 뱀파이어 영화를 통해 십대들에게 이 중요한 경계적인 사건에 대한 유혹적이지만 공포스러운 관점을 제공하고 있는 것인지도 모른다.

뱀파이어를 죽이기 위해서는 몇몇 특정한 방식을 취해야만 하는데, 말뚝을 심장에 꽂는 것과 목을 자르는 것이 잘 알려진 방법 중 하나이다. 여성 뱀파이어는 (<뱀파이어 연인>에서처럼) 때때로 목이 잘린다. 이 맥락에서 메두사와 여성 뱀파이어 사이에 어떤 신화적 연관성이 존재한다는 사실에 주목할 필요가 있다. 필립 슬레이터에 따르면 월경 중인 여성을 보는 것은, 메두사나 '고르곤'을 보는 것처럼, 남자를 돌로 만든다고 믿어진 적이 있었다고 한다. '고르곤'이라는 단어의 기원은 '그 자체로 쳐다보기 두려운 달'이라는 문장에서 비롯되었다(셔틀과 레드그로브, 1978, 262). 달은 위에서 논의된 이유들에서 뱀과 뱀파이어와 연관성을 가지고 있다. 프로이트는 메두사의 머리가 어머니의 공포스러운 성기를 의미한다고 주장했었다. 두 개의 긴 멧돼지 엄니가 피로 물들었을 때, 메두사의 머리는 얼마나 더 공포스럽겠는가! 그녀의 얼굴은 피 흘리는 여성의 성기 같은 모습이 될 것이다. 이런 끔찍한 특징으로 보면, 이는 거세된 여성의 성기가 아니라 거세하는 성기, 즉 공포스러운 이빨 달린 질을 닮았다.

뱀파이어 내러티브는 초경 말고도 여성의 삶에 있어 중요한 또 다른 전환기적 사건과 연결될 수도 있다. 그 사건 역시 급작스런 피 흘림을 수반하는데, 그것은 바로 첫경험이다. 프로이트는 「처녀성의 터부」라는 에세이에서 '원시' 문화가 처녀와의 성교에 걸어 놓은 터부에 대해 논의한다. 이 에세이에 대해서는 8장에서 자세히 논의하겠지만, 지금까지 이야기 해 온 맥락 안에서 이에 대해 간단하게 언급할 필요가 있다. 첫경험은 그것이 여성의 질에서 알 수 없는 피를 흐르게 한다는 점에서 끔찍한 것으로 여겨졌다. 프로이트에 따르면 이들은 질 속에 살고 있는 '영적 동물'이 물어서 피가 흐르는 것이라고 믿었다(「터부」, p.197). 결과적으로 소녀가 처음으로 경험하는 성교는 누군가 경험 있고 그 위협을 견딜 수 있는 사람에 의해서 행해진다. 어린 신랑은 언제나 여성의 공포스러운 피로부터 보호되었다. 뱀파이어의 신화를 이런 첫경험과 관련된 것으로 해석하는 것은 가능하다. 뱀파이어가 여성을 물고, 이빨이 그녀의 목을 뚫고 들어가며, 피가 흐른다. 그녀는 순수한 존재에서 위협적인 밤의 존재로 바뀌는데, 그것은 이미 그녀가 성적으로 깨어났기 때문이다. 그녀는 남자의 피를 빨기를 욕망하는 치명적인 뱀파이어이며, 이 맥락에서 남자의 피는 그의 정액에 대한 메타포로 읽힌다. 어니스트 존스는 「흡혈의 악몽에 대해서」라는 에세이에서 이런 해석을 제안했다. 여성 뱀파이어가 대단한 성적 포획자로 묘사되었던 세기말 문화에서 그들은 명백하게 위에서 언급한 방식으로 재현되었다(딕스트라, 1986, 334). 뱀파이어 신화에 대한 이 두 가지 설명, 즉 그것이 월경혈 혹은 처녀막 파열에 따른 출혈을 상징하고 있다는 이 설명은 한때 여성의 피흘림이라는 단일한 사건에 대한 설명이었을 수도 있다. 고대 사회에서는 이 두 가지 사건을 구분할 수 있는 방법이 없었다. 이 둘은 모두 여성 자궁의 치명적인 본성과 관련이 있는 것처럼 보였다. 여성의 자궁은 그것이 피를 흘리기 때문에 공포의 장소이다. 비체로 보이는 것은 바로 여성 육체의 내부에서 외부로 흐르는 피다. 뱀파이어는 피부의 표면에 자국을 남기는 상처에서 떨어진 피로 살아가기 때문에 악의 존재이다. 모든 비체적 존재들처럼, 뱀파이어 역시 무서우면서도 유혹적이다.

레즈비언 뱀파이어

토니 스코트 감독이 연출한 <악마의 키스>에서 뱀파이어는 그가 여성이고 따라서 여성의 피와 더 밀접하게 연결되기 때문에 특히 비체적인 존재로 그려진다. 영화는 '겉만 번지르르한 상류층 패션'과 '유행을 따르는 장신구'(하디, 198, 387)로 비난 받아왔지만, 이의 부드럽고 부유한 외양은 특히 신체적 부패와 피를 다루는 대조적인 장면에서 사용되면서 큰 효과를 거두었다. <악마의 키스>는 카르밀라와 바토리 백작부인의 이야기 모두에 의존하고 있다. 까뜨린느 드뇌브가 카르밀라처럼 유혹의 기술에 뛰어나며 바토리처럼 피를 통해 불멸을 추구하는 여자 미리암 블레이록을 연기했다. 그녀는 불멸을 성취한 영원토록 아름답고 다소간 불가사의한 존재이며, 적어도 2천년 이상을 살아온 양성애 뱀파이어로 그려진다. 피를 빨고 고기를 먹는 그녀는, 나이 들지 않는 아름다움으로 불멸을 약속하면서 남성과 여성 동반자를 유혹한다. 앞에서 설명한 것처럼 보름달이 뜰 때에만 사냥에 나서기 때문에 월경 주기에 더욱 밀접하게 연결되는 늑대인간의 고기에 대한 욕망과 함께, 그녀의 뱀파이어리즘은 카니발리즘과 연합한다. 아이러니하게도 미리암의 신비로운 미美는 우아한 죽음을 암시한다. 그러나 이 죽음은 그녀의 연인들이 갈망하지만 절대로 얻을 수 없는 무엇이다.

영화가 시작될 때 미리암(까뜨린느 드뇌브 분)은 그녀의 현재 파트너 존(데이빗 보위)과 함께 살고 있고, 이들은 두 세기 동안 함께 해왔다. 이 두 명의 아름답고 시크한 커플은 아무런 어려움 없이 나이트클

억압과 위반 사이

럽이나 디스코텍에서 어린 희생자들을 골라 그들의 화려한 집으로 데려온다. 전통적인 뱀파이어들과 달리 그들은 송곳니를 가지고 있지 않다. 대신 그들은 목에 걸려 있는 칼집에 작고 날카로운 칼을 지니고 있다. 이것으로 그들은 희생자들의 목을 따고, 그 후에는 시체들을 지하실에 있는 화로에서 처리한다. 미리암과 존은 오랜 세월 함께 했고, 깊은 사랑에 빠져있는 것처럼 보인다. 어느 날 존이 잠에서 깨어 미리암의 영원에 대한 약속이 거짓이었음을 발견하게 된다. 그가 늙기 시작한 것이다. 비록 미리암이 불멸을 약속했지만, 그녀는 자신의 연인들 중 누구도 영원히 살 수 없다는 것을 알고 있다. 존은 노화에 대해 연구 중인 과학자 사라 로버츠(수잔 서랜던 분)에게 도움을 청한다. 존의 모든 시도는 실패하고, 그는 급속도로 늙어간다. 그가 늙고 노쇠한 남자가 되었을 때, 미리암은 그의 무너진 육체를 완전히 죽지 못하는 연인들의 관이 보관되어 있는 위층 다락으로 끌고 간다.

이런 와중에 미리암은 이미 사라를 다음 연인으로 점찍어 놓았다. 그녀는 마음이 잘 맞는 사라를 유혹하여 뱀파이어로 만들려고 하며, 사라는 고기에 대한 알 수 없는, 그러나 게걸스러운 욕망을 밝힌다. 미리암이 결국 (상황을) 설명했을 때, 사라는 미리암을 안은 채로 자신의 목을 찔러 자살을 시도한다. 미리암은 사라의 죽은 육체를 안고 위층의 다락/종탑으로 올라간다. 그러나 탑에서 미리암은 오래된 연인들에게 공격당한다. 그녀는 발코니 위로 거꾸로 떨어져 바닥까지 추락한다. 미리암이 죽어가면서 그녀의 얼굴과 몸은 그로테스크한 얼굴로 바스러져 내리고, 그녀가 행사하던 연인들의 삶과 죽음에 대한 힘은 깨어진다. 마지막 장면은 미리암의 위치에 있는 사라를 보여준다. 그녀가 이제 뱀파이어 퀸이다. 우리는 그녀가 남성 파트너, 그리고 미리암을 닮은 어린 소녀와 함께 있는 것을 본다. 그들은 미리암/존, 그리고 그들에게 음악 수업을 받으러 오던 어린 소녀라는 트리오를 복제한 것처럼 보인다. 마지막 숏은 사라의 특별한 묘지에 보존되어 있는 미리암의 관을 보여준다.

<악마의 키스>는 신중하게 뱀파이어 영화를 업데이트했다. '뱀파이어'라는 단어는 한 번도 사용되지 않았으며, 뱀파이어 영화에 활용되던 거의 모든 이미지와 관습은 폐기되었다. 송곳니, 박쥐, 나른한 처녀, 혹은 검은 실크 망토를 입고 미끄러져 내리는 탐욕스러운 뱀파이어도 등장하지 않는다. 오프닝 장면은 비디오 클립 관습과 패션 사진의 혼합을 보여준다. 각 숏의 미장센은 세심하게 계획된 것처럼 보인다. 집안 풍경은 영원함의 느낌을 만들어주면서 부드러운 그림자들에 싸여 있다. 이 모든 것을 지배하는 것은 까뜨린느 드뇌브의 뛰어난 우아함과 무자비한 아름다움이다. 매혹이라는 것의 무상함에 대한 영화의 담론은 아이러니하게도 나이듦과 죽음의 불변에 대한 영화의 다른 담론에 의해 상쇄된다. 영화가 피, 상처, 그리고 썩어가고 늘어가는 육체와 연합된 아브젝션의 힘을 탐구하는 것은, 이처럼 원활하고 변함없는 완벽함에 대한 표면적 표현에 대항하는 것이다.

아브젝션의 관점에서 보자면, 미리암은 그녀의 연인들에게 영원한 삶을 약속하기 때문에 기괴하다. 영원한 삶을 약속한다는 것은, 그녀의 연인들은 절대 나이 들지 않고, 육체는 강하고 건강하며 완전한 상태로 남을 것이라는 의미다. 이는 상징계 질서가 허락한 육체적 완벽이다. 그러나 그녀는 결국에는 쇠퇴와 죽음 밖에 존재하지 않는다는 것을 알고 있다. 미리암은 그녀의 연인들의 운명을 완벽하게 이해하고 있다. 그녀는 잔인한 어머니이며, 연인들/자식들이 살아있을 때 그들을 양육

억압과 위반 사이

한 뒤 이후에는 완전히 죽을 수 없는 상태로 내버려둔다. 그녀는 숨통을 조이는 어머니를 상징한다. 그 어머니는 보내주기를 거부한다. 존이 결국 그로테스크한 노인이 되었을 때, 그는 미리암에게 죽게 해 달라고 애원한다. 미리암은 그에게 해방과 안식은 없다고 말한다. 미리암은 위층 다락으로 그를 데려가서 이제는 완전히 죽지 않는 자들이 된 자신의 이전 연인들과 함께 관에 안치시킨다. 다락은 이제까지 뱀파이어 내러티브의 전통이었던 지하 토굴의 안티테제이다. 지하실이 습하고 추웠던 반면 <악마의 키스>의 다락은 건조하고 먼지로 가득 차 있다. 미리암은 다산성이 말라버린 어머니, 원초적 어머니의 죽은 얼굴을 나타낸다. 그녀에게는 제공할 영양분이 없다. 미리암의 뱀파이어 연인들은 쇠락의 감옥에 존재한다. 피도 더 이상 그들의 삶을 유지시킬 수 없다. 경계도 없고 끝도 없는 이런 상태의 공포는 완전히 죽지 않은 이들이 부스러지기 시작하는 장면에서 효과적으로 재현된다. 한순간에 남성과 여성 뱀파이어가 넘어지고, 남성 뱀파이어의 머리가 그의 가슴으로 떨어지며 다리로 바스라져 내리고, 결국에는 먼지가 되어 버린다. 가장 끔찍한 시퀀스는 미리암의 붕괴에 집중한다. 그녀가 아래쪽 바닥으로 떨어지자, 그녀의 몸과 얼굴은 순식간에 <사이코>의 베이츠 부인의 미소 짓는 해골과 크게 다르지 않은 미소를 지으며 붕괴되는 여성의 죽은 얼굴이 될 때까지 망가진다.

비체적 요소인 피와 여성의 연합은 사라가 자살을 시도하는 장면에서 시각적으로 재현된다. 두 여자가 그 순간 서로 입을 맞추고 있었기 때문에, 사라의 피는 그녀의 입에서 솟구쳐 미리암의 벌린 입으로 들어간다. 이 장면의 급작스러운 피의 분출은 특히 여성으로서의 뱀파이어의 재현과 연결되어 있다. 마치 뱀파이어인 두 여성이 서로의 피를 마시는 것처럼 보이는 것이다. 이 때 피가 죽음을 의미하는지 삶을 의미하는지 구분하는 것은 불가능하다. 영화는 레즈비언 욕망은 치명적이라는 사실을 강조하면서 이 모호성 위에서 교묘히 유희한다. 전체 내러티브 안에서, 짧은 플래시백 장면들이 사건의 흐름을 급작스럽게 방해한다. 이것은 미리암이 그녀의 희생자의 몸 위로 자신의 몸을 웅크릴 때, 다양한 위치에 존재하던 그녀의 모습을 보여준다. 피가 그녀의 입술을 뒤덮고 그녀의 뺨을 타고 내린다. 이런 장면들에서 그녀는 모든 것을 게걸스럽게 집어삼키는 어머니로 재현되는데, 이 어머니의 카니발리즘적이며, 합체하려는 욕망은 소유욕으로 불타는 숨 막히는 충동의 이면이다. 그녀가 다른 여성 뱀파이어와 성적인 포옹을 할 때, 해방된 탐욕스러운/레즈비언 에너지는 피의 샘으로 이어진다. 서로의 입을 통해 피를 주고받는 상황으로 비체적인 본질이 정의되는 이런 맥락에서 (여성이 아닌) 두 명의 남성 뱀파이어가 서로 끌어안고 있는 것은 상상하기 어렵다.

성서적 혐오에 대해 논의하면서 크리스테바는 음식 터부, 육체적 변화와 죽음으로 마무리되는 끝, 그리고 여성의 몸과 근친상간이라는 터부의 세 가지 범주를 열거한다. 그녀는 이 터부들이 궁극적으로 '(역사적이거나 환영적인, 자연적이거나 재생산적인) 어머니의 권력을 아버지의 질서에 종속시키기 위한 지독한 강제'를 수행하기 위해 기획되었다고 주장한다(크리스테바, 1982, 91). 다른 말로 하자면, 어머니라는 존재를 비체적인 존재로 구성함으로써 상징계 질서는 자신의 힘과 적법성을 확인받는 데 필요한 어머니와 아이 사이의 분리를 강제한다. 미리암과 사라가 연인이 되었을 때, 레즈비언 뱀파이어 영화의 특징이라고 할 수 있는 터부의 위반이 등장하면서, 피와 젖의 상징적 혼합, 자기와 타자

사이 경계의 붕괴, 나르시시즘으로의 받아들일 수 있는 퇴행, 그리고 레즈비언 욕망의 재현과 같이 일련의 경계들이 침범당한다. 카니발리즘과 살인에 관한 터부의 위반과 함께 (삶과 죽음, 인간과 괴물, 이교도와 기독교인 사이의 경계 같은) 남성 드라큘라 영화에서 침범 당하는 경계에 이 모든 것이 보태진다. 여성 드라큘라는 특별히 비체적인 존재인 것이다.

음식에 대한 가장 강력한 터부는 피와 우유는 반드시 분리되어야 한다는 고대 명령에 연결되어 있다. 출애굽기는 '너의 염소 새끼를 그 어미의 젖으로 삶지 니라'라고 명한다. <악마의 키스>에는 피와 어머니의 젖이 동일한 것으로 그려진다. (<드라큘라>와 <뱀파이어 연인>과 같은) 고전적인 뱀파이어 영화에서 뱀파이어는 어둡고 편안한 어머니의 자궁에서 쉬고 있는 태어나지 않은 아기처럼 그/녀의 관 속에서 잠든다. 음식을 섭취하고 난 뒤에, 뱀파이어는 '자궁'으로 돌아가지 않으면 죽게 된다. 물론 피가 태아/뱀파이어의 최초의 식사이다. 태아와 뱀파이어 사이의 연관성은 드라큘라가 여성일 때 더 강력하게 그려진다. 어네스트 존스에 따르면, 여성 뱀파이어의 피를 빼는 행위는 구강성교와 동일한 것이다. 그녀는 마치 남성의 페니스로부터 정자를 빼는 것처럼 순수한 남성의 피를 빨아들인다. 헤르만 멜빌이 『모비딕』에서 이스마엘로 하여금 경랍鯨蠟을 '친절함의 젖과 정액'이라고 말하게 했던 것처럼, 정자는 종종 젖으로 언급되기도 한다. 뱀파이어리즘의 행위가 피/정자/젖의 개념을 혼합시키는 한, 이는 피와 젖을 섞는 것을 금지하는 성서적 터부와의 관계 안에서 더욱 비체적인 행위가 된다. 또한 페니스는 영양분을 제공하고 우유빛의 물질을 내어놓는다는 점에서 가슴을 대체한다. 어떤 의미에서는 남성 희생자는 영양분을 제공하는 어머니의 자리를 대신하게 되고, 뱀파이어는 그의 아이가 된다. 그러나 뱀파이어는 또한 깨물어서 피를 내고 성기를 자르겠다고 위협한다. 뱀파이어리즘은 피와 젖을 섞고, 거세하겠다고 위협하며, 남성 희생자를 여성화시키는 등, 몇몇의 비체적 행위를 조합한다.

뱀파이어가 여성인 텍스트에서, 우리는 어머니로서의 뱀파이어와 아이로서의 연인의 의존적인 관계를 이해하게 된다. <악마의 키스>에서 미리암은 넓은 자궁을 닮은 무덤 같은 어둡고 화려한 집에서 연인과 함께 살고 있다. 그녀는 연인이 죽으면 상징적 의미에서 자궁으로 돌려보내듯이 그들을 각각 다락의 관에 안치시킨다. 그녀는 영원한 삶의 약속과 함께 뱀파이어/연인에게 생명을 주는 뱀파이어/어머니이며, 그들 뱀파이어/아이에게 어떻게 먹고 살지를 가르치는 것 역시 바로 그녀이다. 그녀만이 어떻게 피에 대한 '갈증'을 해소할 수 있는지 아는 것이다. 이러한 피와 젖 사이의 유사점은 유혹의 장면에서 분명해진다. 여기에서 미리암은 사라의 피부를 물어뜯어 상처를 내고 피를 빨아서 사라를 연인/아이로 변화시킨다. 그리고 그녀는 자신의 피/젖을 사라의 혈관에 투여한다. 이 변신이 완성되자, 미리암은 그녀의 아이에게 어떻게 먹는지를 가르친다. 피는 뱀파이어에게는 젖인 것이다.

미리암과 사라가 연인이 되었을 때 근친상간과 쇠퇴에 대한 터부의 위반은 더욱 두드러지게 된다. 피 칠갑의 장면에서 우리는 누가 다쳤는지 처음에는 구분할 수가 없다. 이 장면은 여성 뱀파이어가 어머니이며 영원한 삶을 주었던 연인이 상징적으로 그녀의 아이라는 점에서 근친상간의 터부에 주의를 기울이게 한다. 게다가 이 두 뱀파이어가 여성이며, 둘 다 어머니가 될 수 있고 또 아이에게 수유할 수 있기 때문에, 우리는 뱀파이어의 피를 여성의 피, 연인/아이에게 삶/출생을 줄 수 있는 특별

억압과 위반 사이

한 피라는 사실을 이해할 수 있다. 그러나 이것은 또한 피의 분출이 과도하기 때문에 죽음의 장면이기도 하다. 따라서 미리암과 사라의 관계는 몇 가지의 이유에서 비체적이다. 그것은 근친상간의 터부뿐 아니라 동성애 혹은 동질적인 것의 사랑에 대한 금지를 위반하는 것이다. (<뱀파이어 연인 3>, <뱀파이어들>과 같은) 몇몇의 레즈비언 뱀파이어 영화에서 여성 뱀파이어는 심지어 서로 닮았고, 나르시시즘적 욕망을 더욱 강화한다.

<브루드>에서 이미 논의했던 아브젝션의 형태처럼 뱀파이어의 연합은 상처의 열림으로 시작되기 때문에, 아브젝션 역시 등장한다. 특히 나병 염증 같은 상처는 육체의 표면의 불완전성과 출산 시 어머니의 몸의 개방을 지시한다. 사라의 변화의 표시는 미리암이 이빨로 사라의 손목에 만든 상처이다. 피부에 상처를 내는 것, 그리고 상처를 여는 것에 대한 반복되는 강조로 뱀파이어 내러티브는 지속적으로 몸의 불완전성과 특히 어머니 몸의 비체적 본질을 지시하고 있는 것이다. 레즈비언 뱀파이어 영화인 <뱀파이어들>에서 뱀파이어는 천천히 그리고 간헐적으로 남성 희생자의 상처에서 피를 빨면서, 좀 더 오랜 시간 그를 살려둔다. 상처는 점점 커지고, 그것은 영화에서 가장 그로테스크한 장면을 연출하게 된다.

<악마의 키스>에서 재현되는 레즈비언 뱀파이어의 관계는, 사회성과 법의 구성을 위해 필수적인 분리를 초래한다기보다는, 어머니/아이 관계를 더욱 공고히 하는 구순애口脣愛와 죽음, 그리고 근친상간이라는 세 가지 분야를 강조한다.

다른 말로 하자면, 일자the One의 장소와 법은, 어머니와의 혼합에 관계된

분석의 마지막 단계에 존재하는 구순적이고 육체적이며, 좀 더 일반적으로는 물질적인 일련의 분리가 없이는 존재하지 않는다. (크리스테바, 1982, 94)

뱀파이어 어머니라는 존재는 프로이트와 라캉이 설명하고 있는 것처럼 아버지 혹은 제3기로 진출하기 위해서 필수적인 분리를 거부한다. 구강 가학적 어머니로서, 그녀는 근친상간의 터부를 위반하면서 상징적으로 젖과 피의 경계를 무너트리는 관계 안에서 연인/아이를 자신의 곁에 둔다. 뱀파이어는 살아 있는 자들의 살을 먹고 사는, 완전히 죽지 않은 자들의 일부이다. <악마의 키스>에서 이런 관계의 비체적 본질은 이성애와 동성애 사이의 경계 역시 침범하고 있기 때문에 더욱 강하게 드러난다. 흥미롭게도 마지막 장면은 뱀파이어를 이성애자로 재구성하고 있다. 비록 사라가 놀랍도록 미리암과 닮은 금발의 소녀와 포옹을 함으로써 이런 터부를 깨고자 하는 욕망은 언제나 가까이에 있다는 사실을 암시하고 있기는 하지만.

의미심장하게도, 많은 수의 뱀파이어 영화들이 어머니와 아버지의 특성들을 차용하는 반대항들을 통해 뱀파이어의 세계와 인간의 세계를 대립시킨다. 여성 뱀파이어의 세계는 어둠과 완전히 죽지 않은 자, 달, 무덤/자궁, 피, 구강 새디즘, 육체적 상처, 그리고 법의 위반 등을 의미한다. 종종 (드라큘라 영화에 등장하는 반 헬싱 같이) 뱀파이어의 세계에 조예가 깊은 가부장적 존재로 대변되는 살아있는 자들의 세계는 빛과 삶, 태양, 무덤의 파괴, 피에 관한 터부, 말뚝/남근, 상처입지 않은 육체, 그리고 법의 집행 등을 의미한다. 이런 반대항의 상호작용을 통해 뱀파이어 신화는 어머니의 세계를 이교도와 비체의 공간으로 구성하는 이야기가 된다. (<드라큘라>나 <뱀파이어 연인>과 같은) 많은 뱀파이어

억압과 위반 사이

영화에서 드라큘라의 존재는 이교도로 그려지고 복수하는 아버지들은 기독교인으로 그려진다. 이교도 종교가 모성적 육체의 다산성과 힘을 찬양했던 것으로 보아(프레이져, 1922; 스톤, 1976) 갈등은 어머니의 세계와 아버지의 세계라는 두 개의 반대되는 영역 사이에 벌어지는 것이라고 볼 수 있다.

거의 대부분의 뱀파이어 영화, 특히 드라큘라가 등장하는 영화에서, 원초적 어머니는 그림자처럼만 존재한다. 로제 다둔은 어머니의 존재와 연결되는 이런 '요소'들이 토굴의 어둡고 밀봉된 자궁 같은 공간과 삐걱거리는 소리, 숨겨진 문, 거미줄, 그리고 먼지를 포함한다고 설명한다. (다둔, 1989, 52-3). 관습적인 시나리오에서는, 그의 곧게 선 몸과 꿰뚫는 시선으로 드라큘라는 전지전능한 어머니의 '남근 페티시'가 된다(ibid., 55). 대장 뱀파이어가 여성인 <악마의 키스>에서 우리는 원초적 어머니와 직접적으로 대면하게 된다. 우리는 굳이 남성 뱀파이어라는 중계자적이고 물신화된 존재를 통해서 그녀의 그림자 같은 존재를 추론해 낼 필요가 없다. 이 영화에서는 뱀파이어 자체가 원초적 어머니인 것이다. 게다가, 만약 남성 뱀파이어가 어머니의 물신이라면 다둔이 주장했던 것처럼 그가 어머니의 상상계적 남근을 의미한다기보다는 그녀의 공포스러운 상상계적 이빨 달린 질을 의미하는 것이 분명하다. 이 이미지는 뱀파이어가 여성일 때 더욱 분명해진다. 이런 텍스트들에서 가장 자주 나오는 이미지 중 하나는 여성의 벌린 입과 날카로운 이, 그리고 피로 물든 입술이다. 우리가 본 것처럼 <악마의 키스>는 아름답고 나이 들지 않는 여성으로서의 모습과 (그녀의 편재하는 실재가 완전히 죽지 않는 자 중 한 명으로 영원히 누워있어야 하는 관의 모습을 담은 마지막 숏을 통해 보여지는) 오래되고 바스러진 존재로서의 모습이라는 두 가지 형태를 통해서 원초적 어머니의 존재를 재현한다. 새로운 뱀파이어/어머니가 그녀의 자리를 대신한다. 그 선은 깨어지지 않는다. 마지막 시퀀스에서 우리는 그녀가 어머니처럼 새로운 가족을 돌보는 것을 보며, 그 가족은 피/젖의 연대와 카니발리즘, 죽음, 그리고 욕망으로 그녀에게 유착되어 있다. 그러나 모든 뱀파이어 괴물들 중에서 레즈비언 뱀파이어를 가장 비체적인 존재로 만드는 것은 바로 성적 욕망이다.

억압과 위반 사이

6. 여성, 마녀 : <캐리>

그들 중 하나인, 외관상으로는 승리한 것처럼 보이는 남성은 타자, 즉 여성에 대한 대단한 잔인함을 통해 그가 균형 잡히지 않고, 비이성적이며, 교활하고, 통제할 수 없는 힘에 대해 위협을 느낀다고 고백한다.[7]

줄리아 크리스테바, 『공포의 권력』

공포영화에서 논쟁의 여지없이 여성에게만 주어지는 역할이 하나 있다. 그것은 바로 마녀다. 영화에서 변화해 온 마녀 이미지에 대한 뛰어난 논의에서 사라 러셀이 지적했던 것처럼, 마녀가 언제나 괴물 같은 존재인 것은 아니다. 조르쥬 멜리에스의 영화와 같은 초기 무성영화들 (<마녀의 복수>, <마녀>)은 영화의 트릭을 개발하기 위해서 이 주제에 특별한 관심을 보였다. (<학산>과 같은 영화처럼) 몇 편의 영화들은 다큐멘터리 형식을 차용하면서 이 주제에 대한 진지한 설명을 제공한다. 이 접근은 또한 드라이어의 <분노의 날>에 영향을 주었다. 유니버설 스튜디오는 1930년대 공포영화를 제작하면서 마녀라는 주제를 전혀 다루지 않았다. 마녀에 대한 공포스러운 그림을 보여주었던 최초의 영화

---

7. 즉 남성들이 여성들에 대해 잔인하게 행동하는 것은 오히려 그들이 여성들의 균형 잡히지 않고, 비이성적이며, 교활하고, 통제할 수 없는 힘에 대해 위협을 느끼고 이 공포를 상쇄하기 위해서라고 크리스테바는 설명하고 있다.

중 한 편은 아동용 영화 <오즈의 마법사>(1939)였다. 1940년대에 들어 '마녀로서의 여성'이라는 주제는 <내 사랑 마녀>와 같은 몇몇 할리우드 코미디에서 유머의 주제로 사용되었다. 1943년 <일곱 번째 희생자>가 등장하기 전까지 마녀는 확실한 공포의 존재로 묘사되지 않았다. 1960년대가 되어서야 <사탄의 가면>, <위치크래프트>와 같은 작품이 등장하면서, 마녀는 공포영화의 인기 있는 괴물 대열에 합류하게 된다. 그러나 영화의 중점은 정당한 자격을 지닌 괴물로서의 마녀가 아니라 마녀 사냥꾼이나 마녀 집회의 남성 리더에 맞추어지는 경향이 있었다. 이 주제를 다루고 있던 몇 안 되는 해머 공포물이 특히 그랬다. 1962년에 개봉한 <마녀를 불태워라!>가 아마도 마녀를 중심 괴물로 등장시키고 있는 첫 번째 공포영화일 것이다. '호러퀸'으로 알려진 바바라 스틸은 <그녀는 야수>와 <사탄의 가면> 두 편 모두에서 마녀 역할을 맡았다. 오늘날 공포의 존재로서 정당하게 인정받은 마녀는 <강탈>, <서스페리아>, <인페르노>, <캐리>, <이방인>, 그리고 <마녀들> 같은 영화를 통해 주인공이 되었다. <이블 데드>와 <이블 데드 2>와 같은 포스트모던 공포영화에서는 마녀의 외모가 지니고 있는 비체적 본질이 불쾌한 유머의 재료가 되었다.

역사적으로 그리고 신화적으로, 마녀는 경외와 공포의 감정 둘 다를 불러일으켰다. 고대 사회에서는 그것이 선한 목적으로 쓰이든 악한 목적으로 쓰이든, 마법은 그 공동체 구성원에게 깊은 공포를 불어넣었다. 옛날 마녀의 특징 중에서 가장 흥미로운 것 중 하나는 치료사로서의 역할이었다. 바바라 워커는 많은 문화권에서 마녀가 '허버리아herberia(약초를 줍는 사람)'나 '픽시드리아pixidria(연고 상자를 지닌 사람)' 그리고 '페미나 사가femina saga(현명한 여성)'와 같은 은유적 이름을 가졌었다는 점을 지적했다(1983, 1076-7). 어머니로서의 역할을 맡으면서, 여성은 초기 형태의 약초 치료를 책임지는 사람이었음이 분명하다. 조셉 캠벨은 여성들이 최초의 마녀였으며, 생명을 창조하는 신비로운 능력 때문에 남성보다 훨씬 이전에 마법의 힘과 연결되어 있었다고 주장했다(1976). 임신 기간 중의 여성은 특히 강력한 마법의 원천으로 보여졌다(워커, 1983, 315). 가장 최초로 알려진 마녀들은 기독교 교회가 이후에 주장한 것처럼 그들이 악마의 대리자였기 때문이 아니라, 마법적이고 공포스러운 힘을 지녔다고 생각되었기 때문에 두려움의 대상이 되었다.

어떤 문화에서는 초경 기간 동안 예언적인 꿈을 꾼 어린 소녀는 미래의 샤먼이나 마녀로 뽑히는 일이 자주 있었다. 여기서 다시 우리는 여성의 피와 초자연의 연결을 확인할 수 있다. 월경은 또한 마녀의 저주와 이어졌는데, 이 주제가 <캐리>에서 다루어진다. 마녀들은 무시무시한 주문을 걸 수 있고, 저주하는 이에게 죽음을 내릴 수 있다고 믿어졌기 때문에 두려움의 대상이 되었다. 역사적으로 여성의 저주는, 특히 그녀가 임신 중이거나 생리 중일 때는, 남성의 저주보다 더 강력한 것으로 여겨졌다. '어머니의 저주는 이미 알려진 것처럼 확실한 죽음을 의미했다.' 그러니 마녀로 활동하는 여성의 저주는 일반 여성들의 저주보다 훨씬 더 치명적이었다.

14세기 마녀술이 교회에 의해 이단 선고를 받은 뒤 마녀가 이제까지 행해 왔던 돌봄의 역할들은 범죄로 낙인찍혔으며, 그 중에서도 특히 조산술이 그랬다. 워커가 지적했던 것처럼, 사실상 마녀들은 그들이 받은 죄명에 있어서 무죄였다. 그녀들을 말뚝에 묶어 화형에 처하게 하는 죄명들이란 문자 그대로 악마와의 공조죄처럼 실제로 그녀들이 저지를 수 없는 죄였기 때문이다(워커, 1983, 1084). 마녀들이 고발당하는 가장 일반적 형태의 공조는 바로 악마와의 성교였다. 교회에서 위임한 마녀 재판을 담당하는 종교재판관들을 위한 안내서인 도미니크파의 수사 하인리히 크래머와 제임스 스프렝거가 쓴 『마녀의 망치』(1484)의 내용을 보면, 마녀를 처형하는 중심 이유는 '타자로서의 마녀에 대한 병적인 흥미와 거세의 대리자로서의 마녀/여성에 대한 공포였다는 점이 분명해진다.

삼세기에 달하는 시간 동안 활용되면서, 『마녀의 망치』는 재판관이 마녀를 구분해 낼 수 있는 다양한 방식을 엄격하게 나열하고 있다. 명확한 증거 중 하나는 표면상 몸의 어딘가 다른 부분에 존재하는 세 번째 젖꼭지인데, 마녀가 이것으로 그녀의 측근이나 악마에게 수유한다고 믿어졌다. 결과적으로 여성이 체포되면 그들은 발가벗겨지고, 면도를 당한 뒤, (종종 공개적으로) 이 밀고하는 젖꼭지가 있는지 수색 당했다. (어떤 사람들은 실제로 자라나는 작은 젖꼭지를 가지고 있기도 했는데, 이는 의학적으로 과잉유두로 알려져 있다. 과잉유두는 대체로 유륜에 위치한다.) 마녀의 죄로 주장된 많은 부분이 성과 관계된 본질을 지닌 것이었다. <엑소시스트>에서 핵심이 되었던 마녀술의 특징 역시 바로 이것이었다. 마녀들은 많은 죄목 중에서도 특히 악마와 성행위를 하고, 남성 성불구를 일으키며, 성기가 사라지게 하거나 남성 성기를 훔친다고 고발되었다. 뒤의 죄들은 의심의 여지없이 남성의 거세 공포를 보여 준다.

그렇다면 모두 20개에서 30개에 달하는 수많은 남성의 신체 기관을 종종 이런 방식으로 수집해서 새의 둥지에 넣거나 상자 안에 가두어 두는 마녀들에 대해서 어떻게 생각해야 하는가? 많은 이들이 관찰한 것처럼, 그것들

억압과 위반 사이

은 그 안에서 마치 살아 있는 기관인 것처럼 움직이고 귀리나 옥수수를 먹는다는 사실이 일반적으로 보고되고 있다. (『마녀의 망치』, 121)

『마녀의 망치』는 또한 어째서 여성이 남성보다 더 마법을 행하기 쉬운가에 대한 논리적인 것으로 추정되는 (그러나 그렇지 않은) 일련의 이유들을 제시한다. 그 이유들은 모두 나약하지만 남성에게 있어서는 위험한 보완물인 '타자로서의 여성에 대한 관습적이고 남근중심적인 정의와 관련되어 있다. '여자가 예쁜 색으로 칠해진 우정의 적, 피할 수 없는 형벌, 필요악, 자연적 유혹, 욕망할 수밖에 없는 불행, 집 안의 위험, 맛있는 상해, 자연의 악이 아니라면 대체 무엇일 수 있겠는가!' (ibid., 43). 여성의 '타자성'에 대한 주요 원인은 그녀의 육체적인 본질이 다. 여성은 덜 지적이고, 덜 영적이며, 더 어린아이 같다. '그러나 온당한 이유는 그녀의 수많은 육체적인 혐오물에서 드러나듯이, 그녀가 남자보 다 더 육체적이라는 것이다(ibid., 44). 『마녀의 망치』는 여성에 대한 극단적인 증오와 상상 속에서 만들어진 거세를 수행할 수 있는 여성의 힘에 대한 두려움으로 찌들어 있다. 1948년 판의 서문에서 몬테규 섬머 즈 목사가 이 책의 저자인 도미니크회의 두 명의 수도사들이 '놀라울 정도로 천재적인' 남자들이며 저서 그 자체는 법제와 역사, 심리학의 관점에서 '뛰어나다고 칭송하고 있다는 점은 경계해야 할 부분이다. (서머즈, 1948, viii-ix).

마녀술로 고발된 여성과 남성은 결국 자신들이 겪어야 했던 고문을 끝내기 위해서 모든 종류의 어처구니없고 불가능한 '범죄'들을 저질렀 다고 자백했다. 고발된 이들은 대체로 자신이 속한 공동체의 다른 마녀 들의 이름을 말할 때까지 고문당했다. 화장용 장작더미 위에서 불타는 것은 그마나 중세 고문실에서 겪을 수 있는 공포 중 가장 축복받은 안식이었다. 남자의 페니스를 훔쳤다거나 악마와 잠자리를 했다는 등의 어처구니없는 범죄들에 대한 자백은 여성들의 성적 취향은 타락했으며 괴물스러운 본질을 지니고 있다는 대중적인 신화를 심화시켰다. 마녀들은 또한 악마의 신체 기관의 크기와 질감과 모양 등에 대한 정보를 포함하여 악마와 나눈 성적 행위에 대한 세세한 정보들을 '자백'하도록 강요당했다.

영화 속의 마녀

마녀의 이미지는 특히 아동용 동화와 공포영화 같은 대중문화에서 중요한 역할을 계속 해오고 있기 때문에 마녀의 역사에 대해 살펴보았다. 마녀의 의미에 대해 탐구하고자 했던 또 다른 담론은 정신분석학 담론이었다. 여기에서 마녀로서의 여성은 구강 가학적 어머니와 남근적 어머니의 위치에 자리한다(캠벨, 1976, 73). 공포영화에서 마녀의 재현은 그녀의 본질적으로 성적인 본성을 계속해서 전경화하고 있다. 그녀는 대체로 초자연적 힘과 악마에 대한 욕망을 지닌 괴물 같은 존재로 그려진다. 마녀에 대한 현대의 묘사에서는 치료사이자 예언자로서의 다른 사회적 기능이 대체로 빠져있다.

마녀는 그녀가 가부장제 담론 안에서 상징계 질서의 무자비한 적으로 재현된다는 점에서 비체적 존재로 규정된다. 그녀는 위험하고 교활하며, 사악한 힘을 사용하여 공동체를 파괴할 수도 있다고 생각되었다. 마녀는 이성과 비이성, 상징계와 상상계 사이의 경계를 뒤흔들기 시작한다. 그녀의 사악한 힘은 '여성적'인 본성의 일부분으로 보여졌다. 그녀는 남자보다 자연에 가까우며 태풍, 허리케인, 폭풍과 같은 자연의 힘들

억압과 위반 사이

을 통제할 수 있다고 믿어졌던 것이다. 중앙집권적인 권력이 결여된 사회에서는 성性 간의 엄격한 분리가 의례를 통해서 이루어졌다. 이런 사회에서는 양성이 끊임없는 갈등 관계에 있었다. 여성은 '불길한 음모가'로 여겨졌고, 여성성은 '억압해야 하는 완전한 악과 동의어'인 것으로 이해되었다(크리스테바, 1982, 70). 비이성. 계략. 사악. 이런 단어들이 마녀를 정의하는 데 사용되었다. 마녀는 또한 타락, 부패, 거미, 박쥐, 거미줄, 달인 차, 독극물, 그리고 심지어 식인과 같은 일련의 비체적인 것들과 연결되었다.

<사탄의 가면>에서 바바라 스틸은 수백 년 전에 자신을 처형했던 남자들의 후손에게 복수를 다짐한 마녀 에이사를 연기한다. 그녀는 마녀술에 대한 연구와 사탄 숭배를 단속하는 종교 재판소에 의해서 고발 당했다. 그녀의 얼굴에 날카로운 스파이크가 달린 사탄의 가면이 씌워지는 동안 그것을 바라보고 있었던 종교재판소장은 바로 그녀의 친오빠였다. 그녀는 스파이크가 뇌를 꿰뚫었을 때 죽음을 맞이했을 것이다. 수 세기 후 그녀의 관이 발견되고 우연히 가면이 벗겨지면서 놀랍게도 아직까지 그대로 보존되어 있는 그녀의 얼굴이 드러난다. 죽음에서 깨어난 여자는 비록 움직일 수는 없지만 지하실에 누워 피의 복수를 지휘할 수 있다. 에이사는, 역시 바바라 스틸이 연기하는 증손녀 카티아의 몸을 취한 것이다. 결국 마녀는 잡히고 화염 속에 떨어진다.

<서스페리아>는 독일의 탐 댄스 아카데미를 배경으로 한다. 미국 학생인 수지 바니언(제시카 하퍼 분)은 친구가 잔인하게 살해된 사건에 대해 조사를 하고 있다. 그는 자신이 다니고 있는 학교가 마녀 집회에 의해 운영되고 있으며, 학교의 지하실이 사악한 힘으로 전 도시를 오염시키고 있는 고대 마법사들의 집이라는 사실을 전혀 모른다. 마지막

시퀀스에서 수지는 그로테스크하고 기괴하며 완전히 소름끼치는 존재인 마녀 여왕 마터 서스피리오룸 Mater Suspiriorum(슬픔의 어머니)과 대면하게 된다. 수지는 여왕을 제거하고, 그럼으로써 학교와 마녀 집회를 붕괴시킨다. 학교에 있는 마녀들에 대해서는 어떤 설명도 제시되지 않는다. 그들은 그저 그곳에 존재하고, 그들의 유일한 목적은 세상에 혼란과 파괴를 가져오고자 하는 것뿐이다. <서스페리아>는 '세 어머니'라고 불리는 다리오 아리젠토의 공포영화 삼부작 중 첫 작품이다. 두 번째 작품이 <인페르노>이고 세 번째 작품은 아직 제작되지 않았다.[8] <인페르노>의 오프닝 크레딧에서 우리는 세상이 세 명의 어머니들에 의해서 지배되고 있다는 사실을 알게 된다. 그들은 슬픔을 의미하는 마터 서스피리오룸, 눈물을 의미하는 마터 라크리마룸Mater Lacrimarum, 그리고 어둠을 의미하는 마터 테네브라룸Mater Tenebrarum이다. 그들은 <인페르노>의 초반 보이스오버가 알려주듯이 '생명 창조 능력이 결여된 사악한 양어머니'이자 마녀들이다. 마녀는 비체들과 함께 사는 비체적 존재이다. <서스페리아>의 어머니/마녀는 구더기와 연결되고, <인페르노>의 어머니/마녀는 쥐와 연결된다. 각각의 마녀들은 비체적 어머니의 '사악한 자궁'을 암시하는 어둡고 비밀스러운 장소에 자신의 '더러운 비밀'을 숨겨 놓은 집에서 살고 있다(탄슬리, 1988, 26). <사탄의 가면>과 마찬가지로 <서스페리아>와 <인페르노>는 상징계의 질서를 파괴하는 것만을 목적으로 하는 악의적이고 파괴적이며 기괴한 존재로서의 마녀에 대한 진부한 이미지를 강화하고 있다. 이와 비슷하게 <이블 데드>와 <이블 데드 2> 역시 약간의 유머가 가미되기는 하지만 이런 마녀의

---

8. 다리오 아르젠토의 '세 어머니' 삼부작은 일반적으로 '마녀 삼부작'으로 불린다. 2007년 시리즈의 마지막 작품인 <눈물의 마녀(Mother Of Tears: The Third Mother)>가 제작되면서 드디어 완성되었다. 크리드가 이 책을 쓸 때 '마녀 삼부작'은 아직 미완이었다.

억압과 위반 사이

이미지를 강화한다.

어떤 공포영화에서는 마녀의 초자연적 힘이 여성의 재생산 시스템, 그 중에서도 특히 월경과 연결되어 있다. 이와 대조적으로, 많은 주제들을 다루고 있는 모성 멜로드라마와 여성 영화에서 월경만은 전혀 다루지 않는다는 것은 매우 흥미로운 일이다. 여성의 달거리에 대해서 직접적으로 언급하고 있는 것은 바로 공포영화이다. <캐리>, <엑소시스트>, 그리고 <오멘 4>에서 초자연적인 힘을 개발하는 어린 소녀들은 사춘기의 경계에 서있다. <캐리>와 <오멘>에서 소녀가 마녀 혹은 여성 악마로 변화하는 과정은 초경으로부터 시작된다. <캐리>는 마녀, 그리고 월경하는 괴물로서의 여성에 대한 특별히 흥미로운 재현을 선보인다. <캐리>에 대한 가장 중요한 논의들은 영화가 가족과 미국 중산층의 가치관에 대해 비판하는 방식을 탐구했다. 공포영화와 그것의 '진정한 환경'인 가족 관계에 대한 논의에서 로빈 우드는 <캐리>를 (<그것은 살아있다>와 <캐시의 저주>와 함께) '악마주의, 악마 빙의, 적그리스도' 카테고리와 연관되는 '공포스러운 아이' 카테고리에 위치시킨다(우드, 1986, 83). 우드는 괴물의 공격이 대체로 가족이라는 맥락 안에서 가해지는 성적, 감정적 억압과 관계를 맺게 되는 방식에 대해서 논의했다. '아이-괴물은 가족 자체에 죄가 있다 ('정신병적' 영화) 혹은 없다에 상관없이 모두 가족의 산물인 것으로 재현된다(ibid., 84). <캐리>에 대한 분석에서 데이비드 피리에는 어른 - 아이 사이의 관계가 와해되는 것은 사회적 관계의 좀 더 광범위한 붕괴를 반영하고 있다고 보았다. 그는 캐리(씨씨 스페이식 분)가 모여 있는 군중을 모두 파괴하는 졸업 파티장에서의 대참사를 영화의 핵심 장면으로 이해한다.

이어진 대참사는, 내가 제시했던 것처럼, 그 자체가 사회의 끝을 암시하는 묵시록적인 대량 참사나 부자연스러운 가족 관계라는 미국 공포 영화의 두 가지 기본 흐름을 결합한다. <캐리>에서는 관계의 와해가 직접적으로 그리고 구체적으로 공동체의 파괴로 이어진다. (프리에, 1977-8, 24)

  마녀이자 월경하는 괴물로서의 캐리의 재현은 대체적으로 무시되어 왔다. 내가 알기로 <캐리>와 <엑소시스트>에 등장하는 월경혈의 중요성에 주목한 유일한 비평가는 비비안 숍책이다. 그녀는 각주에서 캐리와 리건이라는 두 명의 여성 주인공의 출혈이 '말하고 싶다는 혼란스러운 욕망의 묵시적이고 여성적인 폭발 즉 가부장적 상징계 안에서 그들을 부정했던 그 욕망의 폭발을 의미한다고 지적했다(숍책, 1978, 193). 나는 이 의견에 동의하지만, 그들의 피는 또한 더 넓은 맥락 안에서 사용되었고, 특히 그들을 아브젝션의 존재로 구성하는 데 사용되었다. 여성의 월경혈의 상징적 기능은 <캐리>에서 결정적인 중요성을 지니고 있다. 피는 영화에서 월경혈, 돼지피, 분만할 때 흐르는 피, 죄의 피, 그리고 죽음의 피 등과 같은 다양한 형태를 취한다. 어머니와 딸 사이에 흐르는 것도 피고, 삶과 죽음의 갈등에서 그들을 하나로 묶어주는 것도 피다. 영화의 근본적인 갈등은 어머니의 지배적인 영향력을 거부하려는 캐리의 시도에서부터 시작된다. 캐리의 어머니인 마가레트 화이트(파이퍼 로리 분)는 여성의 섹슈얼리티는 선천적으로 악하며 남성의 타락에 책임이 있다고 믿는, 종교적으로 완고한 인물이다. 그녀는 또한 그녀의 딸이 마녀라고 생각한다. 화이트 부인은 캐리에게 섹슈얼리티와 재생산에 대해서 이야기해 주기를 거부할 뿐 아니라—그녀가 타락할까봐—캐리가 소년들과 우정이나 관계를 가지는 것 역시 허락하지 않는다. 브라이언 드 팔마의 <자매들>에 나오는 기괴한 주인공이나 <사이코>의

억압과 위반 사이

노만 베이츠처럼, 캐리 역시 분열된 인격을 지니고 있다. 한편으로 그녀는 다른 십대들처럼 '평범'해지고 싶은, 고통스럽도록 수줍고 내성적이며 아이 같은 소녀이지만 다른 한편으로는 자신을 복수의 화신으로 변하도록 하는 염력을 지녔다.

<캐리>에서의 어머니-아이 관계는 <사이코>에서처럼 비정상적이고 뒤틀린 것으로 묘사된다. 캐리는 독립을 갈구하고 자기 자신의 삶을 스스로 이끌고 싶어하지만, 어머니의 지배적인 영향력으로부터 벗어날 수가 없다. 캐리는 어머니의 종교적 열광에 물들지 않았음에도 종교적 규율에 관한 어머니의 명령을 순종적으로 따른다. 어머니가 계단 밑에 있는 작은 벽장에서 기도하라고 명령할 때에도 캐리는 순종한다. 그녀는 많은 부분에 있어서 어머니를 논리적으로 설득하려고 헛되이 노력하지만, 강력한 정서적 끈으로 어머니에게 묶여 있다. 딸에 대한 화이트 부인의 감정은 더 모호하다. 캐리를 통제하려는 그녀의 욕망은 어머니로서의 책임감 보다는 종교적 책임감에서 싹튼 것으로 보인다. 그녀는 자신의 딸을 여성의 죄, 특히 육체의 죄로부터 구원하고자 한다. 화이트 부인은 성적으로 충족되지 않은 여성의 가부장적 정형으로 재현된다. <사이코>에서처럼, 기괴한 어린이는 궁극적으로 정신병적이고 위압적인 어머니의 창조물로 그려진다. 이 관계는 비체의 초창기 경험 중 하나를 구성한다. 목욕하는 장면과 그 여파, 졸업 파티, 그리고 화이트 부인의 피의 십자가형과 캐리의 죽음이라는 세 가지 장면은 서로 연결되어 캐리를 자연의 세계와 피, 죽음, 그리고 질식시키는 어머니에게 결합시킨다. 이 장면들 각각에 대한 분석을 통해 우리는 여성의 괴물성이 어떻게 그녀의 재생산 기능과 결합되어 있는지 확인해 볼 수 있다.

캐리의 염력과 관련하여 가장 의미심장한 사실은 아마도 그녀가

피를 흘리면서, 즉 생리를 시작하면서 그 염력을 가지게 되었다는 점일 것이다. 여성의 피는 따라서 초자연적 힘의 소유와 연결되고, 이 힘은 역사적 신학적으로 여성을 마녀로 재현하는 것과 연관되어 왔다. 캐리가 처음으로 피를 흘릴 때 그녀는 샤워를 하며 쾌감 속에 자신의 몸을 마사지하고 어루만지고 있었다. <사이코>에서의 마리온처럼, 캐리는 자기 자신의 몸을 즐기고 있는 것처럼 보인다. 분위기는 관능적이며 에로틱하기까지 하다. 연초점과 슬로우모션, 그리고 꿈결 같은 음악이 부드러운 낭만주의의 분위기를 만든다. 마리온처럼 캐리 역시 자기만의 관능적인 쾌락을 즐긴 것에 대해 잔인하게 응징당한다. 이런 로맨틱한 분위기는 월경혈이 다리를 타고 자유롭게 흘러내리는 것을 캐리가 공포 속에서 발견하면서 갑자기 깨어진다. 공황상태에서 그녀는 샤워부스로부터 도망친다. 같은 반 친구들의 반응은 신속하고 난폭하다. 캐리가 마치 무자비한 맹습 앞에 무기력하고 공포에 빠진 어린 아이처럼 움츠릴 때, 소녀들은 캐리의 몸을 탐폰과 생리대로 포격한다. 캐리는 월경혈뿐 아니라 배설물이라는 또 다른 비체적 물질과 연결되어 있다. 샤워 장면이 시작되기 직전, 체육 시간에 운동을 할 때 캐리가 실수를 하자 소녀들 중 한 명인 크리스가 그녀에게 "똥이나 처먹어"라며 욕설을 퍼붓는다.

동정심 많은 체조 선생 콜린스가 캐리를 구해주고 학교에서 집으로 돌려보내지만, 캐리는 그 집에서 또 다른 시련인 어머니와 대면해야 한다. 캐리는 어머니가 자신을 무지한 상태로 방치함으로써 그녀가 입는 피해에 대해서 설명하려고 하지만 화이트 부인은 들으려고 하지 않는다. 대신 화이트 부인은 여성의 죄에 대해 울부짖으며, 캐리와 그녀가 '여성의 나약하고 교활하며 죄스러운 영혼'을 용서받기 위해 어떻게 기

억압과 위반 사이

도해야만 하는가에 대해서 히스테릭하게 윽박지른다. 그녀는 캐리에게 이브가 나약하고 갈까마귀, 혹은 성교의 죄를 세상에 풀어 놓았기 때문에, 신이 첫째로 '피의 저주', 둘째로 '임신의 저주', 그리고 마지막으로 '살인의 저주'로 이브를 벌했다고 이야기한다. 화이트 부인은 캐리를 이브의 딸 중 하나로 여기는 것이다. '그리고 이브는 여전히 회개하지 않았을 뿐만 아니라 이브의 모든 딸들, 그리고 이브 위의 교활한 뱀은 매춘과 역병의 왕국을 건설했다.' 여자의 죄는 세습되는 것이다. 이런 견해는 <브루드>에서도 논의되었다. 결국, 화이트 부인은 딸에게 좁고 어두운 벽장에 들어가 신에게 용서를 빌라고 강요한다. 성차별적인 종교적 원칙들을 연설조로 내뱉으며, 화이트 부인은 모든 형태의 인간이 저지를 수 있는 악을 여자의 탓으로 돌린다. 그녀는 인류의 저주는 여자의 피를 따라 어머니에게서 딸에게로 흐른다고 믿는다. 속죄 의례의 관습에 충실하게도 캐리는 졸업파티에서 말 그대로 헌신적인 희생양으로 세워진다.

수 스넬은 캐리를 괴롭힌 소녀들의 잔인함을 보상하기 위해서 자신의 애인인 토미 로스에게 캐리를 졸업파티에 파트너로 초대하도록 부탁한다. 수는 다른 소녀 크리스 하겐슨이 잔인한 장난을 계획하고 있다는 것을 알지 못했다. 크리스는 졸업파티의 여왕을 뽑을 때 투표를 날조하여 캐리가 당선되도록 하고, 캐리가 왕관을 쓸 때 무대 위의 서까래에 놓아둔 한 바구니의 돼지 피가 캐리와 그녀의 파트너 위로 떨어지게 만든 것이다. 돼지의 피는 여성의 피와 연결되어 있다. 크리스의 남자친구인 빌리 놀란과 그의 친구가 돼지우리에 들어갔을 때 그들은 여자와 돼지에 대한 농담을 주고받는다. 한 명이 '한번은 정말 돼지 같은 여자애하고 데이트를 한 적이 있어!'라고 말한다. 돼지 피가 캐리의 몸

위로 폭포수처럼 떨어지는 장면은 이전에 캐리의 피가 그녀의 몸을 타고 내리던 샤워 장면을 되풀이하고 있다. 캐리와 돼지 사이의 유사성은 크리스가 캐리에게 '똥'을 먹으라고 하는 장면에서 그려진다. 돼지는 그들의 극도로 예민한 피부가 햇볕에 타지 않도록 보호하기 위해서 (주변에 사용할만한 진흙이 없을 경우에) 자신의 배설물에 뒹구는 버릇 때문에 '더러운' 동물이라는 오명을 받았다.

여성과 돼지는 또한 신화와 언어에서 서로 연결되고 있다. 그리스어와 라틴어에서 여성 성기는 '돼지'로 언급되고, 분명하게 여성 성기를 상징하는 화폐 조가비 역시 '돼지'로 불렸다. 오늘날에조차 독일어에서 '암퇘지스러움 sowishness'은 월경을 뜻하는 속어로 사용되고 있다(셔틀과 레드그로브, 1978, 37). <엑소시스트> 역시 여성을 돼지와 연결시킨다. '이 돼지 같은 년은 내 거야!' 어머니를 성적으로 소유하려고 할 때 리건은 이렇게 소리친다. <캐리>의 문제점 중 하나는 이 영화가 여성의/돼지의 피에 대한 평가 절하된 의미를 현대 관객들을 공포로 몰아넣기 위해 사용하고 있다는 점이다. 그렇게 하면서 영화는 여성과 월경에 대한 부정적인 관점을 지속시키고 있다. 여성과 돼지 사이의 유사성은 또한 비체에 대한 영화 담론에서 핵심적이다. 캐리/여성은, 옛말에도 있듯이, 그녀가 '찔린 돼지처럼' 피를 흘리기 때문에 괴물스럽다.9 그러나 돼지 피의 의미는 모호하다. 카니발 문화에 대한 연구에서 피터 스텔리브라스와 알론 화이트는 돼지가 그로테스크하고 역겨운 몸에 관련된 '저급한' 담론을 상징했다는 사실에 관심을 기울인다(1986). 카니발이 그로테스크한 것에 대한 찬양을 허용하고 있는 한, 우리는 돼지 피에 담근 캐리의 몸이 왕의 즉위식에 대한 일종의 전도顚倒를 의미한다고

---

9. 영어의 관용구 중 'bleed like a stuck pig'는 '심하게 출혈하다'의 뜻이다. 언어에서 연결되는 '돼지'와 '여성'의 관계를 살리기 위해 '찔린 돼지처럼 피를 흘리다'로 번역한다.

억압과 위반 사이

볼 수도 있다. 자신의 악마적 힘을 휘둘러 군중들에게 참화를 선사하기 전에 캐리는 여왕의 왕관을 쓰고 돼지 피라는 성유를 바른 것이다. 그리고 우리는 그녀가 끔찍한 복수를 감행하기 전에 그녀와 동일시하도록 격려 받는다.

캐리의 초자연적 힘과 피를 연결하면서, 영화는 월경혈의 공포스러운 힘이라는 미신적인 관념을 활용한다. 플리니에 따르면, '월경 중인 여자의 손길은 벌판의 과일을 날려버리고, 와인을 시게 만들며, 거울을 흐리고, 칼날을 무디게 한다(워커, 1983, 643). 『마녀의 망치』에서도 마녀는 우유를 시어지게 하거나 작물을 망치며 바다에 태풍을 불러오는 등, 위와 비슷한 죄명으로 비난 받았다. 8세기부터 11세기까지 많은 교회들이 월경 중인 여성은 교회에 들어오지 못하도록 막았다. 1684년과 같은 후반부에는 '이상 배출 fluxes' 중인 여성들은 바깥에 머물러 있도록 지시 받았다(모리스, 1973, 110). 유대교와 같은 일부 종교에서는 여전히 월경 중인 여성은 불결하다고 여겨지며 성교하는 것을 금지당한다. 마녀들은 흡혈을 활용한다고, 특히 어린 소녀의 초경 때 나온 월경혈로 마법을 수행하고 독약을 제조한다고 고발당했었다. 로버트 그레이브스에 따르면 테살리아 마녀는 소녀의 초경혈로 '달의 이슬'이라는 세상이 가장 두려워하는 독약을 제조했다(그레이브스, 1966, 166).

의미심장하게도 캐리는 그녀가 처음 피를 흘렸을 때라야 염력의 힘을 발현할 수 있었다. 즉 그녀의 피가 강력하며 마법의 힘을 지니고 있다는 것이다. 궁극적으로 여성의 피는 영화에서 비체적 물질로 재현되며 캐리를 괴물로 구성하는 데 일조한다. 캐리가 전력을 발휘할 때, 그녀는 복수하는 라미아[10]의 모습을 띤다. 군중 앞에서 온몸에 피를 뒤

---

10. 라미아(Lamia)는 그리스·로마 신화에 나오는 상반신은 사람이고 하반신은 뱀으로 된 여성 괴물이다.

집어 쓴 채로 분노로 불타는 눈을 빛내면서, 그녀는 '별 속의 밤'을 죽음의 아수라장으로 바꾸며 모든 걸 파괴한다. 어느 순간 캐리는 그녀의 힘으로 소방용 호스를 움직이기 시작한다. 그것은 깨어나서 사람들 사이에 죽음을 불러오고 죽음의 여왕에게 어울리는 짝인 거대한 뱀의 형체로 몸부림쳤다. 다른 공포영화의 마녀들처럼, 캐리는 분노 속에서 누구 하나 살려두지 않는 기념비적인 파괴의 인물이 된다. 그러나 그녀가 학교 친구들과 미치광이 어머니에게 가학적으로 괴롭힘을 당해왔기 때문에, 캐리는 또한 동정심을 불러일으키는 존재이다.

집으로 돌아왔을 때 캐리는 집이 수많은 촛불로 밝혀져 있는 것을 발견한다. 그녀의 어머니는 사라지고 없다. 캐리는 피 묻은 옷을 벗고 욕조에 들어가 태아의 자세로 몸을 움츠린다. 그리고 욕조에서 피와 화장을 닦아내는데, 이는 모두 그녀의 여성스러움을 보여준다. 핏물로 가득 찬 욕조는 재탄생과 편안하던 이자 관계로 돌아가고자 하는 욕망을 암시한다. 많은 공포영화들에서 전 오이디푸스 어머니는 아브젝션의 기본적인 원천으로 재현된다. 우리가 영화의 시작에서 샤워하면서 자신의 몸을 즐기는 것을 봤던 젊은 소녀와 달리, 캐리는 다시 소녀들이 탐폰을 던졌을 때 그랬던 것처럼 바들바들 떠는 어린 아이로 되돌아간다.

어린 아이에서 여성으로 그리고 다시 어린 아이로 돌아가는 이 움직임은 영화가 보여주는 비체로서의 여성 재현에 있어 결정적이다. 캐리가 어머니라는 존재로부터 도망치려고 했을 때, 그녀는 여성으로서의 징표를 지니게 되고 이는 특히 졸업파티 때 그녀의 외모에서 드러난다. 동화 속 여성 주인공처럼 그녀는 못생긴 오리에서 아름다운 백조로 변신한다. 캐리가 어린이와 같은 의존적 상태로 돌아감에 따라, 독립성을 싹틔운 이런 장신구들(야회복, 화장)을 벗어버리고 다시 한 번 그녀의 어머니에게 보호와 위안을 얻고자 한다. 그녀의 일시적인 탈출과 마찬가지로 캐리의 귀환 역시 신체적 변화로 상징된다. 긴 잠옷과 깨끗하게 씻은 얼굴은 어머니를 원하는 어린 소녀의 모습이다. 모든 피의 흔적은 사라졌다. 캐리가 화장실에서 나오자 어머니가 나타난다. 그녀는 늘 입던 검은색 복장이 아니라 순결과 순수를 상징하는 하얀 잠옷을 입고 있다. 캐리는 울면서 그녀의 품에 안긴다. '엄마 말이 맞았어요!' 그러나 어머니는 이해하지 못한다. 어머니의 눈에 캐리는 이미 스스로를 악마에게 판 후였다. '마녀를 살려두지 말지어다!' 그녀가 소리친다.

남자-여자관계의 세계로 들어가려다가 실패한 캐리의 모습은 화이트 부인에게 자기 자신의 성적 삶에 대한 기억을 일깨운다. 그녀는 캐리를 안고서 남편과의 관계와 그의 성적 접근이 어떻게 그녀를 혐오스럽게 했는지에 대해서 이야기한다. 그러나 점차로 고백의 어조가 변해간다. 그녀는 캐리에게 남편의 '더러운 손길'을 좋아했다고 말한다. 어조는 점점 더 흥분해가고, 어머니는 일어나서 칼로 캐리의 등을 찍기 시작한다. 공단 잠옷은 제사의 처형자로서의 어머니의 역할이라는 새로운 의미를 지니며 초는 희생의 의식이 거행 중이라는 것을 의미한다. 이 시퀀스에서 가장 흥미로운 것은 캐리를 찌르는 방식이 어머니에 의한 성폭행을 의미한다는 점이다. 캐리는 계단에서 굴러 떨어진다. 어머니가 그로테스크하게 춤을 추며 다시 한 번 캐리를 칼로 찌르기 위해 준비하는 동안, 캐리는 구석에서 몸을 움츠린다. 갑자기 캐리의 염력이 발휘되면서 칼들이 허공을 가르고 날아와 어머니에게 집중포화되고, 그 칼들에 의해 어머니는 벽에 꽂힌다. 화이트 부인은 기도하는 벽장에 두었던 십자가에 못 박힌 예수의 모습과 흡사한 모습으로 숨을 거둔다.

의심의 여지없이 캐리의 칼 공격은 성적 함의를 지니고 있다. 화이트 부인이 죽으면서 내는 오르가즘과 같은 신음소리는, 딸의 남근적 삽입을 상징하는 행위를 통해 그녀가 안식을 얻었다는 사실을 암시한다. 이 장면은 이 불운한 어머니-아이 한 쌍이 성적 욕망에 있어 억압당했다는 사실을 보여주고, 이는 <사이코>에서도 다루어진 주제이다. 캐리는 칼이 관통한 어머니의 몸을 벽에서 떼어내 이전에 어머니가 그녀를 가두어놓고 여자로 태어났음에 대해 신에게 용서를 빌라고 강요했던 자궁과 같은 벽장으로 데려간다. 뱀파이어 영화에서처럼, <캐리>의 주제가 되는 행동은 자궁으로의 상징적인 회귀를 의미한다. 즉 어머니라는 존재의 권력에 완전하게 굴복했다는 최종 선언인 셈이다. 두 개의 장면이 이 회귀를 지시한다. 하나는 자궁과도 같은 기도하는 벽장에 캐리가 감금당하는 장면이고, 다른 하나는 그녀가 돼지 피를 씻어내는 동안 태아처럼 웅크린 채로 피목욕을 하는 장면이다. 거세하는 어머니는 그녀 자신이 과거에 창조했던 삶을 다시 빼앗아간다. 어머니와 딸이 불타오르는 집에서 죽어가는 동안 캐리는 어머니의 포옹에 영원토록 갇히게 된 것이다.

각 여성의 몸은 피의 상처로 표시된다. 이 상처는 그것이 몸의 안쪽과 바깥쪽을 구분하는 경계를 형성하는 피부를 침해한다는 점에서 아브젝션의 신호이다. <브루드>를 논하면서 살펴보았던 것처럼, 신체적 상처는 또한 어머니의 내부에서 아이가 찢고 나오는 출산의 순간을 의미하기도 한다. 상처는 그것이 여성의 재생산 기능과 자연과의 연합을 지시하고 있기 때문에 비체를 의미한다. <캐리>에서 여성의 피는 또한 어머니의 피를 의미한다. 태아에게 영양분을 주고 여성의 재생산 기능을 강조하는 피를 의미하는 것이다. 그러나 호러장르에서 월경혈은 아

억압과 위반 사이

브젝션의 원천이 된다. 그것의 힘은 매우 강력하여 여성을 악령 들린 아이, 살인자, 복수심에 불타는 마녀 등 다양하고 기괴한 괴물들 중 어떤 것으로도 변화시킬 수 있는 것이다. 그러나 영화는 서로 상반된 메시지를 전한다. 한편으로 그것은 고대의 피에 대한 터부와 여성 혐오적 신화를 다시 차용하고 있지만, 또 한편으로는 이런 편견들의 희생자인 캐리에 대한 동정심을 불러일으킨다.

　다시 한 번 우리는 여성의 재생산 기능이 그녀를 괴물스러운 존재로 낙인찍는 과정을 확인할 수 있었다. 앞에서 논의된 공포영화에서 여성은 그녀의 재생산 기능 및 어머니로서의 역할로 인해 괴물스러운 것으로 재현되었다. 이는 다양한 이유에서 벌어진다. 원초적 어머니(<에일리언>)는 그녀가 예전에 생명을 주었던 생물체를 잡아먹고 다시 빼앗아 가겠다고 위협하기 때문에 공포스럽다. 악령 들린 소녀(<엑소시스트>)는 그녀가 사회화 이전의 유아기적 상태로의 회귀를 상징하는 (피, 농즙, 토사물, 오줌과 같은) 비체적인 요소들과 대면하기 때문에 즐거운 혐오를 불러일으킨다. 임신한 여성(<브루드>)은 그녀의 몸이 낯선 존재, 즉 어린아이/타자를 품고 있기 때문에 공포스럽다.

　여성 뱀파이어(<악마의 키스>)는 그녀가 여성의 월경 주기에 관심을 기울이고, 자신의 포로로 하여금 살기 위해서는 피를 수유해야 하는 태아와 같은 의존 상태로 몰락하게 만든다는 점에서 괴물이 된다. 어린 여성 마녀(<캐리>)는 그녀의 악마적 행위가 사춘기, 그리고 초경과 연결되어 있기 때문에 동정과 공포를 함께 불러온다. 여성괴물은 그녀가 상징계적 질서를 위협하기 때문에 비체적인 존재로 구성된다. 여성괴물은 자연적이고 동물적인 질서를 환기시키고, 모든 인간이 필수불가결하게 겪어야만 하는 출생과 삶을 지나 죽음으로 이르는 과정과의 끔찍한 연합을 통해 '상징계 질서의 나약함'에 주목하도록 한다. 결론으로, 나는 여성의 어머니 기능과 재생산 기능이 비체와 결부되는 것은 가부장제 이데올로기의 구성물에 불과하다는 점을 다시 강조하고 싶다. (마찬가지로, 남성 괴물을 다루고 있는 영화에서 괴물성의 원천으로 종종 구성되는 것은 바로 남근적 속성들이다.) 여성은 그녀의 본질 그 자체로는 전혀 비체적이지 않다. 대중적 담론에서 그녀가 괴물로 재현되는 것은 공포영화의 이데올로기적 기획의 작용이다. 이 기획은 남성의 성적 타자인 여성의 차이와 그녀의 괴물 같은 본질이 별 수 없이 묶여 있다는 믿음을 지속시키기 위해 디자인되었을 뿐이다.

억압과 위반 사이

2부

메두사의 머리

정신분석학 이론과
팜므 카스트라트리스

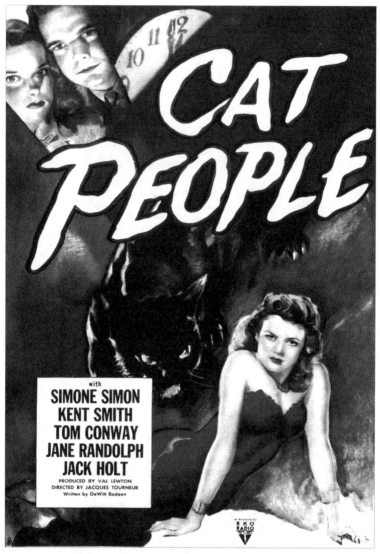

▶ <캣 피플> 영화 포스터. 야생의 여자는 항상 정글의 고양이처럼 남자를 물어뜯기 위해 발톱과 송곳니로 공격할 준비가 되어있다.

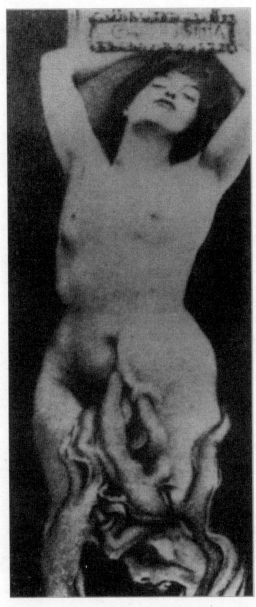

▶ <이스타르>. 치명적인 바기나 덴타타를 묘사하는
19세기 미술의 한 작품으로 메두사의 악몽의 재현.

▶ ⟨한 번 물리면, 두 번 조심한다⟩. 살바도르 달리의 바기나 덴타타에 대한 해석.

▶ <계몽의 과정>. 지적인 여성은 진실로 남자를 잡아먹는 존재.
만화가 루닉이 여성에 대한 남성의 두려움을 재치있게 묘사.

▶ <후라이트 나이트>의 아만다 베어스. 광기어린 여성 뱀파이어의 카니발적 입.

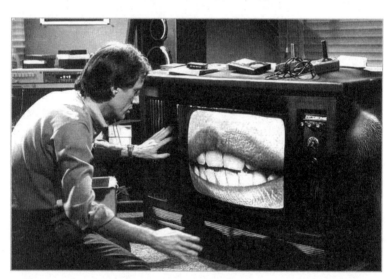

▶ <비디오 드롬>에 등장하는 일렉트로닉 덴타타. 제임스 우드가 여자의 벌어진 입술—
공포스러운 사도마조히즘적 섹스의 세계로 들어가는 문—로부터 뒷걸음질치고 있다.

머리말

　제2부에서 나는 어머니로서의 기능, 그리고 재생산 기능과 특별하게 연결되어 있지 않은 차원의 여성괴물에 대해서 논할 것이다. 프로이트는 여성이 거세되었기 때문에 공포를 불러일으킨다고 주장했다. 나는 남성이 여성에게 거세의 상상적 힘을 부여했기 때문에 그녀가 공포스럽다고 주장할 것이다. 여성의 거세에 대한 프로이트의 이론은 공포영화에 등장하는 여성괴물을 분석함에 있어 지배적인 이론적 배경이 되어왔다. 따라서 이러한 이론의 기원을 비판적으로 평가하기 위해 프로이트를 다시 살펴보는 것은 필요한 과정이다. 다음 두 장에서, 나는 우선 꼬마 한스의 사례(「다섯 살배기 꼬마 한스의 공포증 분석」)를 재해석하고, 다음으로 프로이트의 다른 글과 그의 꿈 분석에서 드러나는 '거세하는 여성'이라는 존재에 대한 억압을 살펴볼 것이다. 꼬마 한스의 사례는 오이디푸스 콤플렉스와 거세 위기에 대한 프로이트의 이론을 살펴볼 때 사례연구로서 가장 많이 인용되는 경우이기 때문에 이에 대한 확장된 재해석이 필요하다. 프로이트에 대한 비판적 재해석이 필요한 것은, 여성이 위협적인 이유는 오직 그녀가 거세되었기 때문이라는 관점이 공포영화에 대한 분석에 있어 여성괴물의 본질에 대한 심각한 오해를 불러왔기 때문이다. 프로이트에 대한 비판은 <자매들>, <네 무덤에 침을 뱉어라>에 등장하는 팜므 카스트라트리스 femme castratrice[11]와 <사

---

11. 팜므 카스트라트리스(femme castratrice)는 거세하는 여성이라는 뜻이다. 이 책에서는 상황에 따라 신화적, 문학적 의미가 강조될 때에는 femme castratrice를 이론적 의미가 강조될 때에는 castrating woman이라는 표현을 함께 쓰고 있다. 이 둘을 구분하기 위해 femme castratrice는 팜므 카스트라트리스로 castrating woman은 거세하는 여성으로 번역했다.

이코> 및 정신병적 어머니를 다루고 있는 다른 공포영화들에 등장하는 거세하는 어머니와 같은 여성괴물의 일련의 얼굴들을 분석하기 위한 이론적 배경을 제공할 것이다. (따로 언급되지 않는 경우에 제7장에서 언급되는 프로이트 연구에서 인용한 모든 내용은 「다섯 살배기 꼬마 한스의 공포증 분석」에서 인용한 것이다.)

7. '꼬마 한스'에 대한 재고 혹은 '어머니의 위협적인 고추'[12]에 대한 이야기

> '난 인형의 다리를 찢었어. 왜 그랬는지 알아? 그 안에 엄마의 칼이 들어갔기 때문이야. 내가 그것(칼)을 삐삐거리는 단추가 달린 쪽에 넣고 그런 다음에 다리를 찢으면 칼이 아래쪽으로 빠져 나왔어.'
>
> 프로이트, 「공포증에 대한 분석」

이 이야기에서 한스는 아버지에게 아침 내내 고무 인형 그레테를 가지고 한 놀이에 대해서 설명한다. 유모는 한스의 아버지에게 한스가 어머니의 주머니칼을 가지고 인형의 다리 사이에서 튀어 나오게 하면서 그것을 가리키며 이렇게 말했다고 했다. '봐, 여기에 고추가 있어!'(84) 한스는 칼이 의미하는 바에 대해 확신에 차 있는 것처럼 보인다. 한스에게 그것은 어머니의 '사라진' 성기, 즉 그가 스스로 그렇게 반복해서 보고 싶어 하던 고추였다. 한스가 칼의 상징적 의미에 대해서 상당히 분명하게 말하고 있음에도 불구하고, 프로이트는 그것을 '아기'로 해석했다. 프로이트는 한스가 '아이가 어떻게 태어난다고 상상하고 있는가

---

12. 한스는 생식기를 widdler라는 말로 표현했다. '오줌을 누다'의 widdle에서 만들어낸 단어이다. 여기서 widdler를 '고추'로 번역한 것은 프로이트, 「다섯 살배기 꼬마 한스의 공포증 분석」, 『꼬마 한스와 도라』, 김재혁·권세훈 옮김, 열린책들, 1997의 번역을 따른 것이다.

에 대해 묘사하기 위해서 이런 행위를 하는 것이라고 판단했다. 게다가 '이를 좀 더 면밀하게 살펴보면 한스가 그 외의 다른 것을 보여주고 있으며 우리의 분석에서는 언급되지 않았던 그 어떤 것을 암시하고 있음을 알 수 있다. 즉 사실상 아기가 그들의 어머니의 몸에서 자라서 롬프lumf처럼 밖으로 밀려나온다고 생각하고 있음을 보여주고 있었다(130-1). '롬프'는 똥을 의미하는 한스만의 특별한 단어이다.

프로이트는 한스가 칼에 부여했던 의미를 해석하는 것에 실패했는데, 이는 놀랄만한 일이다. 사실 프로이트 자신이 여성의 아이와 그녀의 남근 사이에 설정한 관계를 본다면, 이는 더욱 놀라운 일이 된다. 확실히 프로이트는 아기/페니스 유추에 있어 다른 해석을 했지만, 그 연관성은 여전히 남아 있다. 이 부분에 대해 더 연구해 보는 것은 어떨까? 게다가, 왜 한스는 어머니의 생식기를 상징하기 위해 칼을 골랐을까? 꼬마 한스의 사례를 꼼꼼히 살펴보면서, 나는 한스의 아버지와 프로이트가 유년기 섹슈얼리티에 대한 프로이트의 이론을 확인하기 위해 한스의 어린 시절 경험을 조작한 방식을 발견하게 되었다. 꼬마 한스의 사례에 대한 논의에서, 에리히 프롬은 한스의 아버지가 한스에게 해석을 제시하는 방식에 주목하고 한스의 연상이 과연 어디까지 자발적이었는지 의문을 제기했다(프롬, 1970, 96).

내가 보기에 꼬마 한스의 사례연구에는 유년기 섹슈얼리티에 관한 지금까지의 학설에 완전히 새로운 차원을 열어 줄 수 있을 만큼 충분한 자료가 들어 있다. 내가 주장하고자 하는 바는 이 자료들이 한스의 공포증의 기원이 거세된 것이 아니라 거세하는 기관으로서의 어머니의 성기, 어머니의 고추에 대한 두려움이라는 사실을 상당히 분명하게 보여주고 있다는 점이다. 또한 그 자료들은 한스가 어머니를 차지하고 싶어 하는 자신의 욕망 때문에 아버지가 그를 벌할지도 모른다고 두려워하면서도, 동시에 어머니가 자위행위 그리고/혹은 그녀에 대한 자신의 성애적 욕망 때문에 그를 거세할지도 모른다고 두려워했다는 사실을 보여준다. 아버지가 거세자라는 프로이트의 이론은 이 이야기의 일부분일 뿐이다.

다섯 살배기 소년인 꼬마 한스는 하얀 말이 그를 물지도 모른다는 두려움으로 표현되는 공포증에 시달리고 있었다. 이 공포증은 이후에 넘어지는 말들과 무거운 화물을 적재한 마차, 버스 혹은 이삿짐 트럭 같은 탈 것에 대한 공포로까지 확장되었다. 한스의 두려움과 관련해서 그를 조롱하거나 벌하지 않겠다고 결심한 아버지는 2년이라는 기간 동안 그와 나눈 이야기를 자세하게 기록했다. 이 기록들은 소년의 공포증과 성적 욕망 사이의 직접적인 관계를 보여준다. 한스는 우선 불안 히스테리에 시달렸다. 이는 '유년기의 전형적인 신경증이다'(116) 스스로 다수의 금지와 경고들에 복종하면서 아이들은 (프로이트에 따르면) 불안을 극복하는 방식을 배우지만, 이 안에서 일어난 경계 혹은 방어 체계들은 점차로 공포증으로 스스로를 드러낸다.

첫 보고서는 한스가 세 살 때부터 시작된다. 이 시기에 그는 자신의 '고추'에 관심을 가지기 시작한다. 그는 어머니에게 그녀도 고추가 있는지 물어보지만, 그의 부모는 한스에게 어머니 성기의 특성과 그것이 남성 성기와 다른 점 등에 대해서 전혀 설명해 주지 않았다. 이때 그는 또한 소의 젖꼭지를 고추로 오해한다. '저것 좀 봐!' 그가 말했다. '고추에서 우유가 나온다!' 한스가 세 살 반이 되었을 때, 그의 어머니는 한스가 자신의 페니스를 만지는 것을 발견했다. 어머니는 한스를 거세로 위협했다. '또 그 짓을 하면 A박사님을 불러서 네 고추를 떼어 버리라고 할 거야. 그러면 너 어떻게 오줌을 눌래?' 재치 있는 한스는 '엉덩이로

누면 되지'라고 대답했다(8). 프로이트는 한스가 거세에 대한 공포심을 가지게 된 것이 바로 이 사건이라고 주장했다. 그의 공포증은 이후까지 진행되지 않았다. 프로이트는 이 위협을 말한 사람이 어머니라는 사실의 중요성에 대해 논의하지 않는다. 그러나 프로이트의 몇몇 동료들은 그가 거세 이론에서 아버지에게 부여했던 역할에 의문을 제기했다. 카렌 호니는 그녀의 에세이 「여성의 공포」에서 '거세하는 아버지가 주는 불안감에 대해 주장된 우월성은……편향적이다.' 그녀는 『더벅머리 아이』에서 엄지손가락 빠는 아이13에 대한 그로덱의 분석을 언급한다. '엄지손가락을 자른 것은 남자지만, 위협을 입 밖으로 낸 것은 어머니였다. 그리고 그것을 수행한 도구인 가위는 여성의 상징이다(호니, 1967, 138).' 프롬 또한 프로이트가 이 사례를 잘못 해석했고 어머니가 그 위협을 말한 부모이므로 '거세에 대한 공포는 한스의 어머니로부터 비롯되었다고 말했다(프롬, 1970, 92).

　3년 9개월쯤의 나이에, 한스는 부모의 고추를 보고 싶다는 욕망을 표현한다. 한번은 아버지에게 그의 고추를 본 적이 한 번도 없었기 때문에 아버지도 고추가 있는지 물어본다.

　한스(3년 9개월): 아빠, 아빠한테도 고추가 달려 있어?
　아버지: 그럼, 있고말고.
　한스: 하지만 아빠가 옷 벗을 때도 아빠 고추를 한 번도 못 봤는데(9).

　다른 날 밤에는 어머니가 한스에게 왜 그녀가 옷을 벗을 때 뚫어지

---

13. 호프만의 환상동화 「더벅머리 아이」 중 한 편인 <손가락 빠는 아이>에서 어머니는 손가락 빠는 아이에게 손가락을 계속 빨면 재단사가 가위로 그의 손가락을 싹둑 자를 것이라고 경고한다. 아이는 여봐란 듯 계속 손가락을 빨고, 어머니가 나가자마자 재단사가 등장해 아이의 손가락을 정말로 잘라버린다.

　　　　　　　　　　　　　억압과 위반 사이

게 쳐다보는지 물어봤다.

> 한스: 엄마한테도 고추가 달려있나 보는 거야
> 어머니: 물론이지. 그걸 몰랐니?
> 한스: 아니. 난 엄마가 덩치가 크니까 말한테 달려있는 것만 한 고추가
> 달렸을 걸로 생각했어.

이후 한스의 말에 대한 공포증을 생각해보면, 한스가 어머니의 성기를 말의 성기와 연결시키고 있다는 것은 매우 의미심장하다. 그러나 프로이트는 이 부분을 심각하게 고려하지 않고 단지 한스가 한 이야기가 그도 언젠가는 자신의 고추가 자라게 될 것이라는 생각으로 스스로를 위안하고 있음을 의미한다고 해석했다. 이것이 '위로의 투영'이라는 것이다. 하지만 어째서 그렇게 해석하는가? 한스는 어떤 확신을 원하는 것처럼 보이지 않는다. 오히려 그는 진실을 알고 싶어 한다. 어머니의 고추를 보지 못한 것에 대한 실망이 지배적 기분인 것처럼 보인다. 프로이트는 아이의 페니스가 자랄 것이라는 생각이 위안을 주는 개념이라고 판단했다. 그러나 나의 관점에서는 어머니가 거대한 고추를 가졌을 것이라는 한스의 판타지는 어머니가 그의 삶에서 담당했던 지배적 역할을 의미한다.

한스의 삶에 다음으로 일어난 중요한 사건은 여동생이 태어난 것이었다. 한스는 황새가 아기를 데리고 올 것이라고 들었다. 아버지의 기록에 따르면 한스는 이 이야기를 의심했다. 또 다시 어머니의 고추라는 주제가 등장했다. 한스는 '피와 물로 가득 찬 대야와 용기들'을 가리키며 놀란 목소리로 말했다. '하지만 내 고추에서는 피가 안 나오는데'(10). 어째서 그는 피가 어머니의 고추로부터 나온다고 상상하게 되었을까?

한스는 여동생에게 질투를 느꼈고, 모든 사람이 여동생을 칭찬하자 이렇게 말했다. '하지만 걔는 아직 이빨도 안 났는걸'(11). 이후에 한스가 시달리게 되는 말에 물리는 것에 대한 공포증을 볼 때, 이 언급은 중요하다. 생후 7일이 지난 후 한스는 여동생의 고추가 '여전히 아주 작다고 말했다. 그리곤 '앞으로 자라면서 고추도 훨씬 커질 거야'라고 덧붙였다 (ibid.). 이 단계에서 아직 자라지 않은 여동생에 대해서 한스가 묘사한 두 가지는 고추와 치아이다. 프로이트는 한스가 여동생의 고추를 자신의 고추와 비교하고 있다고 생각했다. 또한 그가 어머니의 상상의 고추와 비교하고 있었을 수도 있다. 한스가 어머니의 고추가 말의 고추와 같다고 믿었던 것을 보면, 그는 여동생의 고추도 매우 커질 것이라고 이해했을 것이다. 어쩌면 그녀의 치아 역시 자랄까? 여동생이 세 달이 되었을 때, 한스는 동생의 '작고 귀여운 고추'에 대해서 다시 언급한다 (14). 한스는 그의 인형을 조사하고 인형의 고추 역시 매우 작다고 말했다. 이후에 그는 고무 인형을 가지고 장난을 치는데, 어머니의 주머니칼로 표현했던 인형의 고추가 그 몸 안에 숨겨져 있다고 상상했다. 상징적으로 한스는 인형에게 면도칼 혹은 치아를 주었다. 아마도 그는 어린 여동생이 태어나면서 고추를 잃어버린 것이라고 생각했을 것이다. 그게 어머니의 고추가 피를 흘린 이유였을까? 한스의 판타지 속 삶에서는 피, 치아, 칼, 물리는 것, 거세, 어머니의 고추, 그리고 말의 고추처럼 몇몇 가지 일들이 서로 관련이 되어 있는 것처럼 보인다. 이들 중 어떤 것도, 한스가 가장 두려워하는 것이 거세하는 부모로서의 어머니가 아니라 거세된 부모로서의 어머니라는 결론을 정당화시켜주지 않는다.

이는 나에게 한스 이야기의 중요한 요소를 떠오르게 한다. 한스가 동생이 '작고 귀여운 고추'를 가지고 있다고 말하기 직전에 한스는 소변을 보는 말의 고추를 보게 되었다. 그의 아버지는 이렇게 쓰고 있다. '한스와 나는 배뇨 중인 말을 지나쳐 걸어갔다(원문 그대로 인용) 그리고 한스가 말했다. "말도 나처럼 고추가 밑에 달렸어"'(ibid.). 이즈음해서 한스는 기린의 스케치에다 배에서 튀어나온 긴 고추를 그려 넣었다. 거세한 말이나 종마가 소변을 볼 때 감긴 것이 풀어지면서 고추가 꽤 길게 늘어진다는 사실에 주목할 필요가 있다. 그렇다면 어머니의 고추를 말의 고추와 비교했을 때, 한스가 종마나 거세당한 말의 최대로 길어진 고추와 그것을 비교했을 수도 있다. 종마나 거세당한 말이 고추를 접어서 숨길 수 있다는 사실을 봤을 때, 한스는 어머니도 그렇게 할 수 있다고 상상했을 법하다. 즉, 판타지 속에서 그는 어머니가 말처럼 그녀의 몸 안에 접혀진 고추를 가지고 있을 것이라고 상상했을 수도 있는 것이다. 여성 섹슈얼리티에 대한 이런 관점은 남성의 신체 기관이 뒤집어져서 내부로 들어간 변형으로 여성의 신체 기관을 이해했던 갈레노스의 생각과 비슷하다(블로, 1973, 492). 이것이 한스가 여성이 고추를 가지고 있지 않다는 사실을 인정하지 않은 이유이다. 그는 그것이 그곳에 있고, 크며, 보통 보이지 않도록 숨겨져 있다고 이해했다. 마치 말의 고추처럼 말이다. 이것이 이후에 논의할 중요한 지점이다.

한스의 아버지가 이 부분에 대해서 질문을 하지 않았었기 때문에, 이 단계에서 한스가 어머니의 성기에 대해서 정확하게 어떻게 생각했는지 아는 것은 불가능하다. 네 살 반이 되었을 때, 한스는 어머니에게 자신의 페니스를 만져보라고 말한다. 어머니는 방금 한스를 목욕시켰고 한스의 페니스 주변에 분을 발라주면서도 페니스를 건드리지 않기 위해 조심했다. 어머니는 한스에게 그렇게 하는 것은 적절하지 않은 일이기 때문에 한스의 페니스를 만지지 않겠다고 말했다. 한스는 그러나 '정말 즐거울 텐데'라고 대답했다(19).

4년 9개월이 되었을 때 한스는 신경증을 앓기 시작했다. 그는 어머니가 그를 떠나서 아무도 그를 '어루만져' 줄 사람이 없게 될까봐 두려워했다. 한스는 '어루만져준다 coax'는 말을 '애무한다 caress'의 뜻으로 사용했다. 그는 '어루만져주기' 위해서 어머니와 함께 잠을 자는 것에 익숙해져 있었다. 그는 또한 이런 말들을 언급하기도 했다. 아버지는 정확한 말을 기억하지는 못했다. '나한테 엄마가 없다고 생각해봐' 혹은 '엄마가 어디로 가야 한다고 생각해봐.' 아버지는 아들을 향한 어머니의 애정 표현이 '지나치'고 그녀가 아이를 너무 쉽게 침대로 끌어들였다는 관점을 보이고 있다(ibid., 28). 한스가 어머니를 깊이 사랑하고 있었고 그녀를 소유하고 싶어했다는 것은 분명하다.

아버지는 이 시기에 두 가지 사건을 보고하고 있다. 어느 날 아침 한스는 어머니의 침대로 와서 고모가 한스가 목욕하는 것을 보면서 '얘는 작고 사랑스러운 고추를 가졌네'라고 말한 일에 대해서 자세히 이야기했다(23). 이틀 후 그는 유모와 산책을 하다가 더 이상 가기를 거부하고 울기 시작했다. 그리고 어머니가 '어루만져 줄 수 있도록 집으로 가자고 떼를 썼다. 다음 날 어머니는 한스를 데리고 산책을 나섰다. 다시 한 번 그는 겁에 질려서 떠나기를 원하지 않으며 울기 시작했다. 집으로 돌아오는 길에 그는 별로 내켜하지 않으면서 어머니에게 말이 그를 물까봐 두려웠다고 고백했다. 그날 저녁 그는 또다시 두려움을 느끼며 서로 '어루만지고' 싶다는 욕망을 표현했다. '내일 또 산책을 가야 한다는 걸 알아.' 그리고서 '말이 방으로 들어올 거야'라고 말했다(24). 다음 날 어머니는 그에게 고추에 손을 대는 일에 대해서 경고를 했지만 그는 계속 그렇게 해 왔다고 말했다. 의심의 여지없이 어머니의 경고는 한스

억압과 위반 사이

에게 이전에 그를 거세하겠다고 위협했던 것을 기억나게 했을 것이다.

　프로이트에 따르면 위의 사건들은 그의 불안과 공포증의 시작을 의미한다. 그의 상황에 존재하는 '근본적인 사건'은 어머니에 대한 깊은 사랑이다. 어머니에 대한 감정들은 두 가지 경우에서 성적인 특징을 취한다. 어머니가 목욕을 시켜줄 때 자신의 페니스를 만져달라고 했던 경우와 어머니의 침대로 기어올라 그가 '작고 사랑스러운' 페니스를 가졌다고 했던 고모의 말을 반복했던 경우이다. 프로이트에 따르면 '어머니에 대한 커진 사랑이 갑자기 불안으로 전환되었다. 우리는 이 사랑이 억압에 굴복했다고 보아야 한다'(25). 프로이트는 한스의 불안을 어머니에 대한 '억압된 성애적 갈망'으로 해석했다. 나는 한스의 불안은 오히려 그의 성애적 갈망을 이유로 어머니가 의사를 시켜서 혹은 그녀 스스로 한스를 거세하겠다고 했던 위협을 수행할지도 모른다는 공포와 더 관계가 깊다고 생각한다. 프로이트에 따르면 한스는 길이 어머니와의 분리를 의미하기 때문에 길을 싫어했다. 그가 산책할 때 그는 어머니로부터 떨어지게 된다. 그렇다면 한스는 어째서 어머니와 함께 길을 걸을 때에도 여전히 불안(충족되지 않는 욕망)으로 고통 받는 것일까? 프로이트는 다음과 같이 설명한다.

　　이때 불안은 억압된 욕망과 연동한다. 그러나 그것이 욕망과 같은 것은 아니다. 억압을 고려해야 하기 때문이다. 욕망은 그것이 욕망했던 대상과 함께 존재한다면 만족으로 완전히 전환된다. 이런 방식의 치료는 불안을 다루는 데 있어 더 이상 효과적이지 않다. 불안은 욕망이 만족되었을 때에도 여전히 존재한다. 그것은 더이상 리비도로 완전히 전환될 수 없다. 리비도를 억압 아래에서 놓아주지 않는 무엇인가가 존재하는 것이다. (26)

주석에서 프로이트는 욕망의 대상을 얻는다고 해도, 불안이 계속되면 그것이 '병적인 불안이 된다고 덧붙였다. 그는 또한 어머니에 대한 억압된 욕망을 의미했던 한스의 불안은 '처음부터 대상이 없었다'는 점에서 모든 유아기 불안의 특징이라고 설명한다(25). 처음부터 아이는 무엇을 두려워해야 하는지 알지 못한다. 불안은 그것이 대상을 찾을 때에만 공포로 전환된다.

한스가 점차로 발견하게 된 공포증의 대상은 그를 물지도 모르는 '하얀 말'이다. 왜 말인가? 프로이트는 몇 가지 이유를 제시한다. 한스는 언제나 말의 커다란 고추에 관심이 있었다. 그는 자기 어머니의 고추도 말의 고추와 비슷할 것이라고 생각했다. 그러나 프로이트는 말이 밤에 자기 방으로 들어올지도 모른다는 한스의 공포를 고려했을 때 앞뒤가 맞지 않기 때문에, 그 말馬이 '단순한 어머니의 대체'일 것이라는 생각을 버린다. 프로이트는 한스가 어머니를 욕망함과 동시에 두려워한다는 사실을 고려하지 않았다. 즉, 한스는 어머니를 소유하고 싶다고 욕망하지만, 그가 어머니를 가장 욕망하는 시간인 밤에 그의 방으로 와서 그의 고추를 잘라버릴지도 모른다고 두려워한 사실은 고려하지 않은 것이다. 이전에 어머니는 의사에게 말해서 한스를 거세하겠다고 위협했었고, 한스가 이제 그녀가 고추로 한스의 고추를 자를지도 모른다고 믿는 것은 가능한 일이다. 아마도 그는 어머니와 함께 누워 있기 위해서 부모의 침실로 갈 때마다 아버지가 위험에 처해 있다고 상상했던 것은 아닐까? 어쩌면 이런 일이 그가 어머니와 서로 '어루만지고' 있을 때 그에게도 일어날지도 모른다고 상상했던 것은?

프로이트는 한스가 황새에 대한 이야기를 전혀 믿지 않았다는 사실을 매우 중요하게 다루었다. 우리는 한스가 아기들이 어머니의 뱃속에서 자란다는 사실(91)을 알고 있으며, 아기들이 마치 '똥'처럼 어머니 밖으로 밀려나온다는 이야기를 들었다는 것(87)을 안다. 의심의 여지없이 한스는 어떻게 아이가 어머니의 뱃속으로 들어갔는지 궁금해 했을 것이다. 그는 어쩌면 아버지가 아기의 존재와 어떤 관계가 있다는 것 역시 알고 있었을 지도 모른다. 그는 아버지이며, 따라서 아기는 '그의' 아이이기도 하다. 프로이트는 「유아기의 성이론」에서 질에 대한 지식에 관한 문제에 대해 논의했다. 그는 아이가 '질의 존재'와 아버지의 페니스의 역할에 대해 '확실하게 주장할' 준비가 되었을 때, '아이의 탐구는 무기력한 혼란 속에 중단되는데, 그것은 아이가 어머니 역시 아버지와 똑같은 페니스를 가지고 있다고 믿었기 때문이라고 주장했다(p.218). 어쩌면 말처럼 어머니는 페니스를 몸속에 숨기고 있는 것은 아닐까? 내가 주장해 온 것처럼, 우선 우리에겐 모든 유아들이 어머니가 아버지와 완전히 똑같은 페니스를 소유하고 있지만 이후에 거세된 것이라고 믿게 되었다는 결론에 도달할만한 현실적인 증거가 없다. 우리가 이 가리개를 치운다면, 몇몇의 혹은 다수의 아이들이 질이나 아기 '상자'에 대해 프로이트가 주장하는 것보다 좀 더 일찍 이해하게 된다고 가정하지 못할 이유가 없다.

어머니가 아기를 그녀의 '상자'(78) 안에 넣고 있다는 한스의 믿음은 그가 질에 대한 어떤 관념을 가지고 있다는 것을 보여준다. 만약 아기가 어머니의 고추 뒤의 미지의 장소에서 오는 것이라면, 그의 몸 전체, 혹은 몸의 일부가 다시 어머니의 안쪽으로 들어갈 수도 있는 것이다. 특히 어머니의 고추가 이빨을 가지고 있다면 말이다. 프로이트는 입과 동일시되는 항문에 대해서 언급한 적이 있다(라플랑슈와 퐁탈리스, 1985, 212.) 또한 만약 한스가 신생아에게는 제법 크다고 할 만한 여동생의 음순을 보았다면, 그가 그것들을 입술이라고 상상했을 법하다. 프로이트는 마치 진지하게 고려하기에는 이 설명이 너무 단순하거나 너무 분명하다는 듯이, 말과 그것의 깨무는 입이 '단지 어머니에 대한 대리'라는 생각을 버렸다. (이 문장에서 '단지'는 나의 강조이다.) 대신 그는 말이 아버지의 대리라고 계속해서 강조했던 것이다!

한스가 어머니의 성기를 입과 연결했을 수도 있는 또 다른 근거는 그가 이전에 소의 젖꼭지와 고추를 연결했던 일이다. 이미 언급했듯이, 그는 소를 보고 이렇게 말했다. '저것 좀 봐! 고추에서 우유가 나온다.' 이 일은 그가 어머니의 고추에 대해서 묻기 시작할 즈음에 벌어졌던 일이다. 이 때 그는 세 살 반이었다. 젖꼭지를 입에 넣고 젖을 빠는 것과 질 벽에 의해서 페니스가 당겨져 우유 같은 물질인 정액이 분출되는, 페니스를 질 안에 삽입하는 행위 사이에 유사점을 이끌어낼 수 있다. 한스가 아직까지는 성교의 본질을 이해하고 있지 않지만, 이후에 그가 의식적 혹은 무의식적으로 성교에 대해서 알게 되었을 때 이 초기 기억이 떠올라 순간적으로 그를 공포로 채웠을 수도 있다. 그는 페니스를 받아들이는 질이 치아를 가졌을 것으로 상상했을 수도 있다. 젖을 빠는 자신의 입처럼 말이다. 또한 한스가 의식적으로 인간의 행동에 대해서 알기 전에 동물, 어쩌면 말들 사이의 성교에 대해서 이해하고 있었을 수도 있다. 그는 분명히 가족이 휴가로 놀러갔던 농장에서 많은 시간을 아이들과 말놀이를 하면서 마구간에서 보냈다. 프로이트는 아이들이 질의 존재를 훨씬 이후까지 알지 못한다고 주장했고, 이것이 바로 어째서 아이들이 어머니가 페니스를 가지고 있다고 믿는가에 대한 이유라고 주장했다. 모든 정신분석학자들이 이에 동의하는 것은 아니다(라플랑슈와 퐁탈리스, 1985, 311). 또한 한스가 성교에 대해서 알게 되었을 때,

억압과 위반 사이

질이 치아가 있는 입과 같을 수도 있다는 가능성을 제공했던, 소의 젖꼭지를 고추로 오해했던 초기의 기억이 유예된 효과를 가졌을 수도 있다.

프로이트는 한스의 불안과 공포증을 어머니는 거세되었다고 설명하는 오이디푸스 콤플렉스와 거세 콤플렉스로 해석하겠다고 굳게 결심했다. 한스의 아버지가 아내가 한스에게 '과도하게 애정을 표현'함으로써 아이의 신경증을 유발한 것은 아닌가라고 제안했을 때, 프로이트는 운명에 대해 이야기한다. '그녀에겐 이미 정해진 역할이 있고, 그녀의 위치는 유동적이지 않다'(28). 그녀의 역할은 프로이트에 의해서 '이미 정해진' 것이었다. 프로이트는 아버지에게 한스의 리비도가 '어머니의 고추를 보고 싶다는 욕망'에 고착되어 있으며, 아버지는 '그에게 어머니와 다른 모든 여성들이 (한나에게서도 볼 수 있듯이) 고추를 가지고 있지 않다는 것을 알려줌으로써' 그의 욕망을 제거해야 한다고 말한다(ibid.). 다시 한 번 프로이트는 (여성들이 '고추'를 가졌다는) 거짓말에 근거하고 있는 행동규범들을 가르칠 뿐만 아니라 여성이 거세되었다는 관점을 적극적으로 장려하고 있다. 차이는 부재와 동일한 것이 아니다. 이는 마치 프로이트 자신이 여성 성기의 실종을 원하는 것처럼 보인다. 이 정보가 전달되기 전에 한스는 편도선을 제거하고 공포증은 심해진다. 입을 통해서 목의 편도선을 빼내는 것은 또한 출산 및 거세의 형태와 비슷하다.

한스의 아버지는 한스가 그에게 말들이 정말로 문다는 사실을 확신시키려고 노력했던 중요한 대화를 회상한다. 한스는 옆집의 어린 소녀가 하얀 말이 끄는 마차를 타고 떠나려고 하는 상황을 보고 있었을 때 일어났던 일을 이야기한다. 소녀의 아버지는 소녀에게 손가락을 하얀 말에게 내밀면 말이 물지도 모른다고 경고했다. 한스의 아버지가 말했다. '내가 보기에는 네가 지금 말하는 손을 대면 안 되는 것은 말이 아니라 고추인 것 같은데.' 한스는 고추는 물지 않는다고 대답한다. (보통 프로이트는 한스의 부인을 억압으로 해석한다.) 아버지는 계속 주장한다. '하지만 그럴 것 같은데'(30). 고추가 물 수도 있다는 아버지의 주장이 한스가 그때까지는 의식적으로 연관시키지는 못했던 공포, 즉 여성의 고추가 분명히 물 것이라는 공포에 목소리와 신빙성을 주었을 것이다.

　며칠 후에 새로운 유모가 도착했다는 것에 주목하는 것은 흥미로운 일이다. 한스는 그녀를 매우 좋아했다. 그녀는 청소를 하는 동안 한스가 그녀의 등 위에 올라타도록 허락했다. 한스는 그녀를 '나의 말'이라고 부르며 '이랴'라고 소리 질렀다(ibid.). 이 사건이 한스가 계속해서 말을 여성과 연결시키고 있다는 사실을 보여줌에도 불구하고 프로이트는 이 놀이에 대해 전혀 언급하지 않았다. 한스는 또한 유모/말에게 그녀가 어떤 잘못을 하면 옷을 벗는 벌을 받게 될 것이라고 말했다. 이것은 사람들이 그녀의 고추를 보게 될 것이기 때문에 부끄러운 일이다. 분명히 한스는 여전히 여성의 성기를 말의 성기와 연결시키고 있었다. 유모/여성/말에 '올라탐'으로써 한스는 아마도 만족스러운 자극을 느꼈을 것이다. 그는 아마도 여성에 대한 그의 무의식적 공포를 정복하기 위해서 비위협적인 상황을 이용하고 있었을 것이다. 여기에서 주인은 그이며 여성은 동물이다. 이 놀이는 한스의 아버지가 고추가 물 수 있다고 주장한지 얼마 되지 않아 일어났다. 타는 놀이가 성적이라는 것은 명백하다.

　2주 후에 한스의 아버지는 프로이트의 충고를 받아들여 한스에게 여자는 고추를 가지고 있지 않다고 설명했다. 아버지와 아들은 함께 걷고 있었고, 마차 같은 것들이 별로 없어 길은 한산했다. 한스가 말했다.

'그렇구나! 하나님이 이제 말들을 없애버렸어.' 한스의 아버지는 어린 소녀들이나 어머니들도 고추를 가지고 있지 않다고 설명했다. '어린 소녀들과 여자들에게는 고추가 없단다. 엄마한테도 없고, 안나한테도 없지.' 프로이트가 아버지에게 여자들도 고추를 가지고 있지만 그것은 다르게 생겼다고 설명하라고 충고하지 않은 것은 흥미롭다. 그러나 한스는 바보가 아니었다. 그가 물었다. '그렇지만 고추가 없다면 어린 여자애들은 어떻게 오줌을 누는데?'(31). 이미 이야기했던 것과는 모순되게도, 아버지는 그들의 고추는 다르다고 대답했다. 그러나 어떻게 다른지는 설명하지 않았다. 이후 며칠 동안 한스는 조금 덜 불안해했지만 밤이나 길을 걸을 때에는 계속 불안해했다.

몇 주 후 한스의 아버지는 그를 데리고 쇤부른에 있는 동물원에 간다. 그는 한스가 기린이나 코끼리 같은 모든 거대한 동물들을 두려워했다고 보고하고 있다. 한스는 또한 펠리칸도 무서워했다. 한스의 아버지는 큰 동물들과 그들의 고추에 대해서 아들과 대화를 나누었다. 한스는 그가 말의 고추를 자주 봤다고 말했다. 한스의 아버지는 커다란 동물들은 큰 고추를 가지고 있고 작은 동물들은 작은 고추를 가지고 있다고 설명했다. 한스는 '그리고 모두 고추를 가지고 있지. 내 고추도 내가 자라면 커질 거야. 고추는 나한테 확실히 붙어 있어'라고 대답했다(34).

왜 한스는 그렇게도 큰 말과 그 고추에 집착하는 것일까? 물론 말은 일반적인 운송수단이었고 한스는 매일 말들과 마주쳤을 것이다. 우리는 또한 그가 말을 관찰하기 위해 매우 노력했었다는 사실을 알고 있다. '맞아, 나는 그문덴에서 말들이 집으로 돌아올 때 매일 마구간에 갔어'(ibid.) 의심의 여지없이 한스는 암말, 거세한 말, 종마 등 모든 성별의 말들을 관찰했을 것이다. 그러나 그는 말의 성별에 대해서 한 번도 질문하지 않았다. 동생과 어머니의 고추에 대해서 흥미를 가졌던 것을 생각해 보면, 한스가 종마와 암말의 고추가 다른지에 대해서 질문하지 않았다는 점이 놀랍지 않은가? 그러나 아마도 그것은 놀라운 일이 아닌지도 모른다. 한스는 암말과 거세된 말, 그리고 종마가 모두 똑같고 그들 모두 굉장히 긴 고추를 가지고 있을 것이라고 생각했을 수도 있다. 이전에 언급했던 것처럼, 한스는 종마/거세된 말이 오줌 누는 것을 본 적이 있고 의심의 여지없이 말이 오줌을 누기 위해서 고추를 펼칠 수 있다는 것을 알고 있었다. 이후에 거세된 말/종마는 그들 안으로 고추를 다시 말아 넣었다. 한스가 그의 고추가 '붙어 있다고 말했을 때, 그는 거세 공포를 표현했던 것이 아니라 사실을 말했던 것이 분명하다. 그의 고추는 고정되어 있다. 그는 말처럼 안보이도록 고추를 늘이거나 줄일 수 없다. 혹은, 그가 의심하듯이, 어머니처럼 그렇게 할 수도 없다. 한스가 어머니/말이 고추를 그녀의 다리 사이에 있는 공간/구멍으로 접어 넣었을 것이라 믿었다고 추측하는 것은 합리적이다. 우리는 한스가 이후에 똥에 집착하기 시작했다는 것을 파악하게 된다. 똥─프로이트가 페니스와 같은 대상이라고 주장했던─을 참거나 내보내는 행위는 아이에게 어머니의 고추의 본질에 대한 또 다른 설명을 제공한다. 즉 '아마도 어머니는 고추를 똥처럼 집어넣었다가 내보낼 수도 있을지 모른다고 생각하게 되는 것이다.

한스가 어머니의 고추가 그녀의 몸 안에 들어가 있다고 믿는다는 가장 분명한 증거는 한스가 고무인형 그레테를 가지고 했던 놀이에서 찾아볼 수 있다. 이전에 살펴보았듯이, 한스는 어머니의 작은 칼을 인형 안에 넣고 그것의 다리를 찢어서 칼이 떨어져 내리도록 했다. 그러면서 그는 소리쳤다. '봐, 여기에 고추가 있어.' 프로이트는 칼이 '아이'를 상징

억압과 위반 사이

하고 그 놀이가 출산에 대한 것이라고 주장했다. 나는 이 놀이의 핵심 의미는 그의 유아기 삶을 관통하면서 한스를 사로잡았던 퍼즐과 관계있다고 생각한다. 즉 어머니의 고추는 어떻게 생겼는가? 이 수수께끼는 한스로 하여금 어머니의 성기에 대한 정교한 판타지를 구축하도록 이끌었다. 그리고 그 판타지 안에서 어머니는 거세되었기 때문이 아니라 거세하기 때문에 공포스러운 존재인 것이다. 따라서 놀이는 엄마의 고추라는 수수께끼를 풀기위한 한스의 시도를 의미한다. 그는 어머니의 고추가 모양에 있어서는 남근적이며 이처럼 날카롭고 예리한 칼날을 가졌다는 대답을 얻게 되었다. 어렸을 때 어머니는 한스에게 거세하겠다고 위협했을 뿐만 아니라, 이제 한스는 어머니에게 그를 거세할 힘이 있다는 것을 알고 있다. 동생이 태어난 이후로, 한스는 어머니의 고추가 피를 흘린다는 사실을 알게 되었다. 이 공포스러운 사건은 그의 가장 끔찍한 두려움을 확인시켜 주었을 뿐이다. 아마도 어머니는, 몸 안에 있는 칼, 즉 그녀의 이빨 달린 질로 동생을 낳는 동안 동생의 고추를 잘랐을 것이다. 한스는 여성들, 특히 어머니는 고추를 가지고 있지 않다는 아버지의 말을 믿지 않았다. 한스는 매우 정확하게도 여성이 고추를 가지고 있으며 그것들은 다를 뿐이라는 사실을 알고 있었다. 그들의 고추는 쑥 들어갈 수 있으며 신비롭고 치명적이다.

어머니의 입마개

앞에서 제기한 해석을 뒷받침해주는 다른 사건도 있다. 한스의 조각 그림 맞추기에서 가장 혼란스러운 정보의 조각은 '주둥이 언저리에 무엇인가 덮여 있는 말이 가장 무섭다는 사실에 대한 그의 끊임없는 언급이다. 한스의 아버지는 고삐의 재갈을 의미하는 것이냐고 물었다. 한스는 '아니, 말들은 입 언저리에 시커먼 것을 두르고 있어'라고 대답하면서 손으로 자신의 입을 가렸다(49). 아버지는 점차 말의 입을 가리고 있는 시커먼 것이 짐마차 말에 씌우는 마구일 것이라고 결론을 내리게 된다. 한스의 말에 대한 두려움이 거세하는 아버지에 대한 두려움을 상징하는 것이라는 자신의 주장을 뒷받침하기 위해서, 프로이트는 이 시꺼먼 것이 아버지의 수염을 상징한다고 해석했다. 프로이트는 자신이 한스에게 이것을 어떻게 설명했는지 기술한다. '결국 나는 그에게 "입 주변의 시꺼먼 것"이 수염을 의미하는 것인지 질문했다. 그리고서 나는 한스에게 그가 어머니를 너무 좋아하기 때문에 아버지를 두려워하고 있다고 말했다(42). 한스는 그렇다거나 그렇지 않다거나 대답하지 않았다. 또한, 한스의 아버지가 (그를 확신시키려고 노력하면서) 검은색이 수염을 연상시키지 않느냐고 묻자, 한스는 유일한 공통점은 색깔뿐이라고 대답했다. 그러나 또 다른 상황에서는 아버지의 수염이 검은 '입마개'일 수도 있다는 생각을 가지고 장난을 친다(53).[14] 한스가 말에게 있는 시꺼먼 것이 수염이 아니라, 입을 덮거나 싸고 있어서 열거나 물거나 혹은 먹는 것을 막는 입마개라고 한 것에 주목해 보자. 전체적으로 보았을 때, 시꺼먼 것을 한스의 아버지와 연결시키려는 시도는 신뢰할 만하지 않다. 이 신비로운 '시꺼먼 것'은 어머니와 더 관계가 깊어 보인다. 어머니의 머리카락은 검은색이었다. 아버지는 한스에게 그를 두렵게 한 것은 '그녀의 고추 주변의 시꺼먼 머리카락'이라고 설명했던 적이 있었다. 한스는 이 것을 부정하지 않았지만 어머니에게 고추가 없는 것이 아니라 (이것은

---

14. 한스의 아버지는 이렇게 기록하고 있다. "4월 9일. 오늘 아침 일찍 한스가 내게 찾아왔다. 그때 마침 나는 웃통을 벗은 채 세수를 하고 있었다. [한스] 아빠, 아빠 정말 멋져. 너무 하얘! [나] 그래. 꼭 흰 말 같지. [한스] 꼭 한군데 수염만 시커멓고 (계속해서 말을 이으면서) 그건 시커먼 입마개 같다고 할 수도 있겠지?"(프로이트, 「다섯 살배기 꼬마 한스의 공포증 분석」, 『꼬마 한스와 도라』, 김재혁·권세훈 옮김, 열린책들, 1997, 71-72쪽.)

아버지가 이전에 그에게 확신시키려고 노력했던 것인데) 그가 어머니의 고추를 본 적이 없는 것이라고 말했다. 한스는 여전히 어머니에게 고추가 없다는 사실을 받아들이지 않고 있었다.

나는 한스에게 공포를 유발한 말의 입 주변에 있는 시꺼먼 것은 의심의 여지없이 가터벨트를 비롯한 어머니의 검은 속옷과 연결될 때 가장 납득할 만하다고 생각한다. 한스 자신은 어머니의 검은 속옷을 역겨움의 감정과 연결시켰다. 어머니의 검은 속바지가 그를 역겹게 하고 침을 뱉고 싶게 만든다고 했다(63). 또한 여성의 가터와 말의 입마개 사이에서 어떤 유사점을 찾을 수 있다. 한스는 말이 문다고 생각한다. 말과 말이 문다는 사실에 흥미를 느꼈던 것으로 봤을 때, 한스는 아마도 말의 마구/입마개가 무는 행위를 막기 위해서 디자인되었다고 생각했을 것이다. 한스는 아버지에게 입마개를 묘사할 때, 자신의 입을 손으로 가렸다. 우리는 한스가 어머니의 고추를 말의 고추의 크기에 비교했던 것을 알고 있다. ('엄마는 크니까 말처럼 큰 고추를 가졌을 거라고 생각했어.') 한스가 어머니의 가터벨트 그리고/혹은 코르셋이 어머니의 신비로운 고추를 억제하고 물지 못하도록 한다고 상상했다는 주장은 터무니없는 소리는 아니다. 마구를 채웠을 때 말 역시 뒷다리와 성기 주변에 가죽 끈을 입게 된다는 것에 주목할 필요가 있다. 이것은 한스가 마음속에서 말의 고추, 물어뜯는 이빨, 시커먼 입마개, 그리고 어머니의 피가 스며든 성기 사이에 상정해 놓은 관계를 확신시켜 주었을 것이다.

우리는 어머니가 아이들을 숨기고 있는 '상자'에 한스가 매우 몰두했음을 알고 있다. 한스는 그것을 빨간 색이 칠해진 '황새 상자'라고 언급한다. 짐이 실려 있는 밴이나 버스들은 '황새 상자 마차'이다(81). 한스는 또한 물건들이 실려 있는 운송 수단들을 두려워했다. 그들은 임신을 상징하는 것처럼 보인다. '엄마가 또 아기를 가지게 되면, 또 아기가 엄마 뱃속에서 자라게 되면, 엄마는 짐을 잔뜩 실은 것처럼 될 거야(91). 그는 짐이 실린 수레를 끄는 말과 넘어져서 발을 버둥거리는 말을 특히 두려워했다.

한편, 한스는 말이 넘어졌을 때 마치 아기를 낳는 것처럼 보인다고 말했다. 한스가 동생의 출생과 이런 공포스러운 이미지를 연결했을 가능성이 높다. 어머니는 짐을 잔뜩 실은 말과 같다. 그녀가 넘어져서 다리를 차올릴 때 그녀는 출산 중이었다. 우리는 한스가 동생을 질투했고 어머니가 다른 아기를 갖는 것을 원하지 않았다는 사실을 알고 있다. 길과 짐을 실은 마차, 그리고 넘어진 말들에 대한 한스의 공포증은 (비록 이와 다르기는 하지만) 말에게 물리는 공포증과 관계가 있다. 분명히 전자는 임신과 출산에 대한 그의 공포와 연결되어 있다. 칼 놀이를 바탕으로 생각해 보면, 한스가 어머니가 몸 안에 날카로운 도구(이빨/칼)를 지니고 있다고 믿었다는 것은 매우 그럴 듯하다. 또한 그는 어머니의 '황새 상자가 (피의 색인) 붉은 색으로 칠해져 있다고 생각했고, 어머니가 아이를 낳을 때 고추에서 피를 흘린다고 생각했다. 아마도 한스는 어머니와 침대에서 '어루만질 때' 자신의 고추를 어머니 옆에 두면 어머니가 자신을 해칠 것이라고 믿었던 것은 아닐까? 만약 그렇다면, 한스가 남성의 고추가 어머니의 몸 안에 위치한다는 것을 깨달았을 때 남성은 거세당할 위험에 처해 있다고 생각했을 가능성이 매우 높다. 내가 보기에는 바로 이 시점이, 즉 소년이 처음으로 삽입 성교 시 질과 페니스의 역할에 대해서 깨달은 이 순간이, 그가 거세에 대한 날카로운 불안을 발전시킨 순간이다. 이 지점에서 유아기의 기억, 두려움, 그리고 사건들은 그가 어머니의 몸을 사랑할 때 그의 거세 불안을 강화하는 유예

억압과 위반 사이

효과를 가질 수 있다. 이런 기억들은 어머니의 성기가 선혈이 낭자했다는 지식과 여자 아이의 성기가 입술 같다는 기억, 그리고 젖을 빠는 행위와 연결된 구강 가학적 공포들을 포함한다. 소년이 처음으로 여성의 성기가 거세할지도 모른다는 의식적 깨달음에 다다르는 이 지점에서, 그는 소급적으로 어머니에게 페니스를 부여한다.

　마지막으로, 우리는 한스의 세 가지 꿈 혹은 판타지에 대해 살펴볼 필요가 있다. 이 꿈들은 한스의 핵심 공포는 어머니의 거세하는 육체에 대한 것이라는 나의 주장을 뒷받침해준다. 첫째는 두 마리의 기린에 대한 꿈이다. 여기에서 한스는 그의 방에 큰 기린과 구겨진 기린, 이렇게 두 마리의 기린이 있다고 상상했다. 한스가 구겨진 기린을 치워버리자, 큰 기린은 작은 기린을 큰 소리로 불렀다. 한스는 그것을 자기 손에 쥐고 큰 기린이 작은 기린을 부르는 것을 멈추자 그 위에 올라탔다. 한스는 또한 어머니가 그녀의 슈미즈를 벗었다고 말했다. 이후에 한스는 어머니가 큰 기린이고 동생이 작은 기린이라고 설명했다. 아버지는 한스의 설명을 받아들이지 않았다. 아버지는 한스에게 그, 즉 아버지 자신이 큰 기린이고 기다란 목은 한스에게 아버지의 고추를 상기시킨다고 말했다. 한스는 동의하지 않았다. 한스는 즉시 '엄마도 기린 같은 목을 가지고 있어. 엄마가 하얀 목을 씻을 때 봤어'라고 대답했다. 주석에서 프로이트는 한스의 언급이 '두 마리의 기린을 아버지와 어머니로 해석하고 있으며, 기린 그 자체가 페니스를 상징하는 성적 상징체계까지는 이해하지 못하고 있다'라고 언급하고 있다(40). 다시 한 번 프로이트와 한스의 아버지는 한스의 상황을 프로이트의 오이디푸스 콤플렉스와 거세 위기에 끼워 맞추려고 노력하면서 한스 자신이 제공한 중요한 정보들을 간과하고 있다.

한스는 큰 기린이 그의 어머니이고 작은 기린이 동생이라고 말했지만, 프로이트는 큰 기린은 아버지이고 작은 기린은 어머니라고 주장한다. 한스가 말한 모든 것이 긴 목을 가진 기린은 어머니를 상징한다는 사실을 지시하고 있다. 그는 심지어 어머니의 목이 '하얗다'고 언급하고 있는데, 이는 그의 공포가 하얀 말에게 물리는 것임을 환기시켜주는 중요한 사실이다. 또다시 어머니는 상징적으로 커다란 남근적 동물과 연결된다. 그녀가 부르는 작은 동물은 그녀의 아이다. 한스는 그것이 자신의 여동생이라고 말했다. 아마도 그것은 한스 자신이거나 혹은 그의 페니스인 걸까? 혹은 그의 여동생이자 페니스 둘 다인 건 아닐까? 슈미즈를 벗는 (그리고 자신의 고추를 드러내는) 어머니와 연결되어 있는 큰 기린은 한스가 '작은 것'을 없애자 울부짖는다. 이전에 한스는 고모가 그의 페니스를 '작고 사랑스러운 거시기 thingummy'라고 언급한 것을 기억했다. 아마도 그의 판타지 안에서 한스는 지금은 드러난(어머니가 슈미즈를 벗었으므로) 어머니의 큰 고추(긴 목)를 상상했을 것이다. 그는 어머니를 욕망했지만, 어머니는 그에게 너무 컸다. 결과적으로 한스의 고추는 구겨졌다. 그는 그것을 접어서 쥐고 보이지 않도록 숨겼다. 어머니는 '작은 것'을 찾기를 멈춘다. 이 판타지는 어머니에 의한 거세 공포를 상징하고 있다. 그는 어머니도 (그가 어머니를 욕망하듯이) 자신을 욕망하고 있지만, 어머니는 너무나 커서 그의 고추를 뭉개버릴 것이라고 상상했다. 부끄러워서, 혹은 아마도 두려워서, 그는 일단 그것을 손으로 쥐고 시야에서 치워버린다.

그의 두 번째 꿈/판타지는 배관공과 목욕에 관한 것이다. 이 판타지의 첫 번째 버전에서 배관공은 한스가 목욕하고 있을 때 찾아온다. '내가 목욕하고 있었는데 배관공이 와서 욕조의 나사를 풀었어. 그리고 큰

억압과 위반 사이

드릴을 들고 그걸 내 배에 박아 넣었어'(65). 이후에 한스는 '배관공이 와서 먼저 집게로 내 엉덩이를 떼고 다른 엉덩이를 줬는데, 내 고추한테도 똑같은 일을 했다'는 상상을 한다. 프로이트는 '한스의 아버지가 소망으로 가득 찬 이 판타지의 본질을 잘 파악했고, 그것의 유일한 의미를 해석해 내는 데 한 순간도 주저하지 않았다'고 쓰고 있다. 아버지는 '그가 너에게 더 큰 고추와 더 큰 엉덩이를 주었구나'라고 말했다(98). '응' 한스가 대답했다.

> 한스의 마지막 판타지로 인해 거세 콤플렉스로부터 야기된 불안 또한 극복되었고, 그의 고통스러운 기대는 행복한 전환을 맞이했다. 그렇다. 의사(배관공)는 정말 왔고, 그는 정말로 한스의 페니스를 떼어냈다. 그러나 그것은 그에게 더 큰 페니스를 주기 위해서였다. (100)

프로이트는 두 개의 판타지가 '동일한 것'이며 둘 다 거세에 관한 것이라고 주장했다. 그러나 두 판타지는 동일하지 않다. 첫 번째 판타지에서 배관공은 (엉덩이/자궁인) '욕조'의 나사를 풀었고 그에게 큰 드릴(고추)을 주었다. 두 번째 판타지에서 배관공은 좀 더 공격적이다. 그는 한스의 몸에서 엉덩이와 고추를 떼어내고 그에게 새로운 엉덩이와 고추를 주었다. 하지만, 내 생각에는, 첫째 판타지는 전치轉置의 행위를 포함하며('욕조'가 그의 배에 삽입되었다), 두 번째 판타지는 교환의 행위를 포함한다(새로운 엉덩이와 새로운 고추가 주어졌다). 게다가 두 번째 판타지에서는 '큰 드릴'에 대한 언급이 없으며, 첫 번째 판타지에서는 '고추'에 대한 언급이 없다.

거세에 대한 프로이트의 이론은 거세의 수행인으로서 문명이라는 제도에 책임이 있는 것은 바로 아버지라고 제안한다. 소년은 언젠가는 그가 자기 자신의 가족을 가지고 아버지의 역할을 수행하게 될 것이라는 믿음으로 어머니에 대한 욕망을 포기한다. 이 믿음은 그가 언젠가는 '더 큰' 페니스를 가지게 될 것이라는 사실에 집중되어 있다. 그러나 한스가 언젠가 더 큰 페니스를 가지게 될 것이라는 개념은 한스의 판타지의 일부분조차 되지 못한다. 배관공이 그에게 더 큰 고추와 더 큰 엉덩이를 주었다고 제안한 것은 바로 아버지다. 한스는 두 번째 판타지에서 자기 고추의 크기에 대해 언급하지 않았다. 그러나 프로이트의 관점에서는 더 큰 고추에 대한 이론이 '유일하게 가능한 해석'이었다. 나는 (프로이트가 암시하고는 있으나 무시해 버린) 다른 해석이 가능하다고 생각한다. 이를 위해 두 개의 판타지는 별개의 것으로 해석되어야 한다. 나의 관점에서 첫 번째 판타지는 출산 판타지이다.

이 시점에서 한스는 출산에 매우 관심을 가지고 있었다. 그는 어린 소녀를 출산하고 싶었지만 어머니가 아이를 가지는 것은 원하지 않았다 (86). 프로이트는 이것을 질투심으로 해석했지만 이는 또한 한스가 어머니와의 관계에서 여성스러운 위치 혹은 소극적인 위치를 점하고 싶어한다는 것을 의미할 수도 있다. 어머니는 그에게 아이를 줄 것이다. 그는 자신이 어머니가 되고, 아이를 가지는 것이 가능하다는 것을 알고 있다. 왜냐하면 아버지가 그에게 아이들은 '똥'처럼 엉덩이로부터 밀려 나온다고 말했기 때문이며, 이것은 그가 이미 훈련을 마친 행위였다.

그문덴으로 여행을 갔을 때, 한스의 부모는 작은 욕조를 커다란 상자 안에 포장했다. 한스는 그 욕조가 자신이 가져다 놓은 아이들로 가득 찼다고 말했다. 그는 또한 여동생이 어머니의 상자 안에서 여행했다고 말했다. 프로이트는 주석에서 한스에게 욕조와 상자는 '아기들을 품고 있는 공간을 의미한다고 적고 있는데, 나는 이 부분에 동의한다 (69). 아마도 한스는 욕조와 상자를 그의 엉덩이와 연결시켰을 것이다.

억압과 위반 사이

왜냐하면 그는 아이들도 거기에 산다고 믿었기 때문이다. 따라서 한스는 아이들이 욕조/상자/엉덩이에서 살며 '똥' 덩어리처럼 태어난다고 생각했다. 그의 판타지에서 배관공이 와서 '욕조의 나사를 풀었고', 즉 욕조/엉덩이 혹은 아이들이 살고 있는 공간의 나사를 풀었고, 그런 다음 커다란 드릴을 한스의 배에 박아 넣었다. 그렇다면 '드릴'은 무엇을 의미하는가? 아마도 그것은 배관공의 고추나 아이를 의미하거나, 혹은 둘 다를 의미할 수도 있다. 이즈음 한스가 주머니칼을 가지고 놀 때에, 한스는 칼이 인형의 고추라고 말했었다. 그러나 한스의 아버지는 그것이 아기라고 주장했다. 만약 드릴이 남근이라면, 판타지는 한스의 수태에 관한 것이다. 만약 드릴이 아이라면, 판타지는 여전히 수태에 관한 것이 된다. 여기서 드릴=남근=아이의 도식이 성립한다. 배관공은 한스의 아기 상자의 나사를 풀어서 큰 '드릴'을 그의 배에 넣는다. 배관공은 한스에게 아기를 준 것이다. 흥미로운 주석에서, 프로이트는 '드릴 bohrer'이라는 단어가 '태어나다 geboren'와 '탄생 geburt'과 관계가 있다고 설명한다. 그는 한스가 이 연관성 때문에 이 단어를 선택했을 것이라는 동료의 제안을 받아들인다. '만약 그렇다면, 아이는 '뚫리다 gebohrt'와 '태어나다 gebohrt'의 차이를 구분하기 어려웠을 수도 있다(98). 내가 보기에 한스는 'gebohrt' 혹은 'bored'라는 단어를 '태어나다'의 뜻으로 쓴 것 같다.

두 번째 판타지는 출산에 관한 것이라기보다는 성 정체성에 관한 것이다. 여기에서는 한스는 수태하지 않는다. 오히려 그는 (첫 번째 배관공 판타지에서는 언급되지 않았던) 자신의 엉덩이와 고추를 새로운 것들로 교환한다. 그러나 한스는 이 엉덩이와 고추가 더 크다는 언급을 전혀 하지 않았다. 그의 아버지가 이런 생각을 소개한 것이다. 한스는 새로운 고추와 엉덩이가 더 크다는 것에 동의하고 있지만, 이것이 아버지의 해석이 정확하다는 것을 의미하지는 않는다. 한스는 아버지의 이론에 종종 동의하지만 이후에 그에 모순되는 말을 하곤 했다.

두 판타지에 있어서 중요한 것은 그들 사이의 유사점이 아니라 차이점이다. 첫 번째 판타지는 출산에 관한 것임이 드러나지만, 두 번째 것은 그렇지 않다. 그것은 교환에 대한 것으로 보인다. 그러나 한스의 아버지가 이야기의 중간에 끼어들어서 자신의 해석을 가해버렸기 때문에 교환의 확실한 본질을 규명하는 것은 불가능해졌다. 우리는 한스가 이 판타지에 대해 말하기를 꺼려했으며 자세한 내용을 아버지에게 말하고 싶어하지 않았다는 사실을 알고 있다. 아마도 그래서 아버지가 가로챈 것인지도 모른다. 만약 한스의 아버지가 판타지 속에서 한스가 '더 큰 엉덩이와 고추를 얻게 되었다고 가정한 것이 옳았다고 하더라도, 우리는 여전히 이것들의 본질에 대해서 의문을 던질 필요가 있다. 어쩌면 두 번째 판타지는 한스가 결국 아기를 가지고자 했던 그의 욕망을 포기했다는 신호일 수도 있었다. 대신 그는 남성으로서의 성 정체성을 받아들인 것이다. '더 큰' 혹은 새로운 엉덩이와 고추는 변화해서 남성성을 받아들이려는 그의 욕망을 설명하는 것인지도 모른다. 그러나 한스가 아기들이 살고 있다고 믿었던 엉덩이를 포함해서 성기를 새로운 것으로 바꾸었다는 사실은 매우 중요하다. 프로이트는 해석 과정에서 새로운 엉덩이보다 '더 커진' 새로운 고추에 더 중점을 두고 있는 것 같다. 아마도 프로이트는 그것이 그의 거세 이론과 상관없기 때문에 한스의 새로운 엉덩이에는 별 관심을 두지 않았을 것이다.

한스가 엉덩이를 아기들이 살고 있는 공간이라고 믿었으므로, 우리는 판타지 속에서 그것의 역할을 무시해서는 안 된다. 여기에서 적어도 두 개의 가능한 해석을 찾아볼 수 있다. 이 새로운 성기 세트가 '남성'

억압과 위반 사이

세트라서 한스가 결국엔 아이를 낳을 수 없다는 것을 받아들이게 되었다는 사실을 의미하거나, 혹은 새로운 세트가 '여성' 세트라서 그가 여전히 아기들을 낳기를 원한다는 사실을 보여준다는 것 말이다. 한스는 여전히 혼란스러울 수 있다. 그는 남자도 아이를 낳을 수 있다고 믿는다. 우리는 두 번째 배관공 꿈을 꾸기 6일 전에 한스가 아이를 가지고 싶다는 욕망을 드러내는 이야기를 했었다는 사실에 주목해야 한다. '그건 아이들을 갖고 싶어서야. 하지만 꼭 그런 건 아니야. 아이들을 가지고 싶어 하면 안돼'(93). 한스는 아이를 원하기도 하고 그렇지 않기도 하다. 그의 욕망은 프로이트가 일생 인간 주체를 괴롭힌다고 주장했던 성 정체성의 불안정한 본질을 완벽하게 표현하고 있다. 아마도 두 번째 배관공 판타지는 그의 한 쪽이 되고 싶은, 혹은 또 다른 쪽이 되고 싶은, 즉 남성이냐 여성이냐 하는, 이런 동요에 대한 것이다.

여기서 또 하나 중요한 것은 배관공의 정체가 무엇이냐 하는 것이다. 프로이트의 관점에서 배관공은 어머니가 만약 한스가 계속 자위를 한다면 그를 거세할 것이라고 말했던 그 의사였다. 나의 관점에서 배관공은 한스의 어머니거나 적어도 그녀의 대리인이다. 그녀는 두 판타지에서 중요한 요소였던 물, 목욕, 성적 욕망, 고통, 아기들, 출산 등의 핵심이었다. 프로이트가 주석에서 언급했듯 한스를 목욕시킨 것은 언제나 어머니였다. 또한 그녀가 한스에게 관장제를 주었다. 어머니가 소년의 씻는 일상과 청결함, 그리고 일상적인 목욕의 책임자였던 것이다. 한스는 부분적으로 어머니가 그에게 행사하는 힘에 두려움을 느꼈고, 자신을 물에 익사시킬까봐 두려워했다. 이런 이유에서 그는 커다란 욕조에 앉거나 눕기를 거부하고 무릎을 꿇거나 서 있으려고 했다. '난 엄마가 나를 놓쳐서 머리가 욕조에 빠지게 할까봐 무서워'(67). 한스는 또한 어머니가 동생 한나의 벌거벗은 엉덩이를 때릴 때 한나가 소리 지르는 것을 참을 수 없어 한다. 의심의 여지없이 한스 역시 매를 맞았을 것이다.

어머니가 한스의 몸을 통제했으며 또한 한스의 성애적 욕망의 초점이었다. 한스는 어머니가 자신의 페니스를 애무해 주기를 바랐다. 그는 아기들이 어디에서 오는가에 대한 수수께끼에 매우 심취해 있었다. 한스는 스스로 아이를 가지고 싶어 했고, 매우 분명하게 어머니와의 관계 안에서 아이를 가지고 싶지만 그 자신이 아이를 낳고 싶다고 말했다. 한스는 여동생이 아버지와 어머니에게 속해 있다는 사실을 받아들이려 하지 않았다. '아니야, 내 거야. 왜 나랑 엄마의 애기가 아니야?'(87). 아버지는 아기가 엄마의 것이라고 설명했다. 아이를 낳는 어머니는 '깨끗하고 적당한 몸을 구성하고 화장실에 책임을 지고 있으며, 한스의 배에 아이를 심어 놓는 배관공이 된다. 이 판타지에서 중요한 특징은 한스의 소극적인 위치이다. 이것은 내가 보기에 어머니를 의미했던 공격적인 하얀 말에게 물리는 판타지에서 그가 차지했던 위치와 같은 것이다. 마찬가지로 큰 드릴은 어머니의 것이다. 어머니는 한스의 판타지에서 큰 고추를 가진 부모이다. 만약 배관공이 어머니라면, 그녀는 한스의 성기 거세와 재구성 뿐 아니라 한스의 상상된 수태에도 책임이 있는 사람이 된다. 만약 배관공이 그의 대리인인 의사라고 해도, 여전히 그녀가 통제하고 있으며, 궁극적으로 법을 세우는 부모인 것이다. 프로이트는 단 한 번도 한스의 공포증을 유발시키고 발전시키는 데 어머니가 수행했던 역할을 제대로 탐구해 본 적이 없었다.

거세하는 어머니

한스의 다양한 공포증과 두려움은 모두 어머니의 성기에 대한 최초의 불안으로부터 비롯되었다. 그의 공포증에서 어머니는 궁극적으로 거세, 질식, 죽음, 공허를 의미했고, 이것들은 공포영화의 여성괴물 재현에 있어서도 공통적인 주제들이다. 이 불안은 공포증으로 발전했는데, 이는 주로 한스가 여성의 성기와 성교, 그리고 아기들의 기원의 본질에 대해서 무지한 채로 남아있었기 때문이었다. 이 혼란스러운 수수께끼들을 해결하려는 노력 속에서 한스는 어머니와 임신, 그리고 출산에 대한 일련의 판타지들을 구성하게 되고, 여기에서 그는 대체로 어머니의 공포스러운 섹슈얼리티의 수동적인 희생자가 되었다. 어머니는 (그녀가 말로 위협한 것처럼) 자위를 이유로 그를 거세할 것이고, (무는 말의 공포증에서 드러나듯이) 그녀의 신비로운 고추로 한스를 거세할 것이며, (한스가 말한 공포처럼) 그를 버리거나 익사시킬 것이고, (구겨진 기린 꿈/넘어지는 말/짐이 너무 많이 실린 마차 공포증에서처럼) 그를 뭉개 버릴 것이고, (첫 배관공 판타지에서 보듯이) 그를 수태시키거나, (두 번째 배관공 판타지처럼) 그의 성기를 다른 세트의 성기로 교환해 버릴 것이다. 동시에 그녀는 또한 한스의 성애적 욕망의 대상이다. 한스는 어머니의 고추를 보고 싶어 하고, 그녀가 그의 고추를 애무해 주기를 원하며, 그녀와 함께 자고 싶고, 소유하고 싶고, 그녀의 아이를 가지기를 원한다. 그러나 그의 생각에 아이와 피는 '똥'처럼 그의 엉덩이에서 짓이겨져서 고통스럽게 침실용 변기로 떨어질 것이기 때문에, 후자의 기획은 공포로 가득 차 있다. 게다가 한스는 어떻게 아이가 애초에 엉덩이 안으로 들어가게 되었는지 이해할 수가 없었다. 그러나 그는 아버지가 설명했던 것처럼 어머니에게 책임이 있다는 사실을 알고 있다.

프로이트 자신은 어머니가 아이들에게 거세 위협을 말하는 부모라는 사실이 빈번히 목격된다는 것을 알고 있었다. 늑대인간에 대한 그의 연구 「유아기 신경증의 역사로부터」에서 그 역시 어머니/보모를 두려운 거세의 수행자로 묘사하고 있다.

따라서 그는 보모 앞에서 페니스를 가지고 놀기 시작했는데, 아이들이 자위를 숨기지 않는 다른 많은 경우들처럼 이 일 역시 유혹의 시도로 이해되어야 한다. 보모는 심각한 얼굴을 하고서 그것은 좋지 않은 일이라고 설명하면서 그의 환상을 깨우쳐주었다. 그리고 그녀는 그런 짓을 하는 아이들은 그곳에 '상처'가 생긴다고 덧붙였다. (24)

프로이트는 어떤 아이들에게는 어머니가 거세자로 보이기도 한다는 임상 증거를 가지고 있었지만 가족 안에서 이 역할을 수행하는 것은 아버지라고 주장했다. 이에 대해 완전하게 확신을 주는 설명을 제공할 수 없었던 프로이트는 늑대인간의 병력에서 계통 발생적인 근거에 호소했다. '이 지점에서 소년은 계통 발생적 패턴에 맞추어야 한다. 그리고 그의 개인적 경험이 그것과 부합하지 않는다고 하더라도, 그는 그렇게 한다.' 프로이트는 거세하는 부모라는 아버지의 이미지가 '인간의 역사 이전'부터 존재했던 일종의 원초적 판타지를 구성하고 어떤 방식에서인지 무의식적으로 유전된다고 생각했다(86). 전에 언급했던 것처럼, 프로이트는 한스의 어머니가 거세된 존재로서 '운명지워진 역할'을 가지고 있다고도 말한다. 프로이트는 이런 사례 연구의 어느 지점에서도 아이가 거세의 수행자인 어머니의 성기 역시 두려워할 수 있다는 사실을 고려하지 않았다.

한스의 어머니는 그의 가장 내밀한 욕망 속의 차지할 수 없는 대상이자 악몽에 등장하는 겁을 주는 부모다. 그녀는 거세되었기 때문이 아니라 거세하기 때문에 두려우며, 이는 두 가지 방식으로 이루어진다.

억압과 위반 사이

즉, 그녀는 한스를 거세할 의사 선생님을 부르겠다고 위협했고, 그녀의 몸은 피를 흘리는/무는 신비로운 고추로 거세하겠다고 위협했다. 꼬마 한스 사례 연구의 재해석은, 이 자료가 여성이 거세되었기 때문에 남성이 여성을 두려워한다는 주장을 정당화하지 않는다는 사실을 분명히 보여준다. 임상 자료는 한스가 어머니에게 남근이 있었지만 이후 거세되었다고 생각하지는 않는다는 사실을 보여주고 있는 것이다. 오히려 그는 어머니가 그녀를 강력하고 무섭게 만들어주는 남근과 같은 기관('말과 같은 고추')을 지니고 있다고 믿는다. 내가 주장했던 것처럼 소년은 처음으로 어머니가 거세할지도 모른다는 사실을 의식적으로 깨닫게 되면 어머니에게 소급적으로 페니스를 부여한다. 뿐만 아니라 활용 가능한 자료들을 근거로 살펴보면, 무는 말이 거세하는 아버지를 의미한다거나 혹은 어머니가 아버지를 대신해서 행동한다는 주장에 대한 실제적인 정당성도 존재하지 않는다. 아버지가 거세의 수행자라는 자신의 주장을 정당화하기 위해서 프로이트는 인간의 유사 이전의 사건에 호소하면서 임상 자료들을 무시했다. 프로이트는 그의 임상 관찰과 이론적 글들이 설명해야만 하는 (아버지가 거세하는 부모를 의미한다는) 상태를 미리 상정했다. 아버지가 가족 안에서 거세를 수행하는 사람이라는 프로이트의 이론에 심각한 문제가 존재한다는 것을 알게 되었다면, 우리는 이제 상징계적 질서를 구성하는 메커니즘으로서의 오이디푸스 콤플렉스를 다시 평가해야만 한다. 한때 프로이트는 아이들이 섹슈얼리티의 진실에 대해서 설명을 들어야 한다고 말했다. 이는 꼬마 한스의 이야기를 재해석하면서 고통스럽도록 분명해졌다. 그러나 이 이야기가 여성을 '거세된' 타자로 설명하는 프로이트의 이론을 뒷받침한다고 주장하는 것은 잘못된 말 wrong horse을 지지하는 것이었다.

8. 메두사의 머리 : 바기나 덴타타와 프로이트의 이론

'[성적으로 가장 두려운 것?]… 바기나 덴타타, 이빨
달린 질이지. 여자와 사랑을 나눌 때 그것이 갑자기
입을 닫고 너의 페니스를 잘라 버리는 거야. 그래 버
리는 거지.'

스티븐 킹, 『말라깽이들』

거세하는 여성 성기에 대한 두려움은 다양한 문화의 신화와 전설에
팽배해 있다. 이는 또한 공포영화에서도 중심적이었지만, 공포물에 대
한 비평에서는 대체로 무시되어 왔다. 이런 경향은 리건이 거세하는
인물이라기보다는 남근적 존재로 읽혀졌던 <엑소시스트>와 같은 각각
의 영화 뿐 아니라, 여주인공이 거세하는 존재라기보다 남근적이라고
해석되었던 슬래셔 무비 같은 전체 하위 장르에 대한 잘못된 해석으로
이어졌다(9장 참조). 우리가 영화와 같은 대중 담론에서 여성괴물이 야
기하는 공포의 본질을 이해하고자 한다면, 여성에 대한 남성들의 공포
를 다룬 프로이트 저작들이 시사하는 다른 국면들을 재평가하는 것이
매우 중요하다. 왜냐하면 그의 관점은 공포영화에 대한 비평적 접근에
깊은 영향을 행사해 왔기 때문이다.

프로이트에 대해서 논하기 전에 거세자로서의 여성을 다루는 신화
의 일반적인 본질에 대해 살펴볼 필요가 있다. 이런 신화들에서 여성

억압과 위반 사이

성기의 위협적인 면모는 바기나 덴타타, 즉 이빨 달린 질로 상징화되어 왔다. 바바라 워커에 따르면, 야노마모족의 신화는 지구상에 처음으로 존재했던 여성들 중 한 명이 애인의 페니스를 먹어치우는 이빨 달린 입으로 변신하는 질을 소유하고 있었다고 이야기한다(1983, 1034). 필립 러손은 『동양의 성의 기술』에서 중국의 가부장은 여성의 성기로부터 즐거움을 얻으면서도, 그것을 '남성의 처형자'라고 믿었던 것에 대해서 언급했다(1968, 260). 에드워드 기포드에 따르면 이슬람교의 교의는 남성이 질을 들여다보면 질이 그의 눈을 뜯어내어 장님을 만들어버린다고 단언한다(기포드, 1974, 143). 『위대한 어머니』에서 에릭 뉴만은 레-헤브 -헤브라고 알려진, 특히 말레쿨라 섬 남성들이 두려워했던 멜라네시아의 끔찍한 여신에 대해서 언급하고 있다. 그녀의 이름은 '우리를 그것으로 이끌어서 그것이 우리를 먹어치우도록 하는 존재'를 의미했다(뉴만, 1972, 174). 뉴만에 따르면 어떤 신화들은 이빨 달린 질을 동물 혹은 여신의 동반 동물로 표현했다(ibid., 168). 모든 걸 집어 삼키는 소용돌이인 스킬라는 육체의 상반신은 아름다운 여성이지만, 하반신은 사나운 지옥견으로 이루어져있다. 볼프강 레데레는 이빨 달린 질에 관한 신화들은 특히 아시아, 인도, 북미, 남미, 아프리카, 그리고 유럽에 매우 널리 퍼져 있다고 주장했다(레데레, 1968, 44-52).

　『신의 가면: 원시 신화』에서 조셉 캠벨은 다양한 신화를 이빨 달린 질과 연결시킨다. 뉴멕시코의 한 신화는 적의 처단자라고 알려진 소년 영웅이 어떻게 이빨 달린 질을 길들였는가에 대해 이야기한다. 옛날에 네 명의 '질 소녀들 vagina girls'이 사는 질의 집이 있었다. '소녀들'은 사실은 질이었지만 여성의 형태를 취하고 있을 뿐이었다. 질 소녀들의 이야기에 현혹된 별 생각 없는 남자들은 성교를 하기 위해 그 집으로 찾아온다. 질 소녀들의 아버지인 발로 차는 괴물은 남자들을 집 안으로 차 넣어서 매우 단단한 이빨을 지닌 질들이 그들을 먹을 수 있도록 한다. 발로 차는 괴물을 꾀로 이겨낸 소년 영웅은 집 안으로 들어가 네 명의 질 소녀들에게 신 열매로 만들어진 특별한 약을 먹인다. 약이 그들의 이를 상하게 하고 입술을 오므라트렸기 때문에, 그들은 더 이상 씹지 못하고 오직 삼킬 수밖에 없게 된다. 그들은 이 방식이 예전의 방식보다 훨씬 더 즐겁다는 것을 알게 된다. 이런 방식으로 이빨 달린 질은 적절하게 사용할 수 있도록 길들여진 것이다. 북미 인디언의 신화에서도 이와 비슷한 이야기들을 찾아 볼 수 있다. 무시무시한 어머니의 질에 육식 물고기가 산다. 그녀를 무찌르는 사람이 바로 영웅인 것이다(뉴만, 1972, 168).

> 질의 어둡고 신비한 심연 속에서 영웅이 질 이빨을 파괴하는 것은 헤라클레스가 지하 세계로 내려가 이빨이 날카로운 지옥견 케르베로스를 길들였던 영웅적 여행과 정확하게 일치한다. 어둠, 심연, 죽음, 그리고 여성. 그들은 하나이다. (레데레, 1968, 49)

거세자로서의 여성에 관한 미신은, 남자들을 집어삼키고 조각조각 내버리겠다고 위협하는 함정이자 검은 구멍인 여성 성기에 대한 그들의 공포와 판타지를 분명하게 지시하고 있다. 이빨 달린 질은 지옥으로 통하는 입이다. '악마의 통로'인 여성에 대한 공포스러운 상징인 것이다. 2월 11일 세미나에서 자크 라캉은 위대한 여성은 더 큰 위협을 가한다고 암시하는 것처럼 보인다. 그는 '빅토리아 여왕, 한 사람이 그렇게 비범한 크기의 이빨 달린 질과 대면했을 때 (...) 거기에 여성이 있었다고 말했던 것이다(히스, 1978, 61에 인용). 바기나 덴타타는 또한 여자들은 신뢰할 수 없다는 사실을 암시하는데, 그들은 자신의 희생자를 유혹하기 위해 천국을 약속한다. 게걸스럽게 먹어치우는 여성 성기의 개념은 현대까지도 계속 이어지고 있다. 이는 '남자 잡아먹을 년 man-eater'과 '남자 고자 만들 년 castrating bitch'과 같이 여성을 비하하는 대중적인 표현들에서 두드러진다. 『외설 사전』과 『터부와 완곡어법』에서 제임스 맥도날드는 '남성들이 질의 본질에 대해 우려하는 요소들을 해학적으로 위장시키는' 많은 표현들을 정리하고 있다. 이 표현들은 '남자 잡는 함정 man trap', '끝없는 구멍 bottomless pit', '독사 viper', '이빨 snapper', '악순환 vicious circle', 그리고 '멍청한 폭식가 dumb glutton' 등이다(맥도날드, 1988, 44). 이는 또한 농담의 소재이기도 하다(루닉의 만화를 보라).

바기나 덴타타는 거세와 사지절단에 대한 두려움을 활용하는 이미지들로 가득한 공포영화의 도상학과 특히 관계가 있다. 거세에 대한 두려움은 다음의 두 가지 방식으로 이해될 수 있다. 거세는 (어머니의 몸이나 가슴의 상실, 정체성 상실 등) 남성과 여성 모두가 경험할 수 있는 상징적 거세를 말할 수도 있고, 실제 성기의 거세를 의미할 수도 있다. 공포영화는 사지절단을 암시하는 이미지들을 수없이 제공한다. 희생자들은 깨끗하거나 신속하게 죽는 법이 거의 없다. 그보다는 고통스럽고 지저분한 죽음을 맞이하는 것이다. 살은 잘리고, 몸은 훼손되며, 사지는 조각조각으로 찢어진다. 게걸스럽게 집어삼키는 괴물이 등장하는 <죠스>, <불가사리>, <에일리언>, <에일리언 2> 같은 영화에서 희생자들은 산산이 찢겨 산 채로 먹히고 만다. 괴물이 사이코패스인 영화에서는 희생자들이 찔리고, 사지가 찢기고, 목이 베인다. 죽음의 도구는 대체로 칼이나 다른 날카로운 도구들이다. 게걸스러운 턱이나 날카로운 이, 그리고 피 묻은 입술을 담은 클로즈업 숏은 피비린내 나는 통합에 대한 관객의 공포를 자극하며, 이는 때때로 유머러스하기도 하다. 때로 입술은 살짝만 벌어져있고 피가 아래 입술로 똑똑 떨어지거나 혹은 두 입술이 모두 피로 물든다. 치아는 대체로 위협적으로 드러난다. 이 이미지는 뱀파이어 영화에서도 주요 모티프이며 특히 레즈비언 뱀파이어를 다루는 영화들에서 두드러진다. 이런 영화들(<뱀파이어 연인>, <뱀파이어들>, <악마의 키스>)에서 우리는 여성의 열린 입, 뾰족한 송곳니, 그리고 피 묻은 입술의 클로즈업 숏을 볼 수 있고, 이들은 바기나 덴타타의 시각적 이미지이다. 무는 것과 피 묻은 입술, 성교와 죽음 사이의 시각적 연합은 뱀파이어 영화의 중심 모티프를 제공하는 것이다.

위협적인 치아가 있는 입의 이미지들은 모두 (인물의 성별에 상관없이) 바기나 덴타타를 상징하지만, 어떤 영화들은 이 이미지를 특히 여성과 연결시킨다. 그렇다고 이런 영화들이 언제나 공포영화인 것은 아니다. 공포와 느와르를 포함하는 다양한 장르의 영화를 인용하고 있는 포스트모던 텍스트인 <블루 벨벳>에서는, 관능적으로 부분화된 여성 주인공의 입술과 남성 주인공의 침실 벽에 걸려있는 이빨 달린 질을 묘사한 장식용 조각이 장난치듯 서로 연결된다. <19번째 남자>의 한 인물은 남자들이 여자들의 안쪽으로 사라질지도 모른다고 겁먹기 때문에 그들을 '버뮤다 삼각지대'라고 부른다고 농담한다. 잉그마르 베르히만의 영화 <외침과 속삭임>에서 여자가 침대에서 남편을 기다리는 동안 자신의 질에 깨진 유리를 집어넣는다.

바기나 덴타타와 관련된 다른 시각적 모티프로는 빗장을 질렀거나 위험한 문을 들 수 있다. 레데레는 '들장미'나 '잠자는 숲속의 미녀'와 같은 이야기와 거기에서 파생된 비슷한 이야기들이 이 주제에 대한 완벽한 그림을 제공한다고 설명한다. 들장미를 구하려는 추종자들은 우선

억압과 위반 사이

그들의 길을 가로막는 가시덤불을 통과해야만 한다. 진정한 사랑을 가진 왕자만이 이를 다치지 않고 통과할 수 있다.

빗장이 질러지고 위험한 문이라는 주제에는 많은 변형들이 존재한다. 소녀의 집 문이 그 안으로 들어가려는 모든 이들을 죽인다. 그것은 자기 멋대로 문을 빠르게 여닫을 수 있다. 마치 아르고호가 지나가야만 하는 심플레가데스의 공포스러운 바위처럼 말이다. 심플레가데스는 배가 그 사이를 지나가려고만 하면 서로 붙어버려서 배를 난파시켰다. 위험한 동물이 문을 지키고 있을 수도 있다. 혹은 그 상징은 누구든 그 안에 잡히기만 하면 부셔버리는 거대한 쌍각류일 수도 있다. (레데레, 1968, 47)

위험한 문이나 통로라는 테마는 공포영화에서도 흔하게 다루어진다. 복도는 모든 것을 집어 삼키겠다고 위협하는 피의 파도로 가득 차 있다. (<샤이닝>). 혹은 침실이 모든 것을 빨아들이는 거대한 구멍으로 변신한다. (<폴터가이스트>). 때론 우주선의 통풍관이 쩍 벌린 턱과 딱딱 거리는 치아를 가진 에일리언에 의해 지배당한다. (<에일리언>). 살인자는 종종 독이 묻은 칼을 가지고 어두운 현관이나 계단 위에 숨어 있고, 터널이나 동굴은 방심한 이들을 공격하는 거미와 뱀, 혹은 박쥐로 가득 차 있다. 달려드는 거대한 바퀴는 희생자의 몸 전체를 가루로 만들어 버리겠다고 위협한다. (<배트맨>, <터미네이터>).

고전 미술에서 아름다운 여성의 모습은 종종 크게 벌린 턱이나 딱딱 거리는 치아를 가진 동물과 함께 등장했다. 이 동물은 그녀의 치명적인 성기라는 올가미와 사악한 의도를 상징했다. 『변태성의 우상』에서 브램 딕스트라는 여성과 함께 고양이, 호랑이, 사자, 북극곰, 그리고 회색곰을 묘사하는 그림의 대중성을 분석한다. 이를 드러내는 들고양이와 다른 맹수들은 종종 여성 성기 부분의 주변에 위치하고 있다. 으르렁거리는 턱은 바기나 덴타타를 상징하는데, 이는 '세기 전환기의 남성들이 여성들의 가운 밑에 숨겨져 있는 이것을 찾게 될까봐 두려워했던' 대상이다(딕스트라, 1986, 294). 특히 거세 공포를 다루고 있는 <죠스>라는 영화의 광고 포스터는 수영하고 있는 여성 밑으로 거대한 상어가 어두운 물속에서 입을 벌리고 이를 반짝이며 갑자기 나타나는 물 아래 광경을 사용하고 있다. 스테판 히스는 <죠스>를 남성의 거세 공포라는 관점으로 분석했다. 그는 첫 번째 여성 희생자 이후에 '모든 희생자는 남성이고 초점은 다리를 잃는 것이다'라고 지적한다(히스, 1976, 27). 히스는 야밤의 해변 장면에서 여성 섹슈얼리티가 주는 위험은 상어의 위험으로 전치되고 있다고 설명했다. 내러티브는 남성 대 상어의 대립을 설정하고, 이 대립은 상어의 턱을 통해 보이는 보트를 찍은 롱숏에서 상징화 된다. 히스는 또한, 원작 소설에서 죠스에 의한 첫 번째 공격에 대한 보고가, 경비원이 머리카락 속에 숨겨 둔 칼로 자신을 공격한 남자를 거세하는 여자에 대한 이야기를 다 읽을 때까지 연기된다는 점을 언급한다. '빨간 모자 아가씨'라는 동화 역시 빨간 모자 아가씨/클리토리스에 대한 언급과 늑대의 삼키는 턱/할머니에 대한 강조를 통해 상징적으로 이빨 달린 질을 제시한다.

거세하는 여성 성기

바기나 덴타타에 대해서는 두 가지 설명이 제시되어 왔다. 이 두 가지 설명은 모두 바기나 덴타타라는 존재의 거세하는 면모보다는 합체하려는 면모를 강조했다. 첫 번째 접근은 바기나 덴타타를 구강 가학적인 어머니의 상징적 표현으로 해석했다. 구강 가학적 어머니는 자신들

억압과 위반 사이

이 어머니의 가슴에서 음식물을 섭취하는 것/먹는 것으로부터 쾌락을 얻듯이 어머니 역시 그 대가로 그들을 먹어치우고자 하는 욕망이 있을지도 모른다고 상상하는 여아와 남아가 두려워하는 어머니다. 동화 '헨젤과 그레텔'은 식인 마녀라는 인물을 통해 이런 유아기 공포를 묘사한다. 다른 설명은 바기나 덴타타를 이자적 어머니에 대한 표현으로 해석한다. 즉, 전 오이디푸스기의 모든 걸 감싸고, 그렇기 때문에 정신적 소멸이라는 위협을 주는 모성적 존재를 표현한다는 것이다. 이 두 가지 설명에서 모든 걸 집어 삼키는 여성을 상징하는 이빨 달린 질의 이미지는, 주체가 어린 시절 어머니와 가졌던 관계에 대한 유아기 기억과 그 이후에 가지게 된 두려움, 즉 어머니가 자신의 정체성을 삼켜버릴지도 모른다는 두려움과 관계되어 있다. <사이코>, <캐리>, 그리고 <에일리언>과 같은 공포영화에서 삼켜져서 소멸할 것에 대한 공포는 어머니와 직접적으로 연결되어 있다.

이 두 가지 설명은 구순애라는 개념과 위에서 논의 되었던 합체 사이의 관계를 끌어낸다. 바기나 덴타타는 입이다. 식인 어머니가 그녀의 아이를 먹어버리고, 이자적 어머니는 상징적으로 아이를 합체해 버린다. 바기나 덴타타에 대한 두려움과 구강 가학적 어머니에 대한 두려움은 서로 연결될 수 있는데, 특히 입과 여성 성기 사이에 존재하는 복합적인 신화적, 언어적 연상 관계를 고려하면 그 연결을 이해할 수 있다(워커, 1983, 1035). 뿐만 아니라 구강 가학적 어머니의 이미지들이 이자적 어머니의 공포를 상징했던 <에일리언>에서 다루어졌던 것과 같은 맥락들이 존재하는 것은 당연하다. 그러나 이렇게 두 가지의 여성 존재들이 많은 공통점을 공유하고 있음에도 불구하고, 그들은 또한 매우 다르며 공포영화에서의 여성괴물 재현을 논의할 때에도 반드시 따로 분리되어야 한다. 이빨 달린 질은 완전히 다른 위협을 상징하며, 이는 여성의 치명적인 성기와 연결되어 있다.

내가 아는 한 프로이트는 바기나 덴타타라는 개념에 대해 논의한 적이 없다. 프로이트의 이론에서 거세란 아버지로부터 오는 위협이다. 어머니에게 열정적으로 애착을 느끼는 소년은 아버지를 라이벌로 보기 시작하고 아버지가 그를 거세해서 어머니처럼 만들려고 한다고 상상한다. 이렇게 아버지는 성기를 절단하는 거세자로 구성된다. 아버지에 의한 거세 공포는 어머니에 대한 소년의 욕망을 누르고, 그는 언젠가 자신도 아버지의 힘을 물려받아 자신의 여자를 가지게 될 것이라는 생각 아래 점차 어머니를 포기하게 된다. 프로이트에 따르면 어머니의 육체는 거세 공포를 환기시키지만 그녀의 성기 자체가 거세하겠다고 위협하는 것은 아니다. 어머니의 성기가 소극적인 관점에서 공포스럽다는 사실은 중요하다. 공포는 그들의 외관에서 비롯되며, 이는 이미 어떤 일이 벌어졌다는 사실을 보여준다. 우리가 꼬마 한스 이야기에서 보았듯이 프로이트는 거세 콤플렉스를 문화의 전달을 가져오는 메커니즘으로 이해했다.

프로이트를 재해석하면서 라캉은 여성의 거세라는 개념을 더욱 강조한다. 라캉의 이론에서 페니스를 인간의 완전함의 기호로 구성하고 남근을 상징적 존재로 구성하는 것은 바로 여성의 '결핍'이다. '페니스와 남근이 (비록 착각에 불과하지만) 동일하기 때문에 여성은 거세된 것으로 이해된다(그로츠, 1990, 116). 남성이 상징계적 질서를 대표할 권리를 상속 받은 반면에 여성이 상징계적 질서 안에서 '결핍'을 상징하게 된 것은 여성이 '거세되었기' 때문이다. 라캉에게 있어 '여성성의 부정성은 상징계가 정신적으로 필요로 하는 것이다(브레넌, 1989, 6). 여성이 거세된 것으로 보이기 때문에 공포스럽다는 믿음은 거세 콤플렉스에 대한 프로이트 이론에 있어 매우 중요하다. 여성의 성기가 그들이 거세할지도 모르기 때문에 공포스럽다는 주장은 프로이트와 라캉의 관점, 그리고 상징계적 질서를 남성성과 연결하는 관점에 도전한다. 여기에서 나는 프로이트의 몇몇 저작에서 드러나는 바기나 덴타타에 대한 억압을 연구하고자 한다. 프로이트는 여성의 성기가 거세하기보다는 거세된 것으로 보인다는 그의 관점을 뒷받침하기 위해 다수의 이론을 세웠다. 다른 관점에서 보면 각각의 이론은 (때로 더 타당하게) 여성의 성기는 거세하는 것으로 보인다는 주장을 뒷받침한다.

메두사와 어머니의 성기

프로이트는 여성이 거세되었다는 그의 이론을 설명하기 위해 페르세우스와 메두사의 신화를 선택했다. 그의 논문 「메두사의 머리」에서 그는 몸부림치는 뱀으로 이루어진 머리카락이 달린 머리는 거세된 여성 성기의 상징이라고 주장했다.

우리는 각각의 신화적 주제들을 해석하려고 자주 시도하진 않았다. 그러나 공포스러운 메두사의 잘린 머리의 경우에 해석은 쉽게 그 자신을 드러낸다. (...) 이는 거세되었기 때문에 위협하고 쫓아내는 존재로서의 여성에 대한 재현이다. (...) 그것은 여성 성기의 재현을 대신하거나, 혹은 오히려 (...) 즐거움을 주는 효과로부터 공포스러운 효과를 분리해낸다. (273-274)

소년의 거세 불안은 음모 때문에, 역시나 음모로 덮여 있는 아버지의 성기 부분과 기괴하게 닮아 있는 어머니의 성기를 처음 봤을 때 일깨워진다. 음모는 프로이트의 해석에 있어서 매우 중요하다.

목을 베다 = 거세하다. 메두사의 공포는 따라서 무엇인가를 보는 것과 관련된 거세 공포라고 할 수 있다. 다양한 분석들 덕분에 우리는 이에 대한 상황에 친숙하다. 이제까지는 거세 위협을 믿고 싶지 않았던 소년이 여성 성기, 아마도 음모로 둘러싸인 성인의 성기, 특히 어머니의 성기를 본 순간, 이 상황은 벌어진다. 메두사의 머리에 있던 머리카락은 자주 예술 작품에서 뱀의 형태로 그려졌고, 이것들은 역시 거세 콤플렉스에서 비롯된 것이다. (273)

프로이트는 어머니의 남근적 뱀/머리카락에 이중적 기능을 부여한다. '그 자체로 아무리 공포스럽다고 해도, 그들은 사실상 공포를 경감시킨다. 왜냐하면 그들은 페니스를 대신하고 페니스의 부재야말로 공포의 원인이기 때문이다'(ibid.). 따라서 메두사의 머리는 고전적인 물신대상이다. 그것은 어머니의 페니스의 부재와 존재를 동시에 확인시킨다. 전설의 나머지 부분에 따르면 메두사의 머리를 본 사람은 누구나 즉시 돌로 변했다. 이것이 페르세우스가 메두사의 머리를 자르기 전에 방패에 비춰서 괴물의 모습을 본 이유다. 프로이트는 '돌로 변한다'는 것을 발기의 은유로 읽었다. '딱딱해 진다는 것은 발기를 의미하기 때문이다. 따라서 원래 상황에서 그것은 관객들에게 위안을 제공한다. 그는 여전히 페니스를 가지고 있고 딱딱하게 굳어지는 것이 그에게 이 사실을 재확인시켜준다'(ibid.).

그러나 프로이트는 메두사 신화의 중요한 국면을 무시했다. 신화역사학자들은 꿈틀거리는 뱀으로 이루어진 머리와, 거대한 입, 축 늘어진 혀, 그리고 멧돼지의 어금니를 지닌 메두사는 바기나 덴타타의 특히 지저분한 버전이라고 말한다. 에리히 뉴만은 고르곤이 그녀의 '게걸스럽게 집어 삼키는 특징'에 있어 어머니 여신을 상징한다고 주장했다.

억압과 위반 사이

그녀의 성기 혹은 '자궁으로 들어가는 구멍 womb-gullet'은 '이빨을 가는 끔찍한 얼굴로 재현'되었다(뉴만, 1972, 169). 프로이트는 또한 뱀의 열린 입과 날카로운 송곳니의 상징적 의미를 무시했다. 우리가 상상력을 펼친다면 메두사의 머리에 있는 뱀 상징의 증식은 여성의 상상적 남근의 증식을 의미하는 것일 수 있다. 그들은 성기의 거세하는 특징을 더욱 분명히 표현하고 있다. 입/질 속에 꼬리/남근을 물고서 동그랗게 몸을 말고 있는 뱀의 재현은 모든 문화에서 찾아 볼 수 있는 양성성에 대한 편재하는 상징이다. 프로이트는 성적 상징으로서의 뱀에서 남근성을 분리하고 질의 중요성은 무시했다. 메두사의 잘린 머리가 거세된 여성 성기를 상징하며, 뱀이 물신화되고 위안을 주는 상징적 남근이라고 주장하는 것은 자신의 소망을 훌륭하게 달성하기 위한 행위에 불과하다. 프로이트의 해석은 여성 성기의 활동적이고 공포스러운 특징, 즉 그들이 거세할지도 모른다는 사실을 숨긴다. 메두사의 전체 얼굴은 가격할 준비가 된 채로 기다리고 있는 이빨 달린 질의 이미지로 활기차다. 그녀의 남성 희생자들은 공포로 그 자리에 굳어버린 것이 틀림없다.

모성적 출혈

프로이트는 남아가 어머니의 월경혈을 거세에 의한 상처 혹은 성교 중 질에 생긴 손상에서 나온 것으로 착각한다고 주장했다. 「유아기 성욕에 관한 에세이」에서 프로이트는 아이가 이 피를 성교 중 아버지의 반복되는 가학증의 증거로 해석한다고 주장했다. '그것은 아이에게 아버지가 밤에 어머니에게 또 다른 비슷한 공격을 가했다는 사실을 증명하는 것이었다'(p.222). 그러나 우리는 어머니의 피를 다르게 해석할 수 있다. 만약 아이가 어머니의 성기와 이불보가 정기적으로 피로 물든다는 것을 알면, 그는 이 피를 아버지의 것으로 착각하기 쉽다. 그는 연약한 페니스를 어머니의 질 속에 넣는 남성은 큰 위험을 감수하는 것이라는 환상에 빠질지도 모른다.

C. D. 댈리는 인간의 발전에 있어 월경의 중요한 역할에 대한 분석에서 모든 터부 중에서 월경에 대한 터부가 가장 악독한 것이었다고 강조한다. 그는 이런 현상의 핵심 이유는 여성의 피가 여성 성기에 의해 남성이 먹히거나 거세당할 것이라는 남성의 공포를 강화시키기 때문이라고 주장했다. 프로이트와 달리 댈리는 월경의 후각적 자극을 공포스러운 국면으로 본 것을 중요하게 강조했다.

> 월경 트라우마에서 어머니의 출혈의 시각적 증거는 가장 깊은 공포와 혐오를 야기한다. 부분적으로는 부패와 가지는 연관성 때문에 (여기에서는 부정적이고 불쾌한) 냄새 또한 무의식에 죽음에 대한 좀 더 깊은 생각을 전달하는 한편, 피를 흘리는 것은 거세와 잡아먹힘에 대한 두려움을 강화시킨다. 이런 부정적인 냄새는 월경 전과 주기 중간의 긍정적이고 매력적인 냄새와 혼동되지 않으며, 콤플렉스의 불쾌한 속성에 속하면서 근친상간을 막는 장벽 형성에 중요한 역할을 한다. (Daly, 1943, 160)

댈리는 월경 콤플렉스가 거세 불안의 중심에 존재한다고 결론 내린다. '특히 월경이라는 특징이 프로이트가, 완벽하게 설명해냈다고 만족하지도 않으면서, 그저 거세 공포 탓이라고 설명해 버렸던 여성 성기에 대한 극도의 공포의 뿌리에 존재한다는 것이 나의 주장이다'(ibid., 165).

구강 가학증

여성 성기의 음순이 열려서 입이 된다는 어린 아이의 그릇된 상상의 이유 중 하나는 유아기 발달에 있어서 구강기가 점하는 중요성이라고 할 수 있다. 「성 이론에 관한 세 편의 에세이」에서 프로이트는 먹고 빠는 것과 관련된 모든 활동들의 중요성을 강조했다. 젖먹이 아이가 돌보는 어머니와 맺는 관계는 이 기간 모든 다른 관계의 모델을 제공한다. 먹고 먹히는 개념이 이 시기의 특징이라고 할 수 있다.

어머니의 육체가 드러내는 합체에 대한 위협은 이와 관련된 두 가지 부분에 가장 집중되어 있다. 즉 어머니의 얼굴에 있는 입과 성기에 있는 입이다. 프로이트는 어린이들이 공통적으로 항문과 입을 동일시한다고 주장했다. 신화, 전설, 그리고 터부의 역사는 질 역시 비슷하게 동일시되었다는 것을 분명하게 보여준다. 사실 프로이트는 어린 아이가 질의 존재를 모른다고 주장했었다. 라플랑슈와 퐁탈리스에 따르면 카렌 호니, 멜라니 클라인, 그리고 어네스트 존스와 같은 정신분석학자들이 이에 대해 이의를 제기했다(1985, 311).

성적 쾌락은 또한 입과 입술의 자극과 밀접하게 관계되어 있으며 성인기까지 계속 이런 형태로 지속된다. 여성 성기의 본질에 대한 유아의 이해에 대해 논의할 때 특히 중요한 것은 구순애와 섹슈얼리티 사이의 연관관계다. 프로이트에 따르면 성적 만족을 포함한 주체의 욕망과 만족에 대한 경험과 이해는 유아기 구강 경험에 근거한다. 그리고 이 구강 경험은 유아의 성생활의 첫 단계를 의미한다. 아이의 세상에 대한 초기 경험은 모두 구강기적 영향에 의해서 특징지워지는 것이다. 만약 아이가 어떤 방식으로든 어머니를 거세하는 존재로 이해한다면 그녀의 존재는 언제나 어떤 정도의 불안을 야기할 것이다. 그렇다면 만약에 남아가 의식적으로든 무의식적으로든 어머니의 음순과 성기 부분에 입의 이미지를 투사했다면 그녀의 존재는 얼마나 더 공포스럽겠는가. 젖소의 젖과 페니스를 연결했던 꼬마 한스의 이야기는 ('저것 좀 봐! 고추에서 우유가 나온다) 입으로 빨리는/물리는 가슴과 질에서 빨리는/물리는 페니스 사이에 어떤 유사점을 암시한다.

여성 성기 흘끗 보기

소년이 여성 성기를 처음 흘끗 보게 되는 경험에 대한 프로이트의 설명은 소년의 반응이 그가 어떤 여성을 보았는가, 즉 어린 소녀를 보았는가 성인 여성을 보았는가에 따라 달라진다는 점에서 주목할 필요가 있다. 「메두사의 머리」에서 프로이트는 소년이 어머니의 성기를 보았을 때 경험하게 되는 '끔찍한 공포'에 대해서 이야기하고 있다. 그리고 「유아의 생식기 형성」에서는 소년이 처음 어린 소녀의 성기를 보았을 때에는 무관심하다고 설명한다. 프로이트는 이렇게 다른 두 가지 반응의 중요성에 대해 탐구하지 않았다. 두 번째 경우에는 소년의 나이가 반응에 영향을 미치는 요소라고 설명했다. 프로이트가 어린 소녀와 여성 성기 사이의 차이점에 대해 고려하지 않았다는 것은 이상하다. 왜냐하면 이 둘 사이의 차이점은 매우 두드러지기 때문이다. 어린 소녀의 성기는 부드럽고 대칭적이며 분명하게 입술의 모양을 하고 있는 반면, 여성의 성기는 그 안에 있는 음순을 볼 수 없도록 음모가 그것을 감싸고 있다. 사실 소녀가 어릴수록 외부 입술은 더욱 두드러지는데, 이는 태어나자마자 첫 한 달 동안 매우 부풀어 올라 있다. 게다가 소녀의 성기가 '절단되었다'는 증거는 어디에도 존재하지 않는다. 피부는 부드럽고 상처가 없으며, 음순은 분명히 형성되어 있고 대체로 도드라진다. 만약

억압과 위반 사이

소년이 처음으로 성기를 일견한 것이 소녀의 성기였다면, 소년은 음순을 매우 뚜렷하게 인식할 수 있을 것이다. 나중에 그가 어머니의 성기를 보았을 때도, 그는 자연스럽게 음모의 뒤에 숨겨 있는 어머니의 음순을 알게 될 것이다.

만약 소년이 여성 성기를 처음으로 흘끗 본 것이 어머니의 것이었다면, 소년이 어머니가 거세당했다고 생각하기는 더 쉽다. 어머니의 음모는 얼핏 보기에 성기 부분이 아버지의 성기 부분과 닮아 보이게 하지만 페니스는 없는 상태인 것이다. 그러나 어린 소녀의 음모가 없는 성기를 보면서 이런 실수를 할 가능성은 훨씬 적다. 프로이트는 이런 다른 반응들에 대해서 분석하지 않았다. 만약 어머니의 성기를 먼저 보는 경험이 거세된 여성에 대한 공포를 유발하기 가장 쉽다면, 어린 소녀의 음순을 먼저 보는 것은 합체하는 자/거세하는 자로서의 여성에 대한 공포를 유발하기 쉬운 것이다. 이 두 경험 모두 남성의 거세 불안을 야기하는 원인으로 여성의 몸을 변화시키는 같은 효과를 가지고 있다고 하더라도, 이 불안의 형태는 서로 다르며, 이 차이는 가부장제 문화 내에서 여성의 재현을 이해하는 데 핵심적이라고 할 수 있다.

훼손된 생명체

프로이트는 「아동 성이론」에서 어린 소년들은 소녀들에게 페니스가 없다는 사실을 받아들이기를 극도로 거부한다고 주장한다. 소년이 처음으로 여형제의 성기를 보았을 때, 그는 어떤 관심도 나타내지 않거나, 아무것도 보지 못하거나, 혹은 그가 본 것을 부인한다는 것이다. '그는 페니스의 부재에 대해 언급하지 않는다. 그러나 반드시 위안을 얻으려거나 혹은 틀린 것을 바로잡는 것처럼 말한다. "얘의 ○○○은 여전히 매우 작아. 그러나 얘가 크면 그것도 자랄 거야.'"(216) 점차로 소년은 어린 소녀에게는 페니스가 없다는 것을 알게 된다. 소녀의 성기를 관찰한 소년의 이전의 반응에 대한 프로이트의 설명은 주목할 필요가 있다.

그 관찰이 그에게 중요해지기 전까지 거세에 대한 어떤 위협이 그에게 영향력을 미치지는 않는다. 만약 그가 그것을 회상하거나 반복한다면, 이는 그 안에서 끔찍한 감정의 폭풍을 일으키고 그로 하여금 이제까지 비웃어 왔던 위협의 현실을 믿도록 한다. (「성의 해부학적 차이가 신체에 미치는 결과들」, 252)

프로이트는 거세된 타자로서의 여성에 대한 수용과 이에 뒤따르는 자신의 거세에 대한 공포가 그로 하여금 다음 둘 중 하나의 반응을 보이도록 만든다고 주장했다.

이런 상황의 조합은 두 개의 반응으로 이어지는데, 이 두 반응은 고정될 수도 있다. 그리고 그 경우에 각각 따로 혹은 함께 혹은 다른 요소와 결합되어 소년과 여성의 관계를 영원히 결정짓는다. 이 두 반응이란 훼손된 생명체에 대한 공포 혹은 그녀에 대한 의기양양한 경멸감이다. (ibid.)

왜 프로이트는 자신의 성기에 대한/향한 소년의 즉각적인 감정을 기술하지 않았을까? 왜 그는 이런 상황에서 제일 중요해 보이는 요소를 생략해 버린 것일까? 처음으로 소년이 거세의 가능성, 즉 신체 일부분의 파괴를 받아들이도록 강요당했다면, 우리는 그가 즉각적으로 자신의 페니스에 대해 공포를 느끼고, 어떤 일이 자신의 페니스에 벌어질지 상상하며, 이를 둘러싼 판타지를 만들 것이라고 생각하게 된다. 「처녀성의 터부」에서 프로이트는 처녀막이 찢어질 때 소녀가 경험하게 되는 나르시시즘의 손상을 강조했다. 그렇다면 소년이 그의 완전한 신체기관의 지속적인 나약함을 깨달았을 때, 소년의 나르시시즘이 입게 되는 손상은 얼마나 클 것인가?

어쩌면 소년의 감정에 대한 묘사가 프로이트의 설명 속에 숨겨져 있을지도 모른다. 어쩌면 '결을 거슬러 읽어서' 이 주장은 여성이 그('훼손된 생명체')를 거세한 뒤에 어떻게 느낄 것('의기양양한 경멸감')인가에 대해서 소년이 어떻게 상상하고 있는가에 대한 묘사라고 이해할 수도 있지 않을까? 우리가 만약 프로이트의 주장을 전치된 경우라고 취급한다면(이는 그 주제의 위협적인 본질을 보면 이해가 되는데), 우리는 그가 여성을 거세된 존재가 아니라 남성을 희생양으로 삼는 거세자로서 이야기하고 있다고 이해할 수 있다. 분명히, 훼손된 남성 생명체에 대한 판타지는 신화, 전설, 동화, 공포영화, 그리고 고딕 소설에서의 남성 재현에 핵심적이다. 그것은 꼽추, 유령, 야수, 지킬 박사와 하이드씨, 그리고 늑대인간의 변신과 모든 다른 짐승으로의 변신의 이면에 존재하고 있다.

프로이트는 「유아의 생식기 형성」에서 여성성과 남성성의 적절한 형태에 대해 정의하면서 결론을 내리고 있다. '남성성은 주체, 활동성, 그리고 페니스의 소유라는 <요소들>을 겸비하고 있다. 여성성은 객체와 수동성의 <요소들>을 지닌다. 질은 이제 페니스의 은신처로 평가된다. 그것은 자궁의 유산의 일부가 된다(145). 무의식과 인간 욕망의 어두운 면, 그리고 인간 주체가 섹슈얼리티와 '타자'에 대해서 구성해 온 놀라운 판타지의 비밀을 밝히려는 프로이트의 역사적인 노력과 억압과 전이, 전치에 대한 그의 이론을 보면, 프로이트가 우리에게 질에 대한

'정상적'인 구성이 '은신처' 즉 '아름다운 나의 집'이라는 사실을 받아들이라고 기대한다는 것은 정말로 이상한 일이다.

페티시즘

페티시즘에 대한 프로이트의 이론은 이 논의의 맥락 안에서 흥미롭다. 왜냐하면 그것이 여성이 거세되었거나 혹은 여성이 거세한다는 두 가지 입장 모두에 똑같이 부합하기 때문이다. 어머니에게 페니스가 없다는 사실을 처음 깨달았을 때, 소년은 공포에 휩싸인다. 만약에 여성이 거세된 것이라면 그 자신의 성기도 위험에 빠져 있는 것이다. 그의 반응은 다음 둘 중 하나다. 그는 상징적으로 거세의 가능성을 받아들이거나, 아니면 이 지식을 거부한다. 거부하는 경우에, 거세가 일어났다는 증거인 여성의 성기를 본 것의 충격은 너무나 커서 아이가 어머니의 사라진 페니스를 대신할 페티시 대상을 설정한다. 그의 소논문 「페티시즘」에서 프로이트는 다음과 같이 쓰고 있다. '그렇다. 모든 것에도 불구하고, 그의 마음속에서 여성은 페니스를 가지고 있었다. 그러나 페니스는 더 이상 이전과 같지 않다. 어떤 다른 것이 그 자리를 대신했고, 말하자면 그 대용으로 지목 당했으며, 이제 그것의 선임자에게 향했던 흥미를 그것이 이어 받았다(154). 페티시 대상은 페니스 심벌일 수 있지만, 꼭 그런 것은 아니다. 대체로 페티시로 창조되거나 사라진 여성 남근의 대용물인 이 대상은 주체가 여성 성기를 보기 직전에 마지막으로 본 물건으로, 예를 들면 속옷 같은 것이다.

기괴하고 정신적 충격을 주는 것 직전, 마지막 인상이 페티시로 남는 것 같다. 따라서 발이나 신발은 호기심 많은 소년이 여성의 성기를 아래로부터, 즉 다리에서부터 위로 훔쳐보게 된다는 상황 덕분에 페티시, 혹은 페티시의 일부분으로서 구성되기 쉽다. 털과 벨벳은 (오랫동안 의심되어 온 것처럼) 음모를 본 것의 고착이다. 자주 페티시로 선택되는 속옷은 탈의의 순간을 결정화시킨다. (155)

따라서 우리는 소프트 포르노 잡지에서 페티시적으로 털 코트를 아무렇게나 걸치고 긴 다리와 하이힐이 전시된 여성의 이미지를 보게 된다. 때때로 그녀는 남근적인 물체로 꾸며져 있다. 그리고 채찍이나 총을 든 채로 가죽 옷을 입고서 두 다리를 벌리고 오토바이 위에 앉아 있곤 하는 것이다. 남근적 여성이란 여성에게는 페니스가 없다는 사실을 믿지 않으려는 물신주의자의 거부 속에서 만들어진다. 프로이트는 '거세 콤플렉스의 존재를 의심하거나 여성 성기를 보는 것이 주는 공포가 다른 이유를 가지고 있다고 여전히 믿고 있는 사람들'이라면 페티시에 대해서 연구해 보라고 권한다(ibid.).

거세자로서의 여성에 대한 판타지는 거세된 여성(보다 더 두려운 것이 아니라면 적어도 그)만큼이나 공포스럽다. 이는 남성이 어째서 페티시를 만들기를 욕망하고 여성이 질이 아니라 남근을 가짐으로써 자신과 같다고 믿으려고 하는지 설명하는 데 이용될 수 있다. 이 맥락에서 페티시는 이빨 달린 질, 즉 남성이 부인하고 싶어 하는 거세하는 여성의 신체 기관을 대신한다. 그는 여성에 대한 이런 반대되는 믿음들을 교대로 혹은 심지어 한꺼번에 가지고 있을 수 있다. 거세하는 자와 거세된 자로서의 여성의 이미지는 모든 가부장제 문화의 신화 속에서 반복적으로 재현된다. 그녀는 굴복당하고 길들여진 소극적인 여성이거나 아니면 야만적이고 파괴적이며 공격적인 여성이다. 남근적 여성은 페티시화된 여성, 즉 (거세된/거세하는 여성이라는) 이 두 인물의 존재를 부인하기 위해 기획된 이미지인 것이다. 남성 거세 불안의 배경을 확장시킨다고 해서 우리가 페티시즘에 대한 프로이트의 이론을 무효로 만드는 것은 아니다. 메두사 신화에 대한 프로이트의 분석에서도 또한 분명히 드러났었던 것처럼, 적극적으로 공포를 선사하는 여성의 얼굴을 무시함으로써 프로이트는 남성 거세 불안의 중요한 부분을 건드리지 않고 넘어갔다.

치아에 관한 꿈

「꿈의 해석」에서 프로이트는 '많은 수의 사람들이 비슷한 내용으로 이 꿈을 꾸기' 때문에 치아에 관한 꿈이 '전형적'이라고 묘사하고 있다. 이 꿈은 날거나 추락하는 꿈만큼이나 일반적이다(37). 대체로 꿈은 이가 빠지거나 뽑히는 내용이다. 이런 꿈에서 보통 (대체로 남성인) 꿈을 꾸는 사람은 결국에는 빠져버리는 커다란 치아를 가지고 있다. 대체로 한 세트의 치아와 입, 그리고 목이 등장한다. 치과의사가 등장하는 꿈에서는 치과의사가 남성으로 나타나지만, 프로이트가 다른 곳에서 쓴 것에 따르면 부모 역할을 하는 존재의 진정한 정체성은 자주 뒤바뀌기 때문에 남성은 사실상 어머니를 의미한다고 볼 수도 있다.

프로이트는 치아에 관한 꿈이 대체로 성적 의미를 지니고 있다고 주장했다. '그러나 어떻게 "치아의 자극이" 이런 의미를 가지게 되었는지 밝히는 것은 우리를 혼란스럽게 할 수도 있다. 그러나 나는 성적 억압이 신체의 아래에서 위로의 전환을 활용하는 빈도에 주목하고 싶다('해석', 387). 그는 이런 꿈들을 두 가지 방식으로 해석하고 있는데 두 번째 방식을 더 선호한다. 치아를 '잡아당기는' 것은 자위 도중 페니스를 '잡아당기는' 행위를 의미하거나, '꿈에서 다른 누군가에 의해서

억압과 위반 사이

치아가 뽑히는 것은 해석의 법칙에 따라 거세로 해석할 수 있다(ibid.). 그러나 프로이트는 이런 꿈들에 대해서 더 깊이 탐구하지는 않는다.

프로이트가 인용한 다음 꿈은 내가 거세에 대한 꿈으로 해석하고자 하는 흥미롭고 상당히 전형적인 치아 꿈의 예를 보여준다.

셰르너는 두 줄의 예쁜 금발 소년들이 다리 위에서 상대편을 바라보고 서 있다가, 결국 꿈을 꾸는 사람이 다리 위에 앉아 자신의 긴 치아를 뽑아 낼 때까지 서로를 공격하고 다시 자기들의 본래 자리로 돌아가는 꿈에 대해서 보고했다. (ibid., 227)

'상대편을 바라보고' 서 있는 '두 줄의 예쁜 금발 소년들'과 그들이 '본래 자리'로 돌아가기 전까지 서로 공격하는 것은 치아들이 열리고 닫히는 것에 대한 매우 적절한 묘사이다. 이런 물어뜯는 행위의 결과는 꿈꾸는 사람이 그의 '긴 치아'를 잃는 것이다. 이 꿈은 구강 섹스 혹은 질 섹스 동안의 거세 공포를 상징한다. 치아는 그들이 상징적으로 남성('소년들')이고 남근적 속성('공격하고')을 지니고 있지만, 여성적 요소들('예쁜', '금발의')과 결합되어 있다. 치아는 남성 혹은 여성의 치아일 수 있다. 의미심장하게도, 프로이트는 이것을 거세에 대한 꿈으로 해석했지만, 한 번도 꿈꾸는 이의 파트너에 대해서 언급하지 않았다. 누가 거세자인가? 그것은 어떻게 이루어질 것인가? 만약 우리가 이 꿈에 대해서 신체의 아래 부분이 빈번히 윗부분으로 전환된다는 프로이트의 주장을 받아들인다면, 입은 질을 의미하고 열렸다 닫혔다 하는 두 줄의 치아는 질에 달린 거세하는 이빨이라는 판타지에 가깝다.

셰르너의 꿈 분석에 대한 논의에서 프로이트는 '높은 아치 형 천장으로 된 현관홀은 구강을 의미하고, 계단은 목에서부터 식도로의 하강을 의미한다는 셰르너의 관점을 반복한다(ibid., 225). 「꿈의 해석」 다른 부분에서 집은 거의 언제나 인체를 상징하고 통로는 질을 상징한다고 주장했다. 치아 꿈에서 그는 종종 방과 통로에 대한 언급이 있다고 인용했다. 그러나 그는 이것들과 질 사이에 어떤 관계도 설정하지 않았다. 내가 보기에는, 동굴 같은 방으로 이어지는 계단과 관련된 치아 꿈은 대부분 자궁으로 들어가는 입구로서의 질에 대해 언급하고 있는 것이다. 성적 함의를 담은 꿈에서 신체의 아래 부분이 윗부분으로 전환된다는 프로이트의 전환 가설을 활용하자면, 치아에 대한 꿈은 다음과 같이 해석될 수 있다. 입과 입술은 질과 음순을 의미하고, 일렬로 늘어선 치아는 질에 달린 이빨이며, 꿈꾸는 사람의 뽑히는 긴 치아는 페니스인 것이다. 아마도 꿈꾸는 사람은 입과 그것의 치아가 가하는 위협을 줄이기 위해서 자신의 페니스를 '더 강력한 치아'로 상상했을 것이다. '몇 줄의 치아'는 비록 자주 언급되기는 하지만 그렇다고 항상 언급되는 것은 아니다. 다른 꿈에서 치아는, 치아처럼 열렸다 닫히는 두 '줄의 서랍'으로 상징되기도 한다. 그러나 이런 모든 꿈들은 거의 언제나 어떤 종류의 '입'과 '통로'를 언급한다. 다른 치아에 대한 언급은 거세의 공간으로서 질을 구성하는 데 반드시 필요한 것은 아니다. 악몽이나 공포 시나리오에 등장하는 떡 벌린 아가리와 같은 입의 이미지는 아마도 그 자체로 꿈꾸는 사람에게 두려움이 스며들게 하기에 충분할 것이다. 코믹 공포 영화인 <흡혈식물 대소동>은 오드리 주니어와 식인 식물, 그리고 가학적 치과의사가 등장하는 인상적인 순간들 등에서 이러한 모든 이미지들을 가지고 논다.

프로이트가 묘사했던 많은 꿈들에서 긴 치아는 꿈꾸는 사람들이 놀랄 정도로 (입/질로부터) 별 고통 없이 쉽게 빠진다. 예를 들면, '그는 집게로 그것을 잡고 나를 깜짝 놀라게 할 정도로 전혀 노력을 들이지 않고 쉽게 그것을 뽑았다(「해석」, 388). 꿈꾸는 사람은 그것이 고통스러울 것이라고 예상하고, 따라서 이런 꿈들은 모두 그들이 불안한 상태에서 시작한다. 그러나 마지막에는 이 경험이 고통스럽지 않다는 것을 알게 되고 대체로는, 프로이트에 따르면 '꿈에서 치아를 뽑는 행위에 수반되는,' 사정射精을 동반한다(ibid., 391). 프로이트는 자위를 할 때 페니스를 '잡아당기는 pulling' 행위와 치아를 '잡아 뽑는 pulling' 행위 사이의 관계를 강조했다. '우리 세상에서는 자위의 행위를 통속적으로 "sich einen ausreissen" 혹은 "sich einen herunterreissen" (말 그대로, "거시기를 잡아 뽑는다' 혹은 "거시기를 잡아 뜯는다")라고 묘사한다(ibid., 388). 나는 '치아'를 '잡아 뽑는' 행위는 삼중의 의미를 지닌다고 주장하고 싶다. 즉 꿈꾸는 사람이 이빨 달린 질 안에 들어가기만 하면 '잡아 뽑히 pulled out'거나 거세당할 것이라고 두려워하는 것은 바로 페니스이며, 성교 혹은 자위 시 질의 벽에 의해서 만족스럽게 '잡아당겨지는 pulled' 것도 바로 페니스이다. 그리고 성교 후에 질로부터 안전하게 '빠져나오는 것 pulled out' 역시 페니스인 것이다. 치아/페니스는 거세되면서도 또 거세되지 않는 것이다. 성교 전에 꿈꾸는 사람은 불안한 상태에 놓여 있다. 그러나 이후에 그는 그의 두려움이 근거가 없었음을 깨닫게 된다.

처녀성의 터부

「처녀성의 터부」에서 프로이트는 '원시적'인 사람들이 처녀막의 파열을 터부의 주제로 삼았던 한편, 소위 문명화된 사회가 처녀성에 가치를 두는 이례적인 일에 대해서 설명하기 시작했다. 프로이트는 여성의 페니스 선망과 불감증에 대한 이론을 펼치는 데 이 논의를 활용한다.

어떤 원시 문화에서는 소녀의 처녀막 파열이 혼외로, 그녀가 첫 성교를 하기 전에 이루어졌다. 처녀막을 파열시키는 것은 미래의 남편이 아닌 다른 사람, 즉 신부의 아버지, 성직자, 노파, 혹은 전문적으로 이 일을 다루는 사람에 의해서 행해졌던 것이다. 프로이트는 이 의식에 대해서 첫 경험에 대한 두려움, 여성의 피에 대한 두려움, 그리고 여성에 대한 두려움 등 다양한 설명을 제시했다.

첫째로 프로이트는 원시 남성은 처녀막 파열처럼 모든 새로운 혹은 전환적인 사건을 미지와 기괴함에 연결시켰다고 설명했다. 원시 남성은 어떤 예상하지 못한 위험들을 물리치기 위해 의식을 치렀다. 두 번째 설명에서 그는 어떤 사람들은 질 안에 물어뜯는 영적인 동물의 존재 때문에 여성이 주기적으로 피를 흘린다고 믿었고, 따라서 질은 위험하고 '월경, 특히 처음 피가 흐르기 시작하는 것은 어떤 영적 동물이 물어뜯은 것으로 해석했다는 의견을 견지한다(「터부」, 197). 많은 문화권에서 사람들은 질에 살고 있는 것이 뱀이라고 믿었다. 여성의 피는 매우 위험하고, 심지어 치명적인 것으로 이해되었다. 결과적으로 여성은 월경을 할 때나 처녀막이 손상되었을 때 매우 강력한 터부에 지배당하게 된다. '이 터부의 이면에 존재하는 의도는 첫 번째 성행위와 분리될 수 없는 어떤 것으로부터 미래의 신랑을 보호하거나 구하기 위해서라는 사실은 분명하다(ibid., 199-200). 그러나 프로이트는 이 관점을 고려하지 않았다.

그가 가장 흥미로워 했던 것은 세 번째 이유였다.

여성은 남자와 다르다. 그들은 언제까지나 이해 불가능하고 신비로우며, 낯설고, 따라서 명백하게 적대적이다. 남성은 여성에 의해서 나약해지고 그녀의 여성성에 감염될까봐, 그리고 그 자신의 무능력함을 보여주게 될

억압과 위반 사이

까봐 두려워한다. 흥분을 배출하고 무기력을 불러오는 성교의 효과는 남성이 두려워하는 원형일 것이다. (ibid., 198-9)

성교의 과정에서 남성은 그 자신이 거세당할 수도 있다는 위협의 가능성을 기억하게 된다. 내가 아는 한 이것이 프로이트가 거세를 집행하는 질에 대한 남성의 두려움이라는 주제에 가장 근접했던 순간이다. 그러나 프로이트는 이 분야를 전혀 연구하지 않았다. 그는 여성에 대한 일련의 터부를 세웠다는 사실을 인정했는데, 이 모든 터부는 월경, 임신, 출산, 해산, 그리고 가장 중요하게는 성교 그 자체와 같은 여성의 성적 기능과 관련이 있다. 그러나 그는 첫 성교 행위와 연결되는 공포의 특별한 감각과 알려지지 않은 어떤 공포로부터 남편을 구출하려는 노력을 설명하기 위해서 다른 곳에 주목했다.

프로이트는 여성에게서 비롯되는 '정신적이긴 하지만 올바르게 감지된 위험'으로부터 자신을 지키기 위해서 원시 남성이 처녀성의 터부를 이용했다고 주장했다(201). 그는 '왜 여성은 남성을 그렇게도 깊이 원망하는가?'라고 질문한다. 거기에는 많은 요소들이 있다. 성교의 첫 경험은 종종 여성에게 있어 실망스럽다. 처녀막 파열은 통증을 수반한다. 처녀막의 파괴는 나르시시즘의 상처를 의미한다. 처녀성의 상실은 성적 가치를 줄이는 결과로 이어진다. 그리고 남편은 그녀의 진정한 사랑―그 대상은 대체로 그녀의 아버지이다― 에 대한 대체물일 뿐이다. 프로이트는 이 모든 이유들이 빈번하게 결혼한 여성의 불감증으로 이어진다고 결론짓는다. (이 모든 비통한 상황을 보면, 불감증은 오히려 저렴한 대가인 것처럼 보인다!) 그러나 남편이 여성의 적의를 두려워해야 하는 더욱 중요한 다른 이유가 있다.

남성들을 향한 역설적인 반응에 대한 주요한 비난을 담고 있는 것으로 보이는, 훨씬 더 깊은 층위까지 내려가는 다른 모티브가 있다. 첫 성교 행위는 이미 묘사된 것들뿐만 아니라 여성 안에 오랫동안 지속되어 온 다른 충동들을 활동하게 한다. 그리고 이 충동들은 그녀의 여성적 역할과 기능에 완전히 반대되는 것들이다. (204)

여기에서 프로이트는 남성의 두려움을 설명하기 위해서 거세된 존재로서의 여성이라는 위안이 되는 이미지로 돌아선다. 여성들의 모순적인 반응의 핵심적인 이유는 '남성에 대한 여성의 적대적인 신랄함을 야기하는 페니스 선망'이며, 이것들은 성별 사이의 관계 안에서 절대로 완전히 사라지지 않는다. 그리고 이는 "해방된" 여성들의 분투와 문학 작품 안에서 분명하게 설명된다(205). 프로이트는 위의 모든 이유를 활용해서 여성의 섹슈얼리티가 '미성숙'하고 남성에 대한 뿌리 깊은 적대감, 특히 그녀의 처녀성을 빼앗은 남성에 대한 뿌리 깊은 적대감에 근거하고 있다고 결론 내린다. 그녀는 심지어 그를 거세하고 싶을 수도 있으며 이는, 프로이트에 따르면, '처녀막 파열에 대한 복수'를 하고 싶어 하는 처녀들에게 특히 부합한다. 그런 욕망들은 심지어 '문명화된 여성들의 정신적 삶' 속에 존재한다(206).

프로이트는 꿈과 문학 작품들을 언급하면서 거세 위협으로서의 여성에 대한 이론을 설명한다. 그는 특히 프리드리히 헤벨의 비극 <유디트와 홀로페르네스>를 인용한다. 이는 성서에 등장하는 영웅 유디트에 관한 이야기인데, 그녀의 이야기는 19세기와 20세기 초 화가와 작가들에게 매우 인기 있는 주제였으며, 때때로 페미니즘적 뉘앙스로 제시되었다. (이는 또한 D. W. 그리피스의 <베들레헴의 유디트>(1913)의 주제이기도 하다.) 헤벨의 작품에서, 유디트의 처녀성은 터부에 의해서 보호되었다. 결혼했음에도 불구하고 그녀의 첫 남편은 그녀를 건드릴 생각조차 하지 못했다. 첫날밤에 그는 '신비스러운 불안으로 인해 기절'했다(「터부」, 207). 유디트는 자신의 미모를 도시를 침략한 아시리아의 지도자를 파괴하는 데 이용하기로 결정한다. 홀로페르네스가 그녀의 처녀막을 찢어버린 뒤, 그녀는 그의 머리를 자른다. 프로이트에 따르면 '목을 베는 것은 거세의 상징적 대체라는 것은 잘 알려진 일이다. 유디트는 따라서 자신의 처녀성을 빼앗은 남자를 거세하는 여성이다'(ibid.). 여성이 위험한 것은 그녀가 남성을 거세'하고자' 하는 자이기 때문이다. 이것이 페니스 선망에서 비롯된 처녀의 적의이며, 남성이 정당하게도 두려워하는 것이다. 프로이트는 여성을 거세자로 구성하는 것이 바로 남성 자신이라는 다른 가능성이나 남성이 자신의 불안을 여성에게 전치시키고 있을 가능성에 대해서는 고려하지 않았다. 이 지점은 『여성 읽기』(1986)에서 매리 야코보 역시 논의했던 중요한 부분이다.

　이 에세이에서 프로이트는 남성이 여성과의 성교에 대해서 가지고 있는 두려움이 질, 특히 피 흘리는 질의 치명적인 힘에 대한 비이성적 두려움에 근거하고 있을 가능성을 회피하고 있다. 상상 속의 거세하는 여성에 대한 남성의 공포를 고려하기보다, 프로이트는 여성의 거세라는 자신의 이론으로 도망가 버린다. 터부를 만들게 된 것은 남성의 '여성에 대한 일반화된 두려움'이라는 사실을 인정하면서도, 그는 이 공포가 그것이 상상이건 실제이건 간에 여성의 가능한 힘과는 아무런 관계가 없다고 결론 내렸다. 대신 그는 남성이 느끼는 공포는 여성에게는 힘이 없다는 사실과 관계가 있다고 설명한다. 우리는 '거세된 존재로서의 여성'보다 '거세하는 존재로서의 여성'이라는 개념을 받아들이는 것이 남성인 프로이트에게 위협적일 뿐만 아니라, 여성의 페니스 선망과 거세

위기, 그리고 문화 전수자로서의 아버지의 역할에 대한 그의 이론에 손상을 입히는 일이라고 결론내릴 수밖에 없을 것 같다.

9. 팜므 카스트라트리스 :
<네 무덤에 침을 뱉어라>, <자매들>

고전 이론은 소년은 어머니에 대한 자신의 성적 관심에 대한 처벌로 아버지가 그를 거세할 것이라고 두려워한다고 설명한다. 이것은 나의 어떤 임상적 경험으로도 증명되지 않았다. 일생 동안, 남성은 거세자로서의 여성을 두려워하지 남성을 두려워하지는 않는다.

죠세프 라인골드, 『여성이 된다는 것의 두려움』

남성의 거세 불안은 공포영화에 나타나는 여성괴물에 대한 가장 강력한 재현 두 가지, 즉 거세자로서의 여성과 거세당한 존재로서의 여성을 탄생시켰다. 여성은 물리적으로 혹은 상징적으로 거세된 존재로 재현되고 있다. 여성의 물리적 거세는 슬래셔 필름에서와 같이 그녀가 대체로 희생자로 묘사되면서, 그저 피 흘리는 상처 자체가 될 때까지 신체가 끊임없이 난도질당하는 영화에서 묘사된다. 다른 공포영화들에서 여성은 그녀가 상징적으로 거세되었기 때문에 사이코 괴물로 변하는데, 말하자면 여성은 자신에게 정당한 운명을 부당하게 박탈당했다고 느끼기 때문에 괴물이 된다. <위험한 정사>에서 (비혼의 커리어 우먼인) 여성 주인공은 남편과 가족에 대한 필요를 충족시킬 수 없기 때문에 괴물로 변한다. 여성 정신병자가 등장하는 최근의 (그리고 매우 인기있는) 영화들 몇 편에서 외로운 여자들은 가족, 남편, 연인, 아이와 같이 그녀를 거부한 것을 소유하기 위해서 살인을 저지른다. <요람을 흔드는 손>에서 주인공은 아이를 소유하기 위해 살인을 한다. 자신의 룸메이트가 죽은 쌍둥이 언니를 대신해 주기를 바라는 <위험한 독신녀>의 사이코패스는 자기 친구의 성격, 외모, 습관을 잠식할 뿐만 아니라, 자신을 방해하는 남자는 누구든지 죽이려고 든다. <야성녀 아이비>에서 아이비라는 이름의 주인공은 한 남자를 소유하기 위해서 그의 아내와 딸을 제거하려고 한다. 이런 영화들에서 여성의 난폭하고 파괴적인 욕망들은 그들이 친구와 가족을 가진 '평범한' 삶을 영위하지 못하는 것으로부터 비롯된다. 여성이 성적으로 그리고 감정적으로 충족되지 못했을 때 괴물로 변한다는 점에서 여성 사이코패스의 이런 판본은 여성괴물성의 좀 더 관습적인 관점을 재현한다. 그녀는 자신의 결핍, 즉 상징적 거세 때문에 사회, 특히 이성애 핵가족에 복수하려고 한다.

거세된 여성괴물이 자신의 범죄로 인해 필연적으로 처벌을 받는 반면, 거세하는 여성―대체로 호소력 있는―은 거의 처벌받지 않는다. 그녀는 두 가지 형태를 띤다. 첫째는 (<자매들>, <어둠 속에 벨이 울릴 때>, <반항>, 그리고 <원초적 본능>에 등장하는) 거세하는 여성 정신병자이고, 다른 하나는 자신을 강간했거나 어떤 방식으로든 학대했던 남자에게 복수를 하는 여성이다. 이런 특징을 보이는 여성을 가장 분명하게 재현하는 일련의 공포영화들은 여성 복수극이다. 이 장르의 영화들에는 <레이프 스쿼드>, <립스틱>, <주말의 터미네이터>, <네 무덤에 침을 뱉어라>, <마더스 데이>, <복수의 립스틱>, <사베지 스트리트>, <벌거벗은 복수>, <더럽혀진>, 그리고 <페어 게임> 등이 있다. 대체로 주인공은 그녀나 친구가 한 명의 남자 혹은 남자들 무리에게 강간을 당했거나 살인을 당했기 때문에 복수를 감행한다. 어떤 영화들에서는 강간 이외의 이유 때문에 여성들이 복수하기도 한다. 그러나 그 복수는 거의 언제나 남자들에게 어떤 종류의 착취를 당했기 때문이

억압과 위반 사이

다. 뉴만은 잉그마르 베르히만의 <처녀의 샘>에 바탕을 둔 성공적인 작품 <왼편의 마지막 집>을 미국 강간-복수 영화의 선구자로 본다. 웨스 크레이븐이 감독한 <왼편의 마지막 집>은 일련의 리메이크와 모방작을 양산했다. 그리고 모방작들은 모두 여성 희생자가 복수를 감행하는 영화들이었다. 어떤 영화들은 시각적으로 거세 장면을 보여주었는데, 특히 곧 자세히 논의하게 될 <네 무덤에 침을 뱉어라>가 그런 작품 중 한 편이다.

이런 강간-복수 영화 중에서 가장 잘 알려진 작품 중 하나는 <복수의 립스틱>(1981)이다. 여성 주인공 타나는 뉴욕에서 일하고 있는 재봉사이다. 어느 날 밤 집으로 돌아가는 길에 그녀는 강간을 당하고, 그녀의 아파트로 돌아왔을 때 그곳에서 또다시 그녀를 강간하려고 하는 강도와 마주치게 된다. 그녀는 우여곡절 끝에 그를 죽이게 되고 그의 몸을 토막낸 후에 그의 신체 부위들을 도시 이곳저곳에 버린다. 모든 잠재적 강간범들에게 복수를 하기 위해 타나는 밤에 길을 걸어 다니며 남자를 유혹한 뒤 쏴버린다. 영화는 선정적인 장면들을 조심스럽게 피해간다. 영화는 관객들이 강간범과 동일시할 수 있는 방식으로 타나에 대한 공격을 묘사하지 않으며, 또한 관객의 쾌락을 피와 고어의 장면으로 초대하는 방식으로 타나의 보복 행위를 그려내지도 않는다. <더럽혀진>(1985)은 강간-복수 영화의 가장 독특한 예를 보여준다. 강간 피해자였던 한 무리의 여성들이 서로 결속을 다진 뒤, 감옥에서 출옥하여 다시 강간을 저지르는 강간범들을 응징하기로 결정한다. 경찰관과 외과 의사를 포함하는 다양한 직업의 여성들이 이 그룹의 멤버로 참여한다. 경찰관은 지속적으로 강간을 저지르는 남자들의 이름과 거처를 알아낸다. 여성들은 술집에서 목표물에 접근하고 술에 수면제를 넣은 뒤 그들을 외과의사의 집으로 납치해 오는데, 외과의사는 자신의 집 지하에 수술실을 마련해 놓았다. (외과의사의 어린 딸은 성범죄 후에 출옥한 남자에 의해서 강간 당한 뒤 살해당했다.) 외과의사는 수술을 통해 남자를 거세하고, 그들은 다음 날 술집이나 공원에서 무슨 일이 있었는지 기억하지 못하는 채 깨어난다. 경찰은 도움을 청하는 남자들에 대해서 거의 동정을 느끼지 못하며, 심지어 그들은 이와 관련해서 신고 된 사건들을 '폭행'이라고 기록해야 할지 '강도'로 기록해야 할지 모르겠다고 농담을 한다. 이 하위 장르의 다른 모든 영화들처럼 여성들은 처벌받지 않는다. 오히려 그들은 그들의 행위에 있어 정당한 것으로 그려진다.

흥행에 크게 성공했던 <원초적 본능>(1992)은 여자가 오르가즘에 도달한 뒤 얼음송곳으로 남자를 찔러 죽이는 섬뜩한 장면으로 시작한다. 그는 침대에 묶여 있고, 여자는 그 위에 올라타 있다. 영화에 등장하는 네 명의 여성 주인공은 양성애자이거나 레즈비언인데, 이는 여성의 성적 취향은 본질적으로 양면적이라는 사실을 제시한다. 중심 여성 캐릭터는 아름답고 매혹적이며 지적이다. <원초적 본능>은 모든 여자가 잠재적 살인마이며 여자와 섹스를 하는 것은 매우 위험한 일이라고 주장한다. 마지막 시퀀스는 커플이 사랑을 나누는 장면을 묘사한다. 마지막 숏은 침대 아래의 얼음송곳을 보여주는데, 이는 그녀의 치명적인 바기나 덴타타를 은유적으로 표현하는 것이다. <원초적 본능>은 그 내러티브가 남성을 죽이고자 하는 여성의 욕망을 설명하려고 하거나 정당화하지 않는다는 점에서 관습적인 보복 영화가 아니다. 또한 이 영화는 남성 사이코를 다루는 영화들이 그렇듯이 여성 사이코의 살인 게임을 억압하는 어머니의 포옹 탓으로 돌리지도 않는다. 복수에 대한 욕망은 언제나 여성 안에 존재하는 것처럼 보인다. 영화는 오르가즘이

억압과 위반 사이

라는 극도의 고통에 사로잡힌 조심성 없는 남성에게 죽음은 언제라도 찾아올 수 있다고 말하는 것처럼 보인다.

슬래셔 영화와 여성 거세자

비록 슬래셔 영화가 여성을 희생자로 다루는 것에 더 집중하고 있는 것처럼 보이기는 하지만, 이 인기 있는 하위 장르는 거세자로서의 여성에 대해서 논의하기에도 적합하다. 전형적인 슬래셔/스토커 영화는 1978년 존 카펜터의 <할로윈>의 개봉과 함께 시작되었으며 지난 십여 년 동안 특히 젊은 관객들 사이에서 놀라운 인기를 얻어왔다. 이 시기의 작품들에는 <할로윈>, <프롬 나이트>, <헬 나이트>, <피의 발렌타인>, <해피 버스데이 투 미>, <텍사스 전기톱 학살>, <자매들>, <13일의 금요일>, 그리고 <나이트메어> 등이 있었다. 마지막에 언급된 두 편의 영화는 큰 인기를 얻으면서 각각의 작품이 시리즈물로 제작되었다. 그러나 슬래셔 영화가 그저 갑자기 나타난 것은 아니었다. 이 영화들의 기원은 악명 높은 토막 살인마 잭Jack the Ripper의 이야기를 다루었던 살인광 하위 장르 뿐 아니라 <하숙인>, <표범 인간>, <나이트 머스트 폴>, <피핑 톰>, <죽음을 부르는 여인>, <유모>, 그리고 <사이코>와 같은 이전 작품들에서 찾아볼 수 있다. 일반적으로 '슬래셔'라는 표현은 미치광이 살인마가 대부분 칼이나 다른 절단의 도구들을 활용해서 많은 수의 사람들을 살해하는 영화들을 정의하는 데 사용되었다. 현대 슬래셔 영화에서 삶과 죽음의 사투는 대체로 정체가 밝혀지지 않은 살인마와 어른들의 감시를 피해 섹스할 수 있는 장소를 찾아 헤매는 데 대부분의 시간을 보내는 것처럼 보이는 젊은이들의 집단 사이에서 벌어진다. 대부분 남자─반드시 그런 것은 아니지만─인 살인마는 몰래 접근하여 잔인하게 살해하며, 그의 힘은 대부분 초인적이다. 그의 무기는 칼, 부지깽이, 도끼, 바늘, 면도칼과 같은 날카로운 도구들이다. 그의 대량 살인은 결국 그룹의 한 명에 의해서 종말을 맞게 되는데, 그는 대체로 여성이다. 지적이며 똑똑하지만 성적으로는 적극적이지 않은 그녀는 다른 사람들과는 좀 다른 위치에 존재한다.

내러티브 구조와 미장센의 끊임없는 복제는 슬래셔 영화에 있어 중요한 특징이다. 또한 살인마의 관점에서 찍은 시점숏 혹은 주관적 숏의 반복 역시 슬래셔 영화의 특징이라고 할 수 있다. 이는 전형적인 리버스숏으로 연결되지 않는다. 살인마의 정체는 영화의 마지막까지 알려지지 않는다. 로저 에버트가 지적했던 것처럼, 슬래셔 영화의 영향으로 그가 '불특정한 남성적 살인 포스'라고 묘사했던 익명의 살인마의 시점과 관객들이 동일시하도록 장려하는 주관적 카메라의 사용이 증가했다(1981, 56).

슬래셔 영화에 대한 뛰어난 연구인 「그녀의 육체, 그 자신: 슬래셔 영화에서의 젠더」에서 캐롤 J. 클로버는 <할로윈>이 개봉했던 1978년 이후 제작된 거의 모든 슬래셔 영화에서 부정한 섹스에 빠진 남자와 여자들은 모두 죽는다고 쓰고 있다. 차이란 여자가 더 많이 죽는다는 것과 그들의 죽음을 묘사한 장면들이 더 생생하다는 점에 있다.

> 그러나 심지어 많은 수의 남자와 여자들이 살해당해서 죽음을 맞이하는 영화에서도, 질질 끄는 이미지는 필수불가결하게도 여자들이다. 남자의 죽음은 언제나 신속하다. (…) [그리고] 여자의 죽음보다 더 거리를 두고 보여지거나, (예를 들어 어둠이나 안개 때문에) 희미하게 보여지며, 그도 아니면 전혀 보이지 않도록 스크린 밖에서 벌어진다. 반면에 여자의 살인은 더 가까이에서, 더 시각적으로 자세하게, 그리고 더 길게 그려진다. (클로버, 1989, 105)

억압과 위반 사이

클로버의 관점에서 여성이 더 자주 희생자로 그려졌던 이유는 그들에게는 더 광범위한 감정적 표현이 허용되었기 때문이었다. '힘의 성난 전시는 남자의 몫이지만, 울고, 움츠리고, 소리치고, 기절하며, 떨고, 자비를 비는 것은 여성의 몫이다. 간단히 말해서 비체적 공포는 젠더화된 여성성이다'(117). 로얄 브라운에 따르면 슬래셔 영화는 '고대 유대-기독교 신화의 매우 미국적인 브랜드의 가장 격하고 가장 강력한 반여성적 국면으로부터 자라났고' 이 신화에서 여성은 그녀의 성적 욕망 때문에 남성의 순수로부터의 타락에 책임이 있는 존재였다(1980, 172). 여성은 인간의 조건 때문에 비난 받았고, 이 때문에 희생양이 되었다.

슬래셔 영화는 분명하게 거세 불안을 다루고 있는데, 특히 남성의 거세에 대한 두려움을 다룬다. 여성의 잘리고 피 흘리는 몸의 이미지는 이 장르의 관습이다(디카, 1987 참조). 프로이트는 어떤 남성들이 여성의 신체에 상징적 형태의 거세를 행하는 것에 관심을 기울였다. 예를 들어, 물신주의자는 '자신이 부인하는 거세를 수행하기 위해서 여성의 머리카락을 자를 수도 있다'(「페티시즘」, 157). 상징적 거세는 슬래셔 영화의 이데올로기적 기획의 일부인 것처럼 보인다. 특수 효과의 발전으로 인해 이제 여성의 상징적 거세를 시각적으로 자세하게 보여주는 것이 가능해졌다. 프로이트에 따르면, 여성은 거세당한 것처럼 보이기 때문에 공포스럽다. 그녀가 일깨우는 공포는 무엇인가를 보는 행위와 연결되어 있다. 로라 멀비는 시각적 쾌락에 대한 그녀의 논문에서 여성을 '피흘리는 상처의 운반꾼'이라고 언급하면서 영화에서의 거세된 여성의 공포스러운 면모에 관심을 보였다(멀비, 1989, 14). 슬래셔 영화에서 희생자의 재현에 핵심이 되는 것이 바로 '피 흘리는 상처'로서의 여성이라는 스펙터클의 관람이다. 난자당하고 절단당한 여성의 몸은 주로 그것이 보여주는 공포의 스펙터클과의 관계 안에서 공포스럽다. 남성의 사지 절단을 보여주는 장면은 의심의 여지없이 거세 불안을 불러일으키고, 특히 거세자가 여성인 텍스트에서 그렇다.

아주 소수의 비평적 관심만이 슬래셔 영화의 여성 거세자에 주목했다. 여성은 슬래셔(난도질 하는 자)와 여성 영웅이라는 두 가지 맥락에서 거세자로 재현된다. <어둠 속에 벨이 울릴 때>, <살인마의 손>, <13일의 금요일>, <지금 뒤돌아보지 마라>, 그리고 <자매들>처럼 여성 슬래셔를 그린 영화들은 꽤 많다. 이 영화들은 여성 슬래셔가 언제나 정신병자로 그려진다는 점에서 강간-복수 카테고리와는 다르다. 어떤 영화들에서는 슬래셔가 여자로 등장하기도 하지만, 사실은 남자가 여성으로 변장한 것이다. (<사이코>, <공포의 그림자>, <드레스트 투 킬>). <13일의 금요일>에서는 거세하는 어머니가 여성과 남성 희생자 모두를 난도질한다. 그녀의 희생자는 그들이 성적 행위에 몰두하고 있기 때문에 절단/살해당한다. 제이슨은 젊은이들이 그를 적절히 보살피지 않고 섹스에 몰두했기 때문에 익사했고, 어머니는 아들 제이슨의 죽음에 대한 복수를 감행하는 중이다. <사이코>의 노만 베이츠처럼, 그녀 역시 성적으로 모호한 존재다. 그녀는 복수를 감행하는 동안 남성의 목소리로 혼잣말을 하고 자신의 아들이 되어 행동한다.

슬래셔 영화의 여성 영웅 또한 거세하는 존재로 재현된다. 이는 매우 중요한 지점이지만, 장르에 대한 논의에서 이것은 대체로 무시되어 왔다. 클로버는 여성 영웅의 복수가 지니는 잔인한 본질을 강조한다. 여성 영웅은 살인마를 처형하면서 종종 상징적으로 혹은 물리적으로 거세를 감행한다. '그의 눈이 뽑히고, 손은 잘리며, 몸은 뚫리거나 총을 맞고, 배는 갈릴 것이다. 혹은 그의 성기가 잘려 나가거나 뜯겨 나갈 것이다(클로버, 1989, 115). 남성의 난자당하는 육체에 행해지는 끔찍한 일들에 대한 이 장황한 설명은 바커스의 시녀들, 복수의 여신들, 세이렌, 고르곤, 혹은 칼리와 같은 여성괴물의 화를 북돋울 만큼 어리석은 방랑하는 남성 영웅들의 운명을 노래한 고대 신화나 전설의 한 구절인 것처럼 읽힌다. 그러나 프로이트 정신분석학의 틀을 이용하면서, 클로버는 자신이 '파이날 걸 Final Girl'이라고 명명한 여성 영웅들을 거세자로 정의하지는 않았다. 그녀는 슬래셔 영화가 여성 영웅을 남근화한다고 주장했다. 예를 들어 (<할로윈>의 로리, <헬 나이트>의 마티, <텍사스 전기톱 학살 2>의 스트레치와 같은) 대체로 소년스러운 여성 영웅들의 이름은 그녀가 전형적인 '여성적' 캐릭터가 아니라는 점을 보여준다는 것이다.

형용해서 보자면, 파이날 걸은 관객이 구체화시킨 오이디푸스 콤플렉스에 빠진 남성 대리자이며 동성애적 대역이다. 그녀가 소녀를 '의미'한다면, 그것은 남근적 결핍을 의미하려는 의도를 보여줄 뿐이다. 담화는 완전히 남성적이며, 그 안에서 여성 인물은 오직 그들이 남성 경험을 '나타낼' 때만이 두드러질 수 있다. 파이날 걸을 페미니즘적 발전으로 칭송하는 것은, 그녀의 비유적 의미를 생각했을 때 소망으로만 가득 찬 생각의 지나치게 그로테스크한 표현일 뿐이다. (클로버, 1989, 119)

그러나 여성 영웅이 똑똑하고 지적이며 위험한 존재로 재현된다고 해서, 그것이 그녀가 유사 남성으로 보여야만 한다는 사실을 담보하지는 않는다. 게다가 슬래셔 영화에는 소년적인 이름을 가지지 않은 많은 여성 영웅들이 등장한다. <네 무덤에 침을 뱉어라>의 제니퍼, <13일의 금요일>의 앨리스, <여름날 파티에서 대학살>의 발레리만 봐도 그렇지 않은가. 여기서 마지막 영화는 정말 몇 되지 않는 여성이 쓰고(리타

매) 여성이 감독한(에이미 존스) 영화 중 한 편인데 여성 영웅은 살인마의 손을 자르고 배를 가르기 전에 만도로 그를 공격한다. <나이트메어> 시리즈의 특히 똑똑했던 여성 영웅의 이름은 낸시, 커스틴, 앨리스, 그리고 매기였다. 내가 설명했던 것처럼, 남근적 어머니와 거세하는 어머니는 서로 다른 존재이다. 슬래셔 영화의 복수하는 여성 영웅은 거세 불안과 결합하도록 고안된 이미지의 프로이트식 남근적 어머니가 아니다. (우리는 대체로 그녀를 포르노나 필름 느와르에서 만나게 된다.) 그녀는 신화와 전설, 종교와 예술의 담론에 존재하는 여성 인물인 치명적인 여성 거세자이며, 그녀의 이미지는 여성이 거세되었기 때문에 남성이 두려워한다는 프로이트의 관점에 도전하기 때문에 프로이트 정신분석학에서 대체로 억압되어 왔다.

클로버는 슬래셔 영화는 '여성을 제거하거나 (영화 전반부의 희생자들) 여성을 남성으로 재구성' 함으로써, 즉 여성 영웅이 괴물을 퇴치할 수 있도록 그녀를 남근화함으로써 남성의 거세 불안을 해소해 준다고 주장했다(클로버, 1989, 117). 그러나 슬래셔 영화는 클로버가 주장했던 것처럼 단순하게 '여성을 제거'하지 않는다. 특정한 여성 희생자는 사라질 수 있지만 그 한 명의 희생자의 자리는 재빠르게 (때때로는 남성인) 또다시 잘리고 피 흘리게 될 다른 이에 의해서 대체된다. 뿐만 아니라 영화는 거세 불안을 해소하려고 하지도 않는다. 클로버 자신이 설명했던 것처럼, 여성의 절단이나 죽음의 장면은 매우 자세히 묘사된다. 게다가 절단된 희생자들의 많은 수 덕분에 이 불안은 지속된다. 이는 거세 불안과 연합하도록 구상된 것이 아니다. 슬래셔 영화는 여성이 거세되었는가 그렇지 않은가의 문제와의 관계 속에서 적극적으로 거세 불안을 일으키기 위해 노력한다. 슬래셔 영화는 특히 여성을 거세된 자와 거세하는 자의 쌍둥이 역할로 재현하면서 이 노력을 실행하며, 거의 모든 영화들의 엔딩을 지배하는 것은 거세하는 자로서의 이미지이다. 의미심장하게도, 여성을 희생시키는 것에 대한 탐구로 최근의 슬래셔 영화에 대한 비판을 시작한 에버트는 굉장히 다른 방향이자 한편으로는 방어적인 언급으로 결론을 내렸다. '이 영화들은 어쩌면 여전히 악마를 쫓아내고 있는 중인지도 모른다. 그러나 악마의 정체성은 변했다. 이제 "희생양"은 관객 중에 있는 가난하고, 학대당했으며, 정신적 외상을 입은 남성이다. 그리고 악마는 스크린 속의 여성이다'(에버트, 1981, 56). 에버트의 탄식은 여성 거세자를 다루고 있는 공포영화가 여성이 치명적이고 위험하다는 관점을 강화하고, 그리고/혹은 관객들이 섹스와 죽음 사이의 관계에 대해 가지고 있는 매혹을 자극하고 있다고 강변한다. 특히 남성들에게 말이다.

영화 속의 팜므 카스트라트리스

<네 무덤에 침을 뱉어라>와 <자매들>은 팜므 카스트라트리스에 대해 흥미로우면서도 서로 다른 재현을 보여주는 두 편의 영화다. <네 무덤에 침을 뱉어라>는 강간-복수 카테고리에 들어가는 영화이고, <자매들>은 정신병자 슬래셔 카테고리에 들어간다고 볼 수 있다. <네 무덤에 침을 뱉어라>에서 여성 영웅은 문자 그대로 거세한다. <자매들>에서 여성 주인공은 강간에 대해 복수하려는 인물은 아니다. 그보다는 남성 전체에게 복수하려는 정신병자, 미친 여자로 그려진다. 이 두 편의 영화 모두에서 거세와 살인의 장면은 남성 마조히즘이 두드러지는 감각적이고 에로틱한 순간으로 그려진다. 어째서 남성 감독들은 공포영화임에도 불구하고 남성 거세에 대한 영화를 만드는 것에 관심을 가지는

것일까? 왜 여성괴물 중 좀 더 치명적인 페르소나 중 하나인 팜므 카스트라트리스는 거의 언제나 미인의 전형적인 이미지를 수행하는 것으로 재현되는 것일까? 그것은 그녀가 노래의 아름다움으로 선원들을 죽음으로 유혹했던 신화 속 고대 세이렌의 현대적 판본과 분명하게 조우하고 있기 때문이다. 물론 세이렌은 뛰어난 여성 거세자이다. 이 신화는 울쑥불쑥한 바위들, 카니발리즘, 죽음, 그리고 사지절단과 같은 거세 불안의 이미지를 반향한다.

<네 무덤에 침을 뱉어라>는 팜므 카스트라트리스의 직접적인 재현을 보여주는 강간-복수영화 카테고리의 작품이다. 이 영화는 <미져리>에서처럼 거세자로서의 여성을 재현하기 위해 어떤 함의 혹은 대체나 상징과 같은 영화적 장치를 이용하지 않는다. 여성은 그녀의 남성 희생자를 문자 그대로 거세한다. <네 무덤에 침을 뱉어라>는 여름 휴가를 위해 시골에 집을 대여한 뉴욕의 교사 제니퍼 힐스(카밀 키튼 분)의 이야기를 보여준다. 그녀는 매리 셸바라는 이름의 가상 인물에 대한 책을 쓰려고 계획 중이다. 주유소에서 그녀는 점원과 이야기를 나누게 되는데, 그는 지역 건달패거리의 리더인 조니다. 이 건달패거리의 다른 멤버에는 스탠리, 앤디, 그리고 매튜가 있는데, 이 중 매튜는 살짝 지능이 떨어지는 패거리의 똘마니로 슈퍼마켓에서 배달원으로 일하고 있다. 네 명의 건달들은 제니퍼를 끔찍하게 폭행하고 강간한 뒤 죽도록 방치한다. 그녀는 회복해서 그들 각각에게 치명적인 복수를 감행한다.

이 영화에 대판 비평가들의 반응을 첨예하게 나뉘어졌다. 어떤 이들은 강간 장면에 중점을 두고 이 영화가 여성에 대한 폭력을 장려한다고 주장했다. 이 장면은 자주 검열에 대한 논쟁에서 '폭력 비디오'의 예로서

거론되었다. 다른 이들은 이 영화가 그보다는 폭력에 반대한다고 주장했다. 필 하디는 좀 더 사려 깊은 반응을 선보였다. 그는 영화에 등장하는 남자들이 너무 혐오스러우며 강간 장면 역시 너무 고통스럽고 공포스러울 뿐 아니라 특히 이야기의 행위가 여성의 관점에서 제시되고 있기 때문에, 남성 관객들이 강간범들과 동일시할 것이라고 생각하기는 어렵다고 주장했다. '게다가 "그녀가 그것을 원했다"거나 즐기고 있다는 함의가 없다. 물론 강간범의 관점에서는 다를 수 있지만, 이 영화는 매우 신중하게 그 관점과 거리를 두고 있다.' 그러나 하디는 여성 주인공이 복수의 화신으로 변하는 방식에 있어서는 비판적이다.

> 거의 긴장병과 고요한 강박증의 수준으로 그녀를 타락시키면서, 영화는 관객으로 하여금 그녀와 거리를 두도록 한다. 그리고 그녀를 단지 아무것도 아닌 것으로 보이게 하고, 그녀를 위험할 정도로 가까이, 부정적인 여성 정형이라고 할 수 있는, 완전히 파괴적인 팜므 카스트라트리스로 몰아간다. (하디, 1986, 329)

제니퍼의 복수는 끔찍하고 분명하며 완벽한 스타일로 이루어진다. 그녀는 친절하고 호감이 가는 일반적인 여성에서 치명적이고 강력한 살인자로 변신한다. 그녀가 자신의 계획에 따라 처형을 실행함에 있어 실패할 가능성은 찾아볼 수 없다. 그녀가 총을 들고 검은 옷을 입고 자신이 하려는 일에 대해서 신에게 용서를 빌었을 때, 우리는 서부 영화의 영웅처럼 그녀가 각각의 남자들을 사냥해서 지구에서 추방해 버릴 것임을 알고 있다. 끔찍하지만 완벽하게 정당한 분노로 가득 차서, 제니퍼는 완전히 강력하고 완전히 파괴적인, 치명적인 팜므 카스트라트리스가 된다. 그녀는 관객의 동정심을 얻었으면 얻었지, 잃지는 않는 것처럼 보인다. 그녀의 복수가 괴물처럼 보일 수는 있지만, 여자는, 남성 복수 영화의 남자 주인공들이 죄가 있다고 평가되는 것처럼, 그녀가 한 일에 대해서 죄가 있다고 평가되지는 않는다. <더티 해리> 시리즈의 클린트 이스트우드는 영화의 제목이 보여주듯이 그가 뒤쫓는 범죄자와 함께 오염되어 있다.

그럼에도 불구하고 <네 무덤에 침을 뱉어라>는 여전히 여성 재현에 있어 여성혐오적이다. 우리는 제니퍼가 복수를 감행하는 장면이 치밀하게 성애화되어 있다는 점에 주목할 필요가 있다. 여성은 성교 중에 남성을 거세하거나 죽이기 때문에 공포스럽다. 이후의 살인을 위한 준비라고 할 수 있는 첫 번째 살인은 분명히 희생 의식의 형태를 띤다. 제니퍼는 여사제나 님프와 같은 복장을 한다. 그녀는 성적 환희를 약속하면서 희생자를 숲으로 유인한다. 희생자는 마치 오르가즘을 느끼는 것처럼 올가미에 목이 졸려서 죽는다. 여자는 섹스와 죽음을 의미한다. 그녀의 두 번째 살인은 더욱 제의적인 특징을 띤다. 그녀는 희생자를 욕실로 유혹해서 그의 몸을 씻긴 다음 거세하기 전에 그를 오르가즘의 순간으로 이끈다. 그가 죽어갈 때에 그의 피는 클래식의 선율을 따라 흘러내린다. 여성, 쾌락, 그리고 죽음은 이 장면들에서 긴밀하게 연결되어 있다. 거세 행위에는 제의적 인상이 한껏 고취되어 있다. 제니퍼는 죽음 전에 종교적 서약을 하고, 하얀 가운을 입으며, 초인적인 힘을 얻은 것처럼 보인다. 이 장면들의 도상학은 하얀 가운, 물, 클래식 음악, 속죄로서의 피흘림, 성적 쾌락과 죽음 사이의 분명한 관계 등, 제의적 특징을 지닌다. 비록 복수의 장면들이기는 하지만, 이 장면들이 다른 역할 역시 수행하고 있다는 것은 분명하다. 이 장면들은 관객에게 죽음과 미분화의 욕망과 연결된 에로틱한 쾌락으로의 약속을 제공한다. 이 맥락에서

억압과 위반 사이

팜므 카스트라트리스는 모호한 인물이 된다. 그녀는 죽음과 쾌락, 그리고 망각에 대한 피학적 욕망으로 유희하는 반면, 동시에 거세와 죽음에 대한 두려움을 일으킨다.

남성의 거세 불안에 대한 논의에서, 카렌 호니는 '여성(어머니)에 대한 남성적 두려움은 … 남성(아버지)에 대한 두려움보다 … 더 무겁다. 그리고 여성에게서 페니스를 찾으려는 노력은 무엇보다 재앙이 되는 여성 성기의 존재를 부인하려는 발작적인 시도'라고 썼다. 그리고 그녀는 여성에 대한 남성의 두려움이 사랑과 죽음이라는 관점에서 남성에게 이해될 수 있을 것인가 아닌가에 대한 흥미로운 질문을 던진다.

수컷에게 종종 일어나는 짝짓기 이후에 찾아오는 혼수상태—혹은 죽음—이 주목 받은 적이 있었는가? 성적 결합이란 잠재적으로 새로운 생명을 탄생시키는 것인 암컷에게 있어서보다 수컷에게 있어서 사랑과 죽음이 더 가까이 연결되어 있는 것일까? 남성은 정복하고자 하는 욕망과 나란히 여성(어머니)과 재결합하는 행위를 통해 절멸에 대한 은밀한 욕구를 느끼는가? '죽음-본능' 이면에 존재하는 것은 어쩌면 이런 욕망은 아닐까? (호니, 1967, 138-9)

<네 무덤에 침을 뱉어라>의 전반부에 등장하는 세 개의 강간 장면이 후반부의 복수 장면들과 완전히 다른 방식으로 촬영되었다는 것은 매우 중요하다. 희생자로서의 여성이 대상물로 재현되었던 반면, 희생자로서의 남성은 그와 비슷한 방식으로 품위가 떨어지거나 모욕당하지 않는다. 오히려 남성 희생자의 죽음을 다루는 장면들은 죽음과 쾌락을 연결시키는 방식을 통해 관객들에게 피학적인 쾌락을 제공하고 있다. (그렇다고 내가 강간 장면이 성애화되었어야 한다고 주장하는 것은 절

대 아니다.) 이런 차이가 드러나는 중요한 이유는 이 영화의 이데올로기적 목적, 즉 여성이 거세하기 때문에 괴물로 재현해야 한다는 것에서 기인한다.

강간 장면은 여성이 완벽하고 완전하게 희생자가 되는 방식으로 촬영되었다. 그녀는 쫓기고, 품위를 잃었으며, 모욕당하고 또 고통당했다. 남자들은 그녀를 질, 항문, 그리고 구강 강간으로 밀어 넣었고, 페니스와 맥주병으로 강간했다. 그녀는 두들겨 맞았고, 발로 차였으며, 주먹으로 강타당했다. 심지어 그녀의 창작물도 조롱당하고 더럽혀졌다. 게다가 그녀의 복종과 굴욕은 강조되고 길게 늘어졌다. 두 번의 경우에 건달들은 그녀를 다시 붙잡기 위해서 그녀를 놓아주기까지 했다. 각각의 경우에 그들의 공격은 점차 폭력적이 되어갔다. 심지어 하드코어 포르노의 강간 판타지조차 이렇게 잔인하고 끔찍한 방식으로 재현되는 경우가 드물다. <네 무덤에 침을 뱉어라>는 남성이 여성이 거세되지 않았다는 사실을 두려워하기 때문에 많은 영화에서 여성을 거세된 것으로 '구성한다'는, 이미 앞에서 다루었던, 루리의 주장을 분명하게 보여준다.

여성이 사실상 바로 그 본질에 의해서 거세 위협을 상징하기 때문에 응징당한다는 것은 분명해 보인다. 한 명의 강간범이 맥주병으로 그녀를 공격할 때 그는 그녀를 '나쁜년 bitch'이라고 부르면서 그가 여자에 대해 마음에 드는 것은 '완전한 복종'이라고 말한다. 이 맥락에서 '완전한 복종'이라는 것은 오직 한 가지뿐이다. 그는 그의 여자가 죽었거나 거의 죽어있기를 원하는 것이다. 만약 <네 무덤에 침을 뱉어라>에 나오는 거세와 살인의 장면이 먼저 등장하고 강간 장면이 나중에 등장했다면, 강간의 극도의 난폭함을 이해하기 좀 더 쉬웠을 것이다. 영화가 보여주는 그대로로는, 시작 부분에 등장하는 강간 장면은 사실상 여자를 두려워하는 남자들의 행동이라고 회고적으로 이해될 수밖에 없다. 그들은 때로 여자를 쫓아가서는 강간을 하는 동안 바닥에 꼭 눌러놓는다. 여자는 너무 심하게 맞아서 그녀가 반격할 가능성은 거의 없어 보인다. 그녀는 상징적으로, 그리고 실제적으로도 완전히 강타당하고 피 흘리는 상처로 변했다. 공격의 가학적인 본질은 그녀가 그녀의 공포스러운—그러나 상상일 뿐인—힘을 사용하기 전에 그것을 훔치려는 시도로 밖에 보이지 않는다.

　브라이언 드 팔마가 <사이코>, <이창>, 그리고 <칼리가리 박사의 밀실>에 바쳤던 색다른 스릴러 영화 <자매들>은 시간이 지나면서 컬트 영화로 자리 잡았다. 이 작품은 정신질환을 앓고 있는 여성 슬래셔 다니엘르 블랑시옹의 이야기를 다루고 있는데, 그녀는 죽은 시암 쌍둥이 도미니크의 잔인한 인격에 사로잡혀 있다. 두 인물 다 마곳 키더가 연기했다. 다니엘르가 남자에게 끌릴 때마다 도미니크가 나타나서 그의 성기를 자르고 살해한다. 다니엘르의 전 남편인 에밀(윌리엄 핀리 분)은 쌍둥이를 분리하는 수술을 집도한 의사였다. 그는 도미니크가 '귀환하는 것을 막기 위해 계속해서 다니엘르에게 약을 먹인다. 기자인 그레이스(제니퍼 솔트 분)는 다니엘르가 퀴즈쇼에서 만난 필립을 죽이는 장면을 목격하고 경찰을 부른다. 문제는 필립의 시체가 사라졌다는 것이다. 그레이스는 혼자서 살인사건과 쌍둥이의 비밀을 수사하기로 결심한다.

　<자매들>은 '정신분열증과 성적 정신착란에 대한 재치 있는 묘사로 평가받아 왔다(호간, 1986, 262). 혹은 우리 문화에 동화되지 않고 알려지지 않은 것을 여성 혹은 '내적 자기의 여성적 에너지'에 연결시킨 뒤 이 위협적인 요소를 파괴해 버린 브라이언 드 팔마의 또 다른 영화(월러, 1987, 141)로 이야기되었고, '가부장제 사회 안에서 여성이 억압당하

는 방식에 대한 분석'(우드, 1986, 151)으로 언급되기도 하였다. <자매들>에 대해 쓴 어떤 비평가도 팜므 카스트라트리스의 존재에 의한 남성 거세라는 공포스러운 장면에 관심을 보이지 않았다. 로빈 우드는 프로이트의 이론에 기대어 이 영화가 기본적으로 거세된 여성에 대한 탐구라고 주장했다. 이 작품이 이런 개념에 대해 연구하고 있는 것은 분명하지만, 영화의 전체 주제는 거세된/거세하는 여성에 대한 연구이며, 여성 괴물성의 핵심 인물로 거세하는 여성을 재현하고 있다.

똑같이 생긴 쌍둥이 자매가 한 명은 선하고 한 명은 악하다는 모티프는 여성 영화에 있어 인기있는 구조이다. (<데드링거>, <검은 거울>, <도둑맞은 인생>). 호러 장르에서 쌍둥이의 재현은 비슷한 패턴을 따른다. 쌍둥이들은 언제나 똑같이 생겼지만 본질적으로는 다르다. <검은 거울>에서는 쌍둥이 중 한 명이 살인을 저지르고 다른 한 명이 그녀의 죄를 숨긴다. 매리 앤 도앤이 지적했던 것처럼, 쌍둥이가 똑같이 닮았기 때문에 '두 자매의 외관을 뚫고 내면의 진실을 보기 위해서 정신과 의사가 필요하다'(도앤, 1987, 43). <자매들> 역시 예외는 아니다. 에밀은 남편/의사의 이중 역할을 수행한다. 이데올로기적인 주제는 비슷하지만, 호러 장르의 관습은 두 자매 사이의 차이점들이 여성 영화에 비해 좀 더 극단적이고 폭력적인 형태로 드러나도록 한다. 다니엘르는 그녀의 옆구리에 난 상처가 보여주듯이 거세된 존재고 도미니크는—문자 그대로— 거세하는 존재다.

<자매들>에는 세 개의 중요 거세 장면이 등장한다. 필립의 절단/거세, 에밀에 의해 약에 취해서 다니엘르와 도미니크의 분리를 경험하게 되는 그레이스의 환각/플래쉬백, 그리고 에밀의 거세와 죽음이 그 세 장면이다. 남성의 거세가 성기에서 일어나는 반면, 여성의 거세는 자신

억압과 위반 사이

의 일부분과의 분리 그리고/혹은 다른 여성인 자매와의 분리로 그려진다. 이 시나리오에서는, 여성의 전체는 아니지만 일부분이 죽는다. 이 부분은 여성의 활동적이고 공격적이며 남근적인 자기를 구성한다. 살아남은 자기는 상처의 이미지를 통해 상징적으로 거세된 것으로 재현된다.

영화는 여성에게 적절한 여성적 역할을 구성하는 것에 대한 사회적, 성적 정의와의 관계 안에서 거세된/거세하는 여성이라는 개념을 드러낸다. 예를 들어, 그레이스의 어머니는 딸의 직업을 진지하게 받아들이지 않는다. 어머니는 그레이스의 직업을 '별 볼일 없는 일'이라고 부르면서 결혼과 가족이라는 진지할 일을 시작하기 전에 하는 어떤 일로 생각한다. 에밀은 도미니크가 아닌 다니엘르와 사랑에 빠지는데, 그것은 아마도 우리가 영화에 등장하는 병원장의 말에서 알게 된 것처럼 그녀가 '동생과는 달리 너무 친절하고, 너무 예민하며, 너무 평범했기' 때문이었을 것이다. 영화가 그레이스를 재현하는 방식은 사회에서 여성을 다루는 성차별적 태도를 강조한다. 편집장은 그녀에게 말도 안 되는 일을 맡긴다. 경찰은 그녀의 말을 듣지 않으며, 어머니는 그녀의 일을 하찮게 여긴다. 그녀가 고용한 사립탐정은 그녀의 제안을 거절한다. 에밀은 진실에 대한 그녀의 지식을 파괴하기 위해 그녀에게 약을 먹이고, 결국 그녀의 마지막은 집에서 나이든 부모님에게 아이처럼 보호 받으면서 인형에 둘러싸인 모습이다.

환각 시퀀스는 거세된/거세하는 여성에 대한 재현을 이해함에 있어 매우 중요하다. 환각/플래시백의 전체 장면은 그레이스의 관점에서 진행된다. 이때 그레이스는 병원에서 다니엘르의 옆 침대에 누워있다. 병원 스태프가 그녀를 잡고 에밀이 그녀에게 약을 투여한 뒤 최면을 건다. 에밀은 만약 그녀가 모든 '비밀'을 알고 싶다면, 알려주겠다고 말한다.

그리고는 다니엘르의 옷을 벗겨서 그레이스에게 쌍둥이와의 분리를 보여주는 시각적 잔여물인, 다니엘르의 옆구리를 덮고 있는 상처를 보여준다. 다니엘르가 그레이스가 누구냐고 묻자, 그가 대답한다. '기억 안나? 늘 여기에 있었잖아.' 에밀은 이제 쌍둥이가 어렸을 때로 그레이스를 데려간다. 에밀은 말을 통해 그레이스의 환각을 지시하지만, 어떤 일이 실제로 일어난 것인지 구분하는 것은 불가능하다. 그레이스가 자기 자신의 기억을 환각에 엮어 넣었을 뿐만 아니라, 에밀 역시 다소 미쳤다는 것은 분명해 보인다. 에밀이 그레이스의 환각을 새로운 방향으로 이끌 때마다 그레이스의 눈을 찍은 익스트림 클로즈업 숏이 반복적으로 스크린을 가득 메운다. 그레이스는 이제 '도미니크'이다. 우리는 사건들을 기억해내는 다니엘르의 목소리를 듣는다. 환각/플래시백은 세 부분으로 나누어져 있다. 괴물들의 소풍, 원초적 장면, 그리고 쌍둥이의 수술/거세. 이 과정은 우리가 현실로 돌아오는 순간에 의해 적어도 두 번 정도 방해 받는다.

그레이스의 환각/플래시백의 첫 부분은 그레이스가 살인사건에 대해 조사를 시작했을 때 보았던 블랑쉬옹 쌍둥이들에 대한 다큐멘터리 형식을 따른다. 이는 병원의 원장이 다니엘르는 친절하고 예민하지만 도미니크는 완전히 반대라고 설명하는 장면에서 시작한다. 그러나 그레이스의 환각에서 그는 말하면서 카메라로부터 멀어진다. 그는 같은 정보를 반복하지만 그의 말은 이제 긴 복도를 따라 울린다. 이것은 두 쌍둥이의 이분법적으로 반대되는 성격에 대한 설명을 재차 강조함과 동시에 소름끼치는 효과를 만들어낸다. 도미니크의 위치를 차지한 그레이스가 '그녀의' 부정적 자질이 강조되는 필름 자료의 에피소드를 복기하기로 선택했다는 점은 의미심장하다. 그레이스/도미니크는 병원의 환자들을 위한 특별한 파티를 '기억한다.' 그녀는 자신과 자신의 자매가 '괴물 freaks' 이라고 불린 것을 '기억한다.' 이 지점에서 그녀는 사진을 찍어주는 어머니를 보게 되는데, 어머니는 그녀를 '여성다움의 괴물 freak of womanhood' 이라고 여겼다. 우리가 현재로 돌아왔을 때, 에밀은 다니엘르에게 그녀가 남편이나 가정을 가질 수 없었음을 기억하도록 한다.

두 번째 부분에는 에밀과 다니엘르의 성교 장면이 포함된다. 그레이스는 에밀이 다니엘르와 사랑을 나누는 동안 자신/도미니크가 강제로 잠재워지는 장면을 목격한다. 이 기억은 여성이 쌍둥이 자기와 떨어졌을 때에만 섹스가 가능한 '더블'의 존재로 그려지는 기괴한 원초적 장면 같다. 남성은 여성에게 아내가 되고 어머니가 되고자 하는 '욕망'을 호소하기 위해서 신중하게 여성의 비판적인 자기를 침묵시키는 침략자다. 이 지점에서 영화는 와이드 앵글 숏으로 넘어가고, 우리는 유혹 장면이 계속되는 동안 전경으로 종이에 무엇인가를 쓰고 있는 인물을 본다. 그레이스는 환각 중에 처음으로 시암 쌍둥이에 대한 영화를 볼 때 그랬던 것처럼 노트를 적는 자신을 상상한다. 차이점이란 그레이스가 이제 두 가지 역할을 한다는 점이다. 그녀는 조사를 계속하고 있는 기자이자 조사 대상 중 한 명이다. 그레이스는 스스로를 조사하는 여성이며, 이런 여성은 가부장제 문화 안에서 특권을 받은 자리이다. 그러나 마지막에 그레이스는 그녀의 만용으로 인해 응징 당한다. 그녀는 에밀이 그녀가 발견한 것을 '잊어버리도록' 했기 때문에 진실을 밝혀낼 기회를 박탈당했다.

에밀이 그레이스를 다시 현재로 불러 왔을 때, 그는 다니엘르로 하여금 도미니크와 함께 정원을 걷다가 도미니크가 그녀의 태어나지 않은 아이를 원예용 가위로 죽이려고 했던 일을 떠올리게 한다. 원예용 가위에 대한 참조는 그레이스가 병원에 침입했을 때 정원에서 커다란 원예용 가위로 서슬 퍼렇게 가지치기를 하고 있는 환자와 마주쳤던 장면을 떠오르게 한다. 그레이스가 떠나자 그는 마치 악마를 쫓아내듯이 그녀를 향해 가위를 휘두른다. 가위는 이제 그레이스의 환각에 합체된다. 그러자 다니엘르는 자신의 '아기'를 잃게 될 것이라고 울부짖는다. 이 장면의 상태를 확신하는 것은 불가능하다. 로빈 우드가 이 영화에 대한 분석에서 제기했던 것처럼, 이 일은 과연 실제로 일어난 것일까? (우드, 1986, 153). 아니면 이건 그저 그레이스의 환각의 일부일 뿐일까? 이 일이 실제로 일어났느냐 그렇지 않느냐에 상관없이, '아기'는 정상성과 적절한 여성성에 대한 다니엘르의 욕망을 상징하는 것으로 보인다. 이것이 바로 도미니크가 파괴했고, 그 연장선에서 그레이스가 파괴하고자 하는 바로 그 욕망이다.

세 번째 부분은 쌍둥이 분리 수술을 재현한다. 그레이스/도미니크와 다니엘르는 참관인들이 참석한 자리에서 수술대에 오른다. 참관인에는 다큐멘터리를 찍은 남자, 탐정, 일란성 남자 쌍둥이, 그리고 똑같은 유니폼 때문에 쌍둥이처럼 보이는 두 명의 간호수녀들이 포함되어 있다. 더블이 기괴한 분위기를 만들어내면서 미장센에 출몰한다. 에밀은 수술 준비를 한다. 그는 다니엘르에게 그녀가 아기를 잃었고 지금 심하게 피를 흘리고 있다고 말한다. 그녀가 살기 위해서는 도미니크와 분리되어야만 하는 것이다. 그러나 그녀 옆에 누워 있는 것은 그레이스다. 카메라는 옆 테이블 위에 놓인 고기 베는 큰 칼을 보여준다. 그레이스가 고용했던 탐정이 칼을 들어올린다. 그는 그것을 참관인들에게 건네고 결국 에밀에게 전달된다. 에밀은 쌍둥이가 붙어 있는 엉덩이의 살을 관통해서 잘라내기 위해 신속하게 칼을 들었다가 내리친다. 그레이스는 히스테리컬하게 소리지르며 일어난다. 다니엘르는 바닥에 엎어져 도미니크를 찾아

억압과 위반 사이

소리를 지른다. 에밀은 그녀에게 도미니크가 죽었다고 말한다.

그레이스는 도미니크이다. 즉, 그레이스는 여성 거세자, 적절한 여성적 역할을 거부한 여성을 나타낸다. 이 매치는 환각 시퀀스 속에서 그레이스가 도미니크가 된다는 사실에 의해 더욱 강화된다. 에밀은 다니엘르와 사랑을 나누고 싶을 때, 반드시 그녀의 '다른 자기' 즉 남자에게 위험한 그 자기를 잠재워야 한다. 이것이 다니엘르가 적절한 여성적 역할을 따르고자 할 때 반드시 지불해야 하는 대가이다. 그녀는 그녀의 '자매'의 말을 들어서는 안 된다. 그녀는 상징적으로 그리고 물리적으로 다른 여성으로부터 분리되어야 한다. 도미니크/그레이스는 거세를 거부했다. 다니엘르는 가부장제 문화 안에서 적절한 여성이 되기 위해서 거세를 받아들였다. 그럼에도 불구하고, 다니엘르는 여전히 잠정적으로 위험하며 에밀은 도미니크의 귀환을 막기 위해 그녀에게 약물을 투여한다. 도미니크가 돌아왔을 때, 다니엘르는 팜므 카스트라트리스가 된다.

에밀은 다니엘르가 지불해야 하는 대가를 완전히 이해하고 있는 것처럼 보일 뿐만 아니라 이 희생이 필요하고 또 가치 있다고 믿는 것처럼 보인다. 그레이스가 비명을 지르며 환각에서 깨어났을 때, 다니엘르는 도미니크를 찾는다. 다니엘르는 그녀의 자매가 돌아와서 에밀을 죽일 것이라고 말한다. 전도된 욕망을 드러내는 장면에서, 에밀은 다니엘르의 가슴을 애무하면서 말한다. 그는 분명히 그가 처한 위험 때문에 흥분했다. '도미니크는 절대로 당신한테 죽지 않아. 당신이 마음속에 그녀를 계속 살려두었지. 때때로 당신은 그녀로 변해. 내가 당신과 사랑을 나눌 때마다 도미니크가 돌아와서 당신을 지배한다구. 이것이 도미니크가 사라질 때까지 당신을 조용하게 만들기 위해 할 수 있는 전부였어. 도미니크한테는 당신과 사랑을 나누는 모든 남자가 나, 에밀이었지. 다니엘르

당신을 사랑해.' 다니엘르는 그의 포옹으로부터 도망친다. 그는 그녀를 코너에 몰아넣고 그녀가 필립을 죽인 칼을 보라고 명령한다. 칼은 아직도 피로 물들어 있다. '이 칼을 봐! 당신이 이 칼로 남자를 죽였어!'

에밀이 피 묻은 칼을 다니엘르에게 들어 보일 때, 그는 이제까지 약물로 잠재워 놓았던 그녀의 거세 욕망을 고의로 깨우는 것처럼 보인다. 에밀이 면도칼을 쥔 다니엘르를 제어하려고 애쓰는 동안 우리는 그가 다음 희생자가 될 것이라는 사실을 알고 있다. 어째서 에밀은 피 묻은 칼을 가지고 있었던 것일까? 어째서 그는 자기 자신의 죽음을 초래할지도 모르는 상황을 촉진시킨 것일까? 그는 그레이스를 다니엘르 옆에 눕게 함으로써 그레이스로 하여금 도미니크의 역할을 하도록 했을 뿐 아니라, 환각/플래시백 동안에 그레이스가 도미니크가 다니엘르로부터 분리/거세된 것을 체험할 수 있도록 이끌었다. 이 잔인한 행동만으로도 복수하고자 하는 다니엘르의 살인 욕망을 깨우기에 충분했다. 그리고는 에밀은 교묘하게 다니엘르를 자극하면서 그녀 앞에 과거를 펼쳐 놓는다. 그는 결과적으로 다니엘르가 과거를 청산할 수 있도록 하고자 했던 것일까, 아니면 그의 동기는 치명적인 '타자로서의 여성에 대한 변태적 성욕에 더 깊게 연관되어 있는 것일까? 영원히 약물 중독인 상태에 놓여 있어야만 할 정도로 그렇게 위험한 여성인 다니엘르와 그의 관계는 분명히 위험천만하다. 그는 매번 그가 다니엘르와 사랑을 나누려고 할 때마다 도미니크가 돌아온다고 말했다. 에밀에게 있어, 사랑을 나누는 행위란 문자 그대로 삶과 죽음의 문제였던 것이다.

다니엘르/도미니크가 면도칼을 잡으려 할 때, 그녀는 혼수상태에 빠진 것처럼 꾸미면서 이전의 거세와 살인 장면을 자세하게 회상한다. 그녀는 또한 필립이 가지고 온 생일 케이크를 언급하고 '소원'을 빌었던 것에 대해 이야기한다. 그 소원은 자신의 다른 자기인 자매를 잃은 것에 대한 복수를 비는 것이었을까? 이 순간 그녀는 결국 면도칼을 잡아서 필립을 난도질 쳤던 것처럼 에밀의 성기를 몇 번이고 벤다. 에밀은 그녀의 뒤를 따라 방을 비틀거리며 가로질러 피의 발작 속에서 뒤에서 삽입하려는 듯이 그녀의 등에 달라붙는다. 그가 그레이스로 하여금 다니엘르의 상처를 만지게 했던 것처럼, 그는 이제 다니엘르로 하여금 자신의 잘려나가 피 흘리는 성기를 만지도록 한다. 에밀은 다니엘르의 손을 잡은 채 숨을 거둔다. 에밀의 피에 절은 두 손이 서로 잡고 있는 이미지는 남성에게 치명적인 여성의 매혹과 죽음에 복종하고자 하는 그의 피학적 욕망을 지시하고 있다.

<자매들>은 거세된 자/거세하는 자로서의 여성 재현을 탐구하면서, 동시에 이 둘 사이의 차이를 말할 수 없는 남성의 무능력을 조롱한다. 여성은 거세된 것일까, 거세하는 것일까? 그녀는 자신의 숨겨진 치명적 얼굴을 감추기 위해 하나의 페르소나를 사용하는 것일까? 베일 뒤편엔 무엇이 놓여있는 것일까? 로빈 우드는 <자매들>을 '가부장적 영화에서 펼쳐지는 가부장제 문화 아래에서의 여성 억압에 대한 가장 완벽하고 엄밀한 분석들 중에서도……최고의 페미니스트 공포영화라고 설명했다(우드, 1986, 76). 우드의 이데올로기적 접근에 대체적으로 공감하기는 하지만, 괴물이 여성의 해방이며 '<자매들>의 주제가 가부장제 하의 여성의 억압(거세)'이라는 그의 결론에 동의할 수 없다(ibid., 157). <자매들>에는 에밀과 도미니크라는 적어도 두 명의 괴물이 등장한다. 그리고 '여성의 억압'의 분석을 제시하면서 영화는 또한 치명적인 거세자로서의 여성에 대한 남성의 공포를 다루고 있다.

우드는 다음과 같이 주장했다.

다니엘르/도미니크는 실제 층위와 상징적 층위 양쪽으로 기능한다. 실제 층위에서는 정상성을 담보하지 못한 괴물로서 치료해야만 하고 따라서 파괴해야만 하는 존재다. 상징적 층위에서는, 예쁘고, 건전하며, 순종적인 여성(다니엘르)을 창조하기 위해서 가부장제 하에서 억압되어야만 하는 모든 것(도미니크)의 혼합된 이미지로서 기능한다. (ibid., 153)

나는 다니엘르(거세된 자/적절한 여성)와 도미니크(거세하는 자/비정상적인 여성)의 혼합된 이미지는 가부장제 이데올로기의 작동을 안전하게 지키기 위해서 억압되어야만 하는 어떤 것이 아니라고 주장하고 싶다. 그와는 반대로, 여성의 본성이 현혹시키는 미지의 어떤 것으로 재현되는 이런 혼합된 이미지는 그런 가부장제 이데올로기의 적절한 기능을 위해 필수적인 요소이다. 이는 영화, 예술, 종교, 포르노, 문학, 농담, 그리고 일상적인 대화와 같은 의미화 관습 안에서 끊임없이 재현된다. 그러나 영화의 성적 차이를 다루는 비평적이고 이론적인 글들의 대부분이 거세당한 여성의 분신인 거세하는 여성을 무시하면서도 거세당한 여성의 이미지를 계속 논의해 왔다는 것은 흥미로운 일이다.

<자매들>은 가부장제 안에서 여성의 역할에 대한 모순되는 메시지를 보여준다. 한편으로 영화는 정신병적인 거세자로서의 여성의 이미지를 활용해 관객들을 공포로 몰아넣으려고 한다. 또 다른 한편으로는 가부장제 안에서의 여성 억압에 대한 흥미로운 설명을 제시하는 것이다. <자매들>에서 남성을 거세하고자 하는 여성의 욕망은 이전에 일어났던 적극적인 자기의 신체손상과 그와의 분리, 그리고 그의 죽음과 직접적으로 연결되어 있다. 다니엘르로 대변되는 살아남은 자기는 소극적이고, 고분고분하며, 유순하다. 그러나 상징적으로 여성을 거세하고 그녀의 적극적 자기를 억압하려 했던 남성의 시도는 실패한 것으로 재현된

억압과 위반 사이

다. 도미니크에 의해 대변되는 이 자기는 쉽게 깨어나고, 남성은 생존을 위해 영원히 경계를 늦추지 말아야 한다. 그러나 <자매들>에서 여성의 거세하고자 하는 욕망에 대한 자신의 뿌리 깊은 두려움을 극복하려는 남성의 시도 역시 실패한다. 결국, 에밀은 다니엘르의 치명적인 포옹에 굴복하면서 그녀의 억압된 자기를 일부러 불러낸다. 각각의 성sex에 있어 승리하는 부분은, 남성의 피학적 자기와 여성의 가학적 자기라는 그들 각자의 억압된 측면이다. 영화의 잠재되어 있는 복종과 억압에 대한 비평―특히 젠더에 관련된― 은 아마도 작품의 가장 흥미로운 특징일 것이다. <자매들>은 에밀과 도미니크라는 두 명의 거세자 모두를 괴물로 그린다. 에밀은 환상 장면에서 관객들이 그가 고기 써는 칼로 쌍둥이를 갈라놓는 것을 볼 때 괴물이 된다. 그러나 텍스트에서 괴물성의 지배적인 인물을 구성하는 것은 거세자로서의 여성의 이미지다. 이는 부분적으로는 남성의 거세 장면이라는 실제적인 현상 때문이다.

에밀은 환상 장면에서 확실히 괴물로 그려진다. 그러나 그 전체 장면은 그레이스의 환상/플래시백의 일부분이며, 이는 그레이스가 최면이 걸린 상태에서 자신의 기억과 에밀이 나레이션을 통해 그렇게 생각하도록 유도한 내용으로 구성되어 있다. 여기에서 고전적인 할리우드 텍스트에서 플래시백이 수행하는 기능에 대해 고려해 볼 필요가 있다. 도앤은 여성 영화에서의 플래시백에 관해 흥미로운 논의를 펼쳤다. 프로이트의 '담화치료'가 보는 것의 힘으로 가능해진다는 마크 베네의 비평에 기대어(도앤, 1987, 46-7), 도앤은 영화의 플래시백이 이와 비슷하게 환자가 과거를 좀 더 명확하게 보고 그녀가 가진 문제의 본질을 이해할 수 있는 수단으로 활용된다고 주장했다. 보는 것이 치료 효과를 불러오는 이런 과정은 <어둠 속의 여인>과 <스네이크 핏>과 같은 영화에서 접할 수 있다. 그러나 도앤이 지적했던 것처럼, '정신분석학과 영화는 비슷하게, 여성을 매우 조심스럽게 구성된 진술 안에서 전시한다(ibid., 54). 그녀는 여성의 이야기는 거의 언제나 해석되며 '들어주는 의사의 의도적인 귀에 의해서 강제되고 조절될 때에만 치료에 도움이 된다.' 그러므로 그녀의 이야기의 '유효성은 제한적인 것으로 보인다(ibid.). 의사는 약으로 그녀의 진술을 유도하거나 그녀가 회상할 때 그 사건들을 해석하기 위해서 끼어든다.

<자매들>에서 에밀은 그레이스에게 약을 투여할 뿐만 아니라, 최면을 걸고, 그녀가 경험하는 사건들을 이야기한다. 그레이스는 플래시백을 경험하지만 사건의 '진실된' 설명으로서의 위상은 완전히 훼손당한다. 이런 상태라면, 이 시퀀스가 보여주는 것은 보통 꿈과 연결되는 불안정한 상태이며, 이 경우에는 악몽과 연결된다. 그레이스가 '보고 있는' 것이 재현하는 것은, 어느 정도까지는, 독립적인 여성에게 적대적인 세상을 살아가는 자기 자신의 경험이기도 하다. 그녀의 환각에는 어머니와 같이 끊임없이 그녀의 목소리를 부인하려고 하는 지인들이 등장한다. 그녀는 이것을 자신의 '자매'로부터 분리된 공격적인 여성, 즉 도미니크의 서투른 모방을 살도록 강요당하는 잔인한 공격으로 경험한다.

여성의 '거세'와는 대조적으로, 남성의 성기 거세를 보여주는 두 개의 장면은 '실재'에서 벌어지며 여성의 거세보다 더 피비린내 나고 무시무시하다. 이 장면들은 플래시백을 통해서 이야기되는 것이 아니고, 따라서 그런 구조와 연결되는 불안정성을 담보하지 않는다. 남성 거세의 장면들은 현재에서 영화화되고 지배적인 담화의 실재 효과를 취한다. 에밀과 비교했을 때 좀 더 애처로운 인물인 다니엘르/도미니크가 공포

억압과 위반 사이

스러운 이유는 정확하게 그녀의 정체성이 경계에 서있고 그녀의 정상적인 외관이 광적인 여성의 분노를 숨기고 있기 때문이다. 그럼에도 불구하고 <자매들>이 가부장제 이데올로기의 명령 속에서 폭력을 위치시키는 방식은 흥미롭다. 게다가 영화는 그레이스라는 인물을 통해ㅡ프로이트가 남성을 거세하고자 하는 여성의 욕망의 이유로 꼽았던ㅡ페니스 선망의 결과가 아니라 오히려 통제와 억압이라는 사회적으로 야기된 형식에 의한 여성의 열악한 위치를 보여준다. <자매들>은 또한 남성 거세를 공공연하게 탐구한다. 이 부분은 지금까지 비평적 수용이 완전히 무시해 온 요소다.

마지막 시퀀스에서, 그레이스는 부모에게 완전히 의존하는 유아기적 의존 상태에 빠지고, 다니엘르/도미니크는 에밀을 살해했다는 이유로 체포된다. 붙들려가면서 그녀는 모든 좋은 괴물들이 그랬던 것처럼 한 마디를 내뱉는다. '하지만 난 아무도 해치지 않았는걸.' 영화의 마지막 숏은 남근 같은 전봇대에 선채로 묶여 있는 사립탐정을 보여준다. 그는 지금은 시골 역사에 버려져 있는, 필립의 시체를 담고 있는 소파를 쌍안경으로 관찰하고 있다. 남근의 힘을 강화하려고 시도하면서, 이 이미지는ㅡ의도적으로ㅡ다소 기괴하고 심지어 초현실적인 인상을 준다. 마지막 숏에서도 여성의 위협적인 힘은 남성의 상상 속의 불안을 지시하면서 여전히 남아 있다. 치명적인 팜므 카스트라트리스의 징후가 존재하는 한 남자는 언제나 남근적 희망에 기대어 경계를 늦추면 안 된다.

10. 거세하는 어머니 : <사이코>

'어서 가서 그년에게 내 음식이나 내 아들로 그 더러
운 식욕을 채울 수 없을 거라고 말해라. 아님 너한테
그럴 배짱이 없으니 내가 가서 말하랴? 그럴까? 배짱
이 없지, 꼬맹아?

<사이코>에서 베이츠 부인

　　최근에 시네 페미니즘은 어머니-아이 관계의 재현에 점점 더 집중
하고 있는데, 특히 여성 영화나 모성 멜로드라마에 주목하고 있다. 탐구
되고 있는 주제들은 억압(<올드 메이드>), 희생(<스텔라 달라스>), 근친
상간적 욕망(<밀드레드 피어스>), 그리고 어머니와의 내적 동일화(<나
우 보이저>) 등이다. 모성 멜로드라마의 관계는 대부분 어머니와 딸
사이의 관계를 다룬다. 반면 공포영화를 이야기하기 위해서는 어머니-
아들 관계에 대한 탐구로 돌아서야 한다. 후자는 대체로 억압된 오이디
푸스 욕망과 거세하는 어머니에 대한 공포, 그리고 정신병이라는 관점
에서 표현된다. 괴물성, 아브젝션, 그리고 끔찍한 가족 시나리오에 대한
집착이라는 공포영화의 본질을 보면, 어머니-아이 양자 관계를 둘러싼
주제들은 일반적으로 더 극단적이고 공포스러운 방식으로 표현된다.
그러나 크리스테바의 비체적 어머니에 대한 이론에 기대고 있는 E. 앤
카플란의 <나우 보이저>와 <마니>에 대한 분석은 여성영화 역시 때로

억압과 위반 사이

는 어머니를 끔찍한 존재, '무시무시한 공포'를 불러일으키는 '공포증의 대상'으로 재현하기도 한다는 것을 분명히 보여준다(카플란, 1990, 133).

괴물 같은 어머니는 다수의 호러 텍스트에서 핵심이라고 할 수 있다. 그녀의 변태성은 거의 대부분 그녀의 자손, 특히 남자 아이에 대한 독점적이고 지배적인 행동에 바탕을 둔다. <사이코>, <죽음을 부르는 여인>, 그리고 <13일의 금요일>은 집착이 강한 어머니들을 위험한 정신병자로 묘사한다. 이 세 작품 모두에서 아이는 아들이었다. <사이코>, <사이코패스>, <트위스티드 너브>, <악마>, <비명 지르는 집>, 그리고 <마더스 데이>와 같은 영화들은 정신병적 살인자 아들을 어느 정도는 지나치게 소유욕이 강했던 어머니의 산물로 재현한다. <캐리>에서 어머니는 자기 딸을 파괴하는 종교적 광신도이자 고집불통으로 그려졌다. 대단히 성공적이었던 <위험한 정사>의 여성 사이코는 궁극적으로 아이와 남편을 소유하려는 탐욕적인 욕망 때문에 미친 것으로 드러난다. 거세하는 어머니는 다리오 아리젠토의 <딥 레드(서스페리아 2)>에서 중심이 된다. 그녀는 크레딧 시퀀스에서 크리스마스트리를 배경으로 아이를 위해 자장가를 부르는 소리를 통해 소개된다. 크리스마스트리 뒤쪽 벽으로 떨어지는 그림자가 두 사람이 삶과 죽음을 가르는 싸움 중이라는 사실을 폭로한다. 그 중 한 명은 커다란 칼에 치명상을 입을 정도로 찔리고 있다. 피 묻은 무기는 아이의 다리가 화면으로 걸어 들어오면서 프레임의 왼쪽에 떨어져 있고, 이는 아이가 끔찍한 살인을 보고 있었다는 것을 암시한다. 각각의 새로운 살인이 벌어지기 직전에 들려오는 자장가 선율은 내러티브 전반에 걸쳐 아버지가 살해당하는 원초적 장면을 환기시킨다. 마지막 시퀀스에서 이제까지 남자일 것이라고 생각하도록 꾸며졌던 살인자가 어머니였다는 사실이 드러난다. 동성애자인 아들 카를로는 영화 내내 자신의 미치광이 어머니를 숨겨왔던 것이다. 여성에 대한 그의 두려움은 칼을 휘두르는, 거세하는 어머니에 대한 어렸을 적 기억과 연관이 있는 것으로 그려진다.

지금까지 제작된 어떤 공포영화보다도 영향력 있는 작품인 <사이코>는 아들이 어머니에 의해서 육체적, 정신적으로 위협당할 때 벌어지는 공포에 대한 모범적인 연구를 제공한다. 어머니가 되고자 하는 노만 베이츠의 욕망은 사랑에 의해서가 아니라 두려움에 의해서 추동되었다. 그는 거세당하지 않기 위해서 어머니가 되기를 원했다. 거세당하기 보다는 거세하고자 했던 것이다. 타니아 모들스키는 <사이코>를 '본질적'인 공포영화라고 언급했다(1988, 102). 이는 주로 이 작품이 벌하고 거세하는 부모로서의 어머니 존재를 탐구하고 있기 때문이다. 꼬마 한스의 공포증과 두려움을 일깨운 것 역시 어머니 존재에 대한 이런 이해인 것으로 보인다(제7장 참조). 공포영화에 등장하는 거세자로서의 여성의 지배적인 이미지를 이해하게 되면, 우리는 그녀가 존재한다는 것을 알려주는 기호들을 좀 더 쉽게 찾아낼 수 있게 된다. 평가하는 듯한 잔인한 눈, 칼, 물, 피, 그리고 '귀신이 출몰하는' 집 같은 것들 말이다. <사이코>를 이런 관점에서 다시 읽어보는 것은 계몽적이다. 젊은 여성인 마리온의 재현을 통해 <사이코>는 거세된 여성이라는 개념 역시 탐구하고 있지만, 이 이미지는 모성 거세자의 이미지만큼 끔찍하지는 않다. 공포는 여성의 피, 어머니의 내장, 여성 시체의 이미지와 관계있는 비체인 여성 인물의 재현을 통해 더욱 심화된다.

『정신병, 신경증, 성도착』에서 레이몽 벨루어는 마리온과 노만 이야기가 지니는 중요성을 주장한다. 그는 이 작품이 '다른 한 쪽의 아래로, 혹은 안으로 미끄러져 들어가는 두 개의 내러티브를 가지고 있다'고

억압과 위반 사이

설명했다(1979, 107). 하나가 마리온의 이야기고, 다른 하나는 노만의 이야기다. 내가 보기에는 벨루어가 언급한 두 개의 이야기만큼 중요한 또 하나의 내러티브가 존재한다. 그것은 바로 어머니의 이야기이다. 우리는 노만과 마리온의 이야기 사이에서 틈새를 메우고 있는 어머니의 이야기를 추적할 수 있다. 프로이트는 어린 아이와 어머니 사이의 초기 역사는 '파악하기 힘들고, 나이와 함께 어스레해지며, 흐릿하다고 말했다(『여성의 성』, 373). 이와 마찬가지로 밝혀내는 것이 쉽지는 않지만, <사이코>에서 찾을 수 있는 어머니의 이야기는 이 텍스트의 괴물성 재현을 이해하기 위해서는 매우 핵심적이다. 어머니의 이야기는 진정으로 남근중심적인 문화에서 어머니로서의 '운명'에 대한 것이며, 이는 젊은 여성인 마리온의 이야기와 엮여 있다. 이 두 이야기 모두 아들의 이야기와, 그가 여성의 몸에 대해서 가지고 있는 의문, 즉 '그녀는 거세되었는가 아니면 거세하려고 하는가와 긴밀하게 연결되어 있다. 이런 의미에서 어머니의 이야기는 사실상 '그녀의 것'이 아니다. 그것은 궁극적으로는 아들의 이야기이다. 아마도 이것이 프로이트가 어머니의 이야기를 밝혀내는 것이 그렇게 어려웠던 이유일 것이다. 그녀의 이야기는 언제나 다른 이야기, 즉 아들의 이야기의 일부였던 것이다.

마리온(자넷 레이 분)이 점심시간에 호텔방에서 애인 샘(존 개빈)을 만나는 <사이코>의 오프닝 시퀀스는 가족의 가치를 지키는 도덕적 감시자로서의 어머니의 권력을 강조한다. 마리온은 벽난로 선반 위에 어머니의 사진이 있는 자신의 집에서 그를 만났으면 좋겠다고 말한다. 샘은 그녀의 욕망을 듣고선 '그럼 스테이크를 먹은 뒤 동생에게 영화 보러 가라고 한 다음에 어머니의 사진은 벽 쪽으로 돌려놓냐?'라고 물으며 반대한다. 어머니는 사회적 가족적 예의를 상징하는 것이다. 어머니의 시선에 대한 주목이 직접적이지 않게 드러나는 방식을 살펴보는 것은 흥미롭다. 마치 그녀가 사진 프레임 속의 자리에서 무엇이든지 볼 수 있는 것 같다. <사이코> 전편을 통해 여성은 쳐다보고 평가하는 눈과 연결되어 있다. 이것이 바로 노만이 가장 두려워하는 어머니의 시선이며, 그의 가장 내밀한 욕망, 특히 성적인 욕망을 까발리는 시선이다. 바로 이런 어머니의 면모, 그 뚫어보는 시선이 그가 다른 여성 안에서 '죽이려고' 시도하는 것이다.

도덕적 감시견으로서의 어머니의 역할은 마리온이 페어베일로 가서 샘에게 직장에서 훔친 돈을 건네기 전에 하루 밤을 묵기로 결정한 베이츠 모텔에 도착했을 때 다시 한 번 강조된다. 노만 베이츠(안토니 퍼킨스 분)는 마리온에게 늦은 저녁을 준비해 주겠다고 제안한다. 짐을 푸는 동안 마리온은 노만의 어머니가 잘 모르는 여자와 식사를 함께하고 싶어 한다며 아들을 꾸짖는 소리를 듣는다.

베이츠 부인: 안 돼! 내가 말하는데, 절대로 안 돼! 나는 절대로 낯선 여자를 식사에 부르는 것을 허락하지 않겠다. 초를 켜겠지. 싸구려 색욕으로 가득 찬 젊은 남자의 싸구려 같은 색정적인 방식으로.
노만: 어머니, 제발!
베이츠 부인: 그리고선 뭘 할 거냐? 저녁을 먹은 다음엔? 음악을 틀고 속삭이려고?
노만: 어머니, 그녀는 그저 낯선 사람일 뿐이에요. 그녀는 배가 고프고, 밖에는 비가 내린다구요.
베이츠 부인: (그를 흉내내며) 어머니, 그녀는 그저 낯선 사람일 뿐이에요. 마치 남자들이 낯선 사람을 욕망하지 않는 것처럼. 오! 더 이상 역겨워서 말을 하고 싶지 않구나. 알아들었니, 꼬맹아? 어서 가서 그년에게 더러운 식욕을 내 음식이나 내 아들로 채울 수 없을 거라고 말해라. 아님

억압과 위반 사이

너한테 그럴 배짱이 없으니 내가 가서 말하랴? 그럴까? 배짱이 없지,
꼬맹아?

노만: 제발 그만해요! 그만하라구요!

베이츠 부인은 샘과 마리온이 이전에 호텔에서 나누었던 대화에서
말해지지 않았던 것들을 뱉어낸다. 그녀는 만약 마리온의 어머니가 사
진으로부터 밖을 보았다면 무엇을 목격했을지 알고 있다. 바로 '싸구려,
색정적' 장면인 것이다. 그녀는 '저녁식사 후' (샘도 비슷한 문구를 사용
했다) 어머니가 보지 않을 때 연인이 그들의 '지저분한 식욕'을 충족시킬
것이라는 사실을 안다. 베이츠 부인은 남자가 감정이 섞이지 않은 성교
를, 심지어 낯선 이와의 성교까지도 즐긴다는 것을 알고 있다. 마리온의
어머니처럼 베이츠 부인은 (아이를) 문화에 적응시키는 어머니이며 비
도덕적 성욕이라면 어떤 형태라도 적극적으로 좌절시키는 부모다. 그러
나 베이츠 부인은 너무 극단적인 독재자로 그려진다. 그녀는 여전히
노만을 '꼬맹이 boy'라고 부르며, 이는 그녀의 마음속에서 노만은 절대로
자라지 않으며 자신의 도덕적 행동에 대해 책임을 질 수 없다는 사실을
암시한다. 베이츠 부인은 어떤 의미에서는 여전히 아들에게 배변 훈련
을 시키고 있는 셈이다. 즉 그에게 몸과 마음의 깨끗한 부위와 더러운
부위를 가르치고 있는 것이다. 시각적으로 존중할만한 성교와 존중할
수 없는 성교의 대조는 모텔과 집이라는 영화의 두 가지 중심 장치의
상징에 의해서 강화된다. 어머니의 영역인 집은 마치 비인간적인 성교
와 연결되어 있는 장소인 아래편 모텔에서 벌어지는 행위들을 감시라도
하려는 듯이 모텔의 뒤편에 우뚝 솟아있다.

마리온은 사무실 뒤편에 있는 응접실에서 그와 함께 저녁을 먹기로
한다. 의미심장하게 노만은 어린 소년, '어머니의 꼬맹이'가 즐겨 먹는

일종의 간식이라고 할 수 있는 샌드위치와 우유를 그녀에게 만들어 준다. 히치콕은 마리온과 노만 사이에 몇 가지 공통점을 설치한다. 둘 다 어머니의 인정을 욕망하고 그들 자신이 만들어 놓은 덫에 빠져있다. 노만의 응접실은 스탠드 위에 서슬이 퍼렇게 전시되어 있는 박제된 새들로 가득 차 있다. 그는 자신의 취미를 마리온에게 설명한다. '나는 박제하는 것이 취미에요. 박제술... 알죠? 내 생각엔 새들만이 박제되었을 때 근사해 보이죠. 왜냐하면... 그러니까 왜냐하면 새들은 처음부터 순응적이거든요. 당신이 생각하는 것처럼 그렇게 비싸진 않아요. 사실 저렴한 편이죠. 바늘, 실, 설탕 같은 것들... 돈이 좀 들어가는 건 화학약품이 전부예요.' 이 대화의 끔찍한 내포는 우리가 노만이 자신의 어머니를 죽이고 씻어서 이와 같은 방식으로 꿰맸다는 것을 알게 되었을 때에야 분명해진다. 노만은 '하지만 그녀는 저기 박제된 새들처럼 해를 끼치지 않아요'라고 말할 때, 사실은 자기 자신인 어머니와 새 사이의 유사점을 끌어낸다.

심리학자들은 노만이 어머니를 죽인 후에 자기가 저지른 범죄의 끔찍함을 받아들이지 못했기 때문에 어머니를 보존하고 있었다고 설명한다. 그가 어머니를 다시 살려내고 싶었다는 것이다. 또 한편으로는 노만이 어머니를 죽이고 미라로 만든 것은 그가 어머니의 죽음을 욕망했기 때문이며, 그의 살인 욕구가 오이디푸스적 질투에 의해서만 추동된 것은 아니라고 볼 수도 있다. 베이츠 부인은 엄격한 도덕주의자이며 거세하는 어머니였다. 노만은 마리온에게 개나 고양이를 박제하는 것은 '처음부터 순응적이지' 않기 때문에 별로 좋아하지 않는다고 설명한다. 노만이 말하는 '순응적'이라는 것은 무엇인가? 그의 응접실에 있는 새들은 맹금이다. 그들은 곧 그들의 희생양에게 달려들 것처럼 머리 위에

억압과 위반 사이

서슬이 퍼렇게 정지해 있다. 노만은 그들이 가장 위험하고 가장 위협적인 순간, 그들이 살상을 하기 직전에 움직임 없이 멈춰 있는 바로 그 순간에 얼려놓았다. 이런 형태의 '비활동성'은 우리가 기대하는 것처럼 의지의 결여와 연결되는 것이 아니라, 그 반대, 즉 공격할 준비가 되어 있는 살인자의 힘과 공격성에 연결되는 것이다. 노만은 그의 어머니를 괴물스러운 맹금의 치명적인 비활동성과 연결시킨다. 왜냐하면 그녀가 그의 모든 움직임을 감시하고, 그가 잘못했을 때에는 언제든지 덮치겠다고 위협하면서 그를 굽어보고 있는 부모이기 때문이다. 그녀는 그의 배짱guts 없음을 비웃는다. 아마 그녀가 살아있을 때에도 그랬을 것이다. 이에 대한 보복으로 그는 어머니의 내장guts을 제거해 버린다. (히치콕은 <사이코>를 블랙코미디라고 말한다.) 그녀를 미라로 만듦으로써, 노만은 그녀의 공격적이고 거세하는 태도를 얼리고 그녀의 살피기 좋아하는 눈을 잠재운다.

그러나 노만 어머니의 진짜 본성에 대해서 결론내리기 전에, 우리는 노만이 그녀를 재현한 방식에 대해서 논의해야만 한다. 우리는 그녀가 실제로 어땠는지 전혀 알지 못한다. 이것은 아들의 이야기인 것이다. 노만의 어머니에 대한 묘사에 따라, 우리는 그녀가 그의 삶의 모든 것을 통제하려 했다는 것을 알 수 있다. 그는 그녀를 거세하는 존재, 특히 성적 욕망에 있어 자신의 아들을 믿지 않는 어머니로 전시했다. 노만에게 있어 어머니는 애증의 대상이다. 그녀가 어디까지 지배하려고 하는가는 그가 마리온에게 한 이야기에서 분명해진다. '소년의 가장 좋은 친구는 그의 어머니다.' 마치 직관적으로 마리온의 상황을 파악한 것처럼, 그리고 자기 자신의 상황을 설명하기 위해서, 그는 문득 '내가 무엇을 생각하는지 알 거예요. 나는 우리 모두가 각자 개인만의 함정에 빠져있다고 생각해요. 우리들 중 누구도 그 안에 갇혀서 빠져나올 수 없죠. 우리는 그저 허공이나 서로를 할퀴고 해칠 뿐이고, 그렇게 하더라도 한 치도 나아지지 않아요.' 노만의 개인적인 함정은 어머니와의 관계였다.

마리온의 떠나라는 제안은 강력한 저항에 부딪힌다. '그럴 수는 없어요. 누가 어머니를 보살피겠어요? 어머니는 저 위에 혼자 계신다구요. 불이 꺼질 거예요. 무덤처럼 춥고 습해질 거라구요. 당신도 누군가를 사랑한다면 그렇게 하지 못할 거예요. 설사 미워한다고 해도요. 아시겠지만, 난 어머니를 미워하지 않아요. 그녀의 변한 모습을 싫어할 뿐이에요. 난 병이 싫어요.' 이어 마리온은 '그녀를 어딘가로 보내라고 제안한다. 여기서 노만은 클로즈업으로 프레이밍 된다. 음악은 위협적으로 바뀐다. 여기서 노만은 '정신병원'에 대한 연설을 시작한다. '시설을 말하는 건가요? 정신병원이요? 사람들은 항상 정신병원을 어딘가라고 표현하죠, 안 그런가요? 어딘가로 보내라.⋯⋯그런 곳의 내부를 들여다 본 적이나 있나요?' 노만이 묻는다. '비웃음과 눈물, 그리고 당신을 연구하는 잔인한 눈들. 우리 어머니를 거기에 보내라구요!?' 그리곤 한숨 쉰 후에 덧붙인다. '하지만 그녀는 해를 끼치지 않아요. 저기에 박제된 새들처럼 전혀 해롭지 않다구요.' 노만이 새와 그의 어머니, 그리고 그에 대한 폭압적 통제 사이에 설정한 비교는 '정신병원'이 그 자신의 내적 상태이자 그의 '개인적 함정'임을 의미하며, 또한 그의 모든 행동을 세밀하게 조사하는 '잔인한 눈들'은 궁극적으로 어머니의 눈임을 암시한다. 노만이 그녀의 조사하는 눈을 잠재우려고 시도했지만, 베이츠 부인은 머리 위에서 움직임 없이 내려다보고 있는 박제된 새들처럼 여전히 그의 머리 내부 어디에선가 그를 '감시'하고 있는 것이다.

억압과 위반 사이

아이를 공격하는 맹금과 어머니를 연결시키는 것은 <사이코>에서
만 드러나는 특징은 아니다. 고전 신화에도 스트리게스라고 불리는, 새
의 몸통에 독수리의 발톱을 한 여성이 등장한다. 그들은 야밤에 아이들
의 피를 빨고 살을 먹기 위해 날아다닌다. 고전 신화에서 나타나는 또
다른 공포스러운 이미지의 여성괴물은 여성의 머리와 가슴, 커다란 부
리, 구부러진 발톱, 지독한 냄새, 그리고 탐욕스러운 식욕을 가진 맹금,
하피다. 하피는 아이들을 유괴해서 지하세계로 데려간다. 이 용어는 여
전히 사용되고 있다. 히치콕은 영화 <새>에서도 여성과 새 사이의 연결
점을 끌어내는데, 여기에서도 새는 거세된/남근적 어머니가 아니라 거
세하는 어머니의 물신의 대상으로 이해된다.

　노만은 마리온에게 새가 얼마나 먹는가에 대해서 설명하려고 노력
하면서 말을 더듬는다. '당신, 당신은 새처럼 먹는군요……어쨌거나
나는 "새처럼 먹는다"라는 말을 들었는데, 그, 그건 실제로는, 말, 말,
말, 말도 안 되는 소리예요. 왜냐하면 새들은 정말 엄청나게 먹어대거든
요.' 비록 노만이 마리온이 음식을 우아하게 조금씩 먹는다는 생각을
전하려고 의도했다고는 하지만, 그때 그는 자신의 언급을 수정하고 마
리온에게 새들은 실제로 '엄청난 양을 먹는다고 말한다. 새처럼, 여성은
우아하게 조금만 먹는 것처럼 보이지만, 실제로는 탐욕스러운 소비자들
이다. 아들을 위협하는 것은 바로 구순기 어머니, 합체하려고 모든
걸 집어 삼키려하는 어머니다. 새의 식욕처럼 여성의 식욕도 기만적이
다. 노만이 어머니를 죽일 때 제거하려고 했던 것 역시 바로 이 '식욕'이
다. 그녀에게 독극물을 먹이면서, 노만은 그 자신을 구한다. 마찬가지로
그는 마리온에게 모든 음식을 준 뒤 살해한다. 그를 위해서 어떤 것도
남겨놓지 않는다. 괴물로서의 여성은 육체적 식욕과 잔인한 눈, 그리고

쪼아 먹는 부리와 연결된다.

박제된 새들은 점점 더 위협적으로 재현된다. 까만 까마귀의 부리에서 나온 그림자는 벽 위에 무기처럼 비춰진다. 레이몽 벨루어가 지적했던 것처럼 '같은 숏에서 그림 바로 옆, 까마귀의 위협적인 그림자가 칼날이나 페니스처럼 그림을 관동하면서 벽에 비춰진다'(벨루어, 1979, 115). 그러나 부리는 칼날이나 페니스와는 다소 다르다. 부리는 칼날처럼 살을 뚫을 수 있지만, 그것은 또한 노만이 지적했던 것처럼 상상 이상으로 많이 먹는 입이기도 하다. 노만이 그의 어머니/타자인 여성을 그의 박제된 새, 그리고 게걸스럽게 먹는 부리와 연결시키는 한, 부리는 또한 거세하는 어머니, 육체적 정신적으로 아이와 일체가 되겠다고 위협하는 어머니를 나타내는 상징으로 봐야만 한다. 이런 맥락에서 베이츠 부인이 휘두르는 부리와 칼은 거세하는 부모, 즉 노만이 그렇게 되어버렸고, 그 힘을 취해버린 거세하는 어머니로서의 그녀의 역할에 대한 상징이 된다.

마리온의 성姓인 크레인[15] 역시 여성과 새를 연결시키며, 감시하는 어머니라는 주제를 더욱 강조한다. 크레인(학)은 서식지를 분명히 보이도록 하는 매우 긴 목을 가진 새이다. 벨루어는 마리온의 이름이 그녀를 영화에도 연결시킨다고 지적한다(125). 크레인은 영화적 장치 중 하나이며, 카메라가 세트장에 대한 전능한 관점을 취할 수 있도록 높은 자리에서 내려다보게 도와주는 장치인 것이다. 여성과 카메라, 어머니와 도덕적 감시 사이의 연결은 언어를 통해서 더욱 발전된다. 마리온은 피닉스에서 왔다. 피닉스는 신화에서 부활을 상징하는 새의 이름이다. 두 여성은 죽음과 감시, 그리고 부활의 형태를 의미한다. 베이츠 부인은 죽었으

---

15. 크레인(crane)은 영어로 학이라는 뜻이다.

억압과 위반 사이

나 노만의 마음속에 분신으로 살아있다. 마리온은, 마리온과 놀랄 정도로 닮았고 종국에는 진실을 알게 되고 모든 것을 '보게' 되는 언니의 등장을 통해 분명해지는, 신화적 귀환과 연결되어 있다.

어머니가 보는 것은 무엇일까? 도대체 어떤 끔찍한 죄목으로 자신의 아이를 고발할 것인가? 노만의 경우에는, 그녀가 그의 마음을 보고 그의 죄스러운 비밀, 즉 성적 욕망을 폭로하는 것으로 보인다. 노만/베이츠 부인이 성에 대한 욕구를 '더러운 식욕'으로 비난하는 것을 마리온이 엿듣는 장면에서, 베이츠 부인이 성적으로 억압하는 어머니를 상징한다는 것이 분명해진다. 어머니의 가혹한 공격과 다른 남자 때문에 자신을 거부한 것을 받아들이지 못한 노만은 자신의 어머니와 어머니의 애인을 살해한다. 의미심장하게도 그는 그들에게 쥐약을 먹인다. 노만이 성에 대한 어머니의 태도를 내재화한 한에서, 쥐약이란 아들에게는 드러내놓고 비난했던 바로 그 행위에 홀로 탐닉하고 있었던 어머니에 대한 적절한 처벌인 것으로 보인다. 그는 그녀의 '더러운 식욕'을 독으로 채워준다. 일찍이 노만은 마리온에게 새의 식욕을 설명할 때 '말도 안되는'이라는 단어에서 말을 더듬었다. 그러나 그가 말하고 있었던 것은 단지 새의 식욕만이 아니었다. 다른 '말, 말, 말, 말도 안 되는' 것은 성적 욕망의 본질, 즉 어머니의 욕망과 관계된다. 그녀는 가혹한 도덕주의자로 보이면서도 그녀 자신에 대해서는 분명히 성적 욕망을 거부하지 않았다. 오직 자신의 아들에 대해서만 그랬던 것이다. 결국 그녀는 애인을 만들었다. 새와 어머니를 죽여서 박제함으로써 노만은, 그녀가 노만에게만은 거부했던 음식/섹스에 대한 그녀의 욕구에 종지부를 찍는다.

그러나 노만은 그 자신의 성적 욕망을 채우기 위해 무엇을 했는가? 그는 마리온에게 친구가 한 명도 없다고 말한다. '아들은 애인의 초라한 대리'일지라도, 어머니는 아들의 '최고의 친구'다. 마리온이 그녀의 방으로 돌아가자마자 우리는 노만이 피핑톰 Peeping Tom이라는 것, 즉 관음증자라는 사실을 알게 된다. 그는 투숙객을 관찰할 수 있도록 모텔 방 중 하나의 벽에 구멍을 뚫어 놓았던 것이다. 구멍은 여성의 성적 희생을 보여주는 고전 신화의 한 장면을 담은 그림으로 덮여 있다. 곧 공격을 할 준비가 되어 있는 것처럼 박제된 새들이 그 비밀스러운 구멍을 둘러싼 허공에 떠 있다. 노만과 대화한 후 마리온은 그녀의 방으로 돌아가 돈을 돌려주기로 결심한다. 노만은 그의 비밀 구멍을 통해 마리온을 관찰한다. 노만의 눈은 관음증의 행위에 주목하도록 하면서 익스트림 클로즈업으로 잡힌다. 리버스숏은 우리에게 그가 마리온이 옷을 벗는 것을 보고 있다는 사실을 알려준다. 노만이 마리온을 보는 동안 우리는 그가 (개인만의 함정인) 정신병원에 갇혀있을 때의 경험을 언급하면서 했던 말이자 그의 어머니의 감시하는 눈을 언급하는 것으로 보였던 '당신을 연구하는 잔인한 눈들'이라는 말을 떠올리게 된다. 시선을 통제하는 것은 이제 노만이다.

이 장면에 대한 대체의 비평들은 히치콕이 단지 노만뿐 아니라 극장에 앉아 있는 관객들의 관음증에도 관심을 기울이는 방식에 대해서 언급한다. 윌리암 로스만은 노만의 관음증을 관객뿐만 아니라 감독의 관음증에도 연결시킨다. '그러나 만약 이것이 노만의 눈이라면, 이것은 마찬가지로 오로지 보는 행위에 몰두하고 있는 우리의 눈과 히치콕의 눈을 대신한다'(1982, 289). 데이비드 J. 호간은 도덕적 맥락 안에서 우리의 관음증을 고려한다. '히치콕은 이미 우리를 관음증자로 만들었다. 그렇다면 우리가 어떻게 우리와 같은 행위를 했다는 이유로 노만을 비난할 만큼 뻔뻔스러울 수 있는가?'(1986, 186) 레이몽 벨루어는 자신의

억압과 위반 사이

분석에서 노만의 '튀어나온 눈'을 카메라의 시선, 그리고 치명적인 칼과 연결시킨다. '여기에서 인물과 미장센 사이에 극도의 동일시가 등장한다. 이는 피사체의 영역에 들어가 그것과 하나가 되기 위해서 헛되이 노력함으로써 카메라-눈이 몸-칼이 될 때, 오직 그 자체의 과도함에 의해서 뛰어넘을 수 있다(벨루어, 1979, 118). 비평적 글들이 노만의 관음증을 관객의 관음증과 연결하고 있을 때, 노만의 관음증과 그의 성적 욕망 사이의 관계에 대한 관심은 가시적으로 전혀 드러나지 않았다. 관음증은 특히 남성 관객과 여성의 포르노그라피적 이미지와의 관계 안에서 명백하게 자위행위와 연결된다. 미장센의 세부묘사는 이 관계를 강조하기 위해 배치되었다.

노만이 훔쳐보는 구멍에다가 놓아두었던 그림은 유대인의 바빌론 유수를 배경으로 하는 <수산나의 목욕>라는 작품이다. 이는 관음증이라는 측면에서 특히 흥미롭다. 두 명의 노인이 정원에서 목욕하고 있는 수산나를 훔쳐보고 욕정을 품는다. 그녀가 성관계를 거부하자, 그들은 그녀가 젊은 남자와 성교하는 것을 보았다면서 그녀를 비난한다. 결국 진술이 일치하지 않는다는 것이 밝혀지면서 그들은 붙잡힌다. 그림은 그들이 반쯤 벗고 저항하는 수산나를 잡기 위해 노력하면서 그녀를 감상하는 순간을 담고 있다. <수산나의 목욕>은 남성의 관음증과 상상된 성적 죄를 이유로 여성을 벌하고자 하는 남성의 욕망을 보여준다. 벽에서 그 그림을 치우기 전에, 노만은 마치 그림이 묘사하고 있는 것이 자신의 개인적 판타지와 맞아떨어지는 것처럼 그림을 잠시 쳐다본다. 그는 벽에 뚫린 구멍을 통해 훔쳐본다. 그의 시각과의 연결 선상에서 우리는 직접 마리온이 옷을 벗는 것을 보게 된다. 그녀의 뒤로는 욕실이 보인다. 노인들처럼, 노만은 여성이 혼자만의 쾌락의 순간에 목욕을 하면서 홀로 있다고 생각될 때, 그녀를 비밀스럽게 훔쳐본다. 벽에는 벌하는 어머니를 상징하는 새들이 그림자로 비춰지고 있다. 노만은 그림을 제 자리에 걸어놓고 집으로 돌아가서는 침실로 이어지는 계단 아래에서 머뭇거린다. 그리고서 그는 돌아서고 우리는 무엇인가 벌어지기를 기다리는 듯이 부엌 탁자에 앉아 있는 그를 롱숏으로 보게 된다.

방에서 마리온은 책상에 앉아 계산을 하고 있다. 그녀는 무엇인가를 썼던 종이를 찢어서 변기에 흘려보내고 샤워탭을 돌린다. 카메라는 그녀가 샤워기를 올려다 볼 때 그녀의 관점에서 찍은 일련의 주관적인 숏을 통해 관객들로 하여금 그녀와 동일시하도록 이끈다. 마리온은 분명히 그녀를 씻겨주는 뜨거운 물이 몸을 따라 흘러갈 때 그것을 즐기고 있다. 우리는 갑자기 어떤 그림자가 욕실로 들어서는 것을 본다. 샤워커튼이 젖혀지고, 음악은 부리가 있는 어머니의 존재를 암시하는 날카로운 새 같은 소리로 급변한다. '베이츠 부인'이 거기 서있다. 커다란 칼을 든 손을 높이 쳐든 채. 그녀는 잔인하게 마리온의 살을 베어 열면서, 마리온의 무방비의 몸을 찌른다. 어머니로 변장한 노만이 마리온의 육체를 피 흘리는 상처로 만들면서 그녀를 벌하고 그녀의 살을 망쳐놓는다.

이 샤워 장면의 살인은 관습적으로 다음의 두 가지 중 한 가지로 해석되어 왔다. 아들의 애정을 사이에 두고 위험한 라이벌인 마리온을 제거하고자 하는 '어머니'의 욕망의 재현이 그 한 가지이고, 다른 한 가지는 노만에 의해서 행해지는 강간의 상징적 형태이다. 둘 중 어느 것도 완전하게 만족스럽지는 않다. 영화의 마지막에 정신과 의사의 설명과 일치하는 첫 번째 해석은 노만이 어머니에게 속한 것으로 생각하는 역할을 수행했다고 주장한다. 그는 어머니가 질투하기 때문에 어머니의 라이벌을 제거하고 싶을 것이라고 상상했다는 것이다. 정신과 의

억압과 위반 사이

사가 설명한다. '병적으로 어머니에 대해 질투심이 강했기 때문에, 그는 어머니 역시 그에 대해 질투했을 것이라고 생각한다. 따라서 그가 다른 여성에게 강한 매혹을 느꼈다면 그 안에 존재하는 어머니 부분이 과격하게 나갔을 것이다.' 정신과 의사는 샤워 장면의 살인을 질투심에 찬 복수로 해석한다. 어머니로서의 노만은 그의 욕망을 자극하고 '그녀'로부터 아들을 빼앗겠다고 위협하는 여성을 살해한 것이다. <사이코>에 대해 분석하면서 로빈 우드는 '그럴 듯' 하기는 하지만 '그것이 설명하는 것만큼 무시했다'며 정신과 의사의 설명을 비판한다. 그 해석이 무시한 것 중 하나는 '상징적 강간'으로서의 살인이다(우드, 1970, 132). 벨루어는 또한 칼의 공격을 남근적 어머니에 의해서 이루어진 상징적 강간의 한 형태로 해석했다. 이 어머니는 아들의, 그리고 아들을 위한 페티시 존재로서의 어머니이다. 텍스트의 더블링에 대해 분석하면서 그는 샘을 노만과 연결한다. 또한 그는 호텔에서의 러브씬을 샤워 살인 장면과 비교한다. 전자에서는 여성에 대한 남성의 공격성이 숨겨진다. 그러나 후자에서 그것은 흉악한 공격으로 벌어진다. '남근-새-페티시-어머니-눈-칼-카메라로 이어지는 상징의 계주를 통해 칼은 남근과 연결된다(벨루어, 1979, 119). '(프로이트와 라캉이 설명했던 것처럼) 남근과 거세의 고전적 변증법'을 차용하면서, 벨루어는 어머니를 물신화된 존재로 해석한다. '죽음으로 물신화된 어머니의 육체는, 말하자면, 살해하는 육체가 된다(ibid.). 벨루어에 따르면,

> 은유가 현실이 되는 놀라운 통합을 통해, 노만의 매혹된 시선은 그 안에서 남근이 태곳적부터 어머니의 것이었다는 사실을 견지한다. 그러나 그는 오직 끊임없이 그의 거울상 안에서, 즉 (망상을 발생시키는) 여성의 육체/시선 안에서 그것을 대면할 때, 그리고 그가 반응해야만 하는 절대적 위협

으로서 이것을 대면할 때에만 그 스스로 이를 인식할 수 있다. (ibid., 119-20)

벨루어의 해석은 아이가 어머니는 자신과 다르고 그 차이를 거세로 이해하는 순간까지 어머니가 남근적이라고 믿는다는 프로이트의 주장을 수용하고, 그것에 근거하고 있다. 다른 말로 하자면, 그는 어머니가 남근/페니스를 잃어버렸다고 상상한다는 것이다. 그러나 내가 주장해 왔던 것처럼 남성은 또한 어머니가 거세하기 때문에 그녀를 두려워한다.

어머니가 벌하고 거세하는 부모이기 때문에 두렵다는 개념은 우리에게 샤워 장면의 살인을 해석할 수 있는 또 다른 방식을 제공한다. 샤워 중인 마리온을 공격하는 '어머니'는 거세하는 부모다. 칼은 단지 '태곳적부터 어머니의 것'이었던 남근이라는 환영을 의미하는 것이 아니라, 어머니에 의해서 제기되는 실재의 위협, 그녀가 자신의 행동을 통해 직접적으로 취하는 거세의 위협을 의미한다. 노만은 어머니를 역습하기 위해서, 즉 거세되기보다 거세함으로써 자신의 생존을 확실하게 하기 위해 어머니가 '된다.' '베이츠 부인'은 샤워를 하면서 자신의 몸에서 쾌락을 즐기는 마리온을 벌/절단한다. 이 벌은 의심할 여지없이 베이츠 부인이 노만의 부정한 행위들에 대해서 가하겠다고 위협했던 그 벌이다. 앞에서 주장했던 것처럼 노만의 관음증에 대한 애호는 수산나를 훔쳐보았던 노인들과 마찬가지로 그의 성적 쾌락이 사실상 자기도취적이었다는 것을 말해준다.

비록 그들이 이것을 '어머니의' 벌하는 공격과 연결시키지는 않았지만, 많은 비평가들이 마리온이 샤워를 하면서 자위 중이었다고 설명한다. 벨루어는 샤워 장면이 앞의 장면에서 암시되었던 내용, 즉 노만을 피핑톰으로 재현하는 것을 보여줄 뿐이라고 설명한다. 그는 마리온의

억압과 위반 사이

쾌락이 '모든 디제시스적 동기를 잘 피해간다고 주장한다. 그는 '그녀의 벗은 몸의 클로즈업 숏이 세차게 떨어지는 물을 찍은 숏과 교차되는 방식과 '그녀가 황홀 속에서 물의 흐름에 몸을 맡기고, 입을 벌리고, 웃으며, 눈을 감는' 방식에 대해서 특히 언급한다. 벨루어는 이 장면을 호텔에서 샘과 사랑을 나누었던 장면에 대한 답으로 이해했다. 그러나 여기서 우리는 이전에 마리온이 보이지 않았던 쾌락을 볼 수 있다. 그녀의 쾌락은 '그것이 곧 다가올 공포와 대조되기 때문에 더욱 강력해'진다(벨루어, 1979, 121). 윌리암 로스만 역시 이 장면을 마리온이 분명히 성적 쾌락을 경험하는 것으로 해석한다. '마리온의 샤워는 샤워기를 그녀의 상상의 파트너로 삼은 러브씬이다'(로스만, 1982, 292). <캐리>와 <드레스트 투 킬>에서 이 장면의 오마주를 담았던 브라이언 드 팔마는 여성 주인공이 자위행위에 탐닉하는 장면을 보여준다. 이 샤워 살인이 공포스러운 것은 그것이 우리에게 법을 수행하고 징벌을 집행하는 어머니의 생생하고 노골적이며 거슬리는 이미지를 제공하기 때문이다. 이 장면은 관객에게 거세하고 응징하는 부모에 대한 유아적 공포를 일깨운다.

거의 모든 비평가들이 샤워 장면을 이 영화에서, 심지어 영화사에서도, 가장 무서운 장면으로 꼽는다. 이반 버틀러는 '비록 다가오고 있는 악몽은 많이 남아 있지만, 영화의 어떤 장면도 공포에 있어서 이 시퀀스를 따라가지 못한다'고 언급했다(120). 프레드릭 제임슨은 '영화 역사상 가장 끔찍하고 즉각적인 장면'이라고 언급했다(1982, 35). 로빈 우드는 '샤워-목욕 살인이 아마도 극영화 중 가장 끔찍한 사고일 것'이라고 말했다(우드, 1970, 128). 이 장면을 분석하면서 거의 모든 비평가들은 잔인하게 찔려 죽은 희생자 마리온과 그것이 촬영되고 편집된 방식과 관련해서 공포에 집중한다. 도날드 스포토에 따르면, '이 작품은 영화 역사상 그 어떤 작품보다 더 많은 연구를 자극하고, 더 많은 언급을 이끌어내며, 기술적 관점에서 숏 바이 숏 분석을 발생시켰다'(스포토, 1983, 419). 그러나 내가 주장했듯이 이렇게 비평적 관심이 과도하게 이 장면에 집중되는 이유 중 하나는 아마도 샤워 장면의 살인이 거세하는 부모로서의 어머니에 대한 우리의 무의식적 공포를 깨우기 때문일 것이다. '베이츠 부인'은 마리온이 육체의 관능적인 쾌락을 가장 즐기는 바로 그 순간에 경고 없이 등장한다. 꼬마 한스의 사례연구에서 한스는 어머니와의 관계 안에서 목욕할 때 자신이 가장 나약하다고 느꼈고 어머니가 자신을 욕조에 빠트려 죽일지도 모른다는 불안감을 가졌다. 아이들은 의심의 여지없이 이런 순간에 자신의 나약함을 느끼게 되는데, 이는 그들이 발가벗고 있기 때문만이 아니라 그들이 자신의 몸을 탐구하고 자위를 할 수 있는 순간이기 때문이다. <사이코>는 분명하게 이런 불안을 다루고 있다. 엄숙하게 쪽진 머리와 엄격한 복장, 그리고 급작스런 등장으로, '베이츠 부인'은 불길하고 위협적인 인물이다.

의미심장하게도 꼬마 한스와 늑대인간 등의 적어도 두 개의 사례에서 프로이트는 성적 행위에 대한 벌로 거세하겠다고 위협하는 것이 어머니였다는 사실을 발견했다. 7장에서 논의되었던 것처럼, 프로이트는 어떤 아이들에게 어머니가 거세자로 보인다는 임상 증거를 가지고 있었지만, 그는 가족에서 이 역할을 수행하는 것은 아버지라고 주장했다. 이에 대해서 확신을 줄 만한 설명을 찾을 수 없었던 프로이트는 소년이 적응해야만 하는 '계통발생적 패턴'에 호소했다. <사이코>는 어머니가 두려운 거세자로서 재현되는 예시적인 텍스트를 제공하는 것으로 보인다. '베이츠 부인'은 다양한 방식으로 아들을 거세했다. 그녀는 말로 아

억압과 위반 사이

들을 몰아쳤고, 잔인한 눈으로 그를 감시했고, 다른 누구와도 성관계를 가질 수 없도록 했으며, 그가 성인이 되는 것을 허락하지 않았다. 그녀의 거세하는 역할은 상징적으로 맹금과 칼에 의해서 표현된다. 결국, 우리가 어머니가 된 노만을 볼 때마다 그는 그녀의 옷을 입고 있을 뿐만 아니라 거세하는 기능을 상징하는 그녀의 칼을 들고 있다.

그러나 샤워 장면 살인과 관련하여 어머니가 가장 시각적으로 응징하는 것은 바로 여성이며 자신의 영화적 대응자가 잔인하게 공격당하는 것을 보면서 더 직접적으로 억압받는 것은 여성 관객들의 시선이라는 사실에 주목하는 것은 중요하다. 타니아 모들스키는 칭송 받는 이 장면에서 발견할 수 있는 생래적인 성차별주의가 거의 논의된 적이 없다는 사실을 지적한다. '비평가들은 종종 <사이코>가 관객들의 부정한 관음증적 욕망에 대해 관객들을 벌하고 있는 영화라고 지적하지만, 그들은 영화 안에서 남성 시선의 대상이 되는 여성뿐 아니라 (마리온과 늪지에서 발견된 여자들이라는) 여성들이 거의 모든 응징의 대상이라는 것은 무시한다'(모들스키, 1988, 14). 사립탐정인 아보가스트 역시 '베이츠 부인'에 의해서 칼에 찔려 살해당하지만, (9장에서) 슬래셔 영화에 대해 논의했던 것처럼 그의 죽음은 다른 일반적인 남성들의 죽음과 마찬가지로 여성의 죽음만큼 자세히 묘사되지 않는다.

지하실 장면은 샤워 장면보다도 더, 통제하고 거세하는 부모인 어머니의 편재와 파괴될 수 없는 힘을 강조하고 있는 것 같다. 라일라가 노만으로부터 도망치기 위해서 지하실에 들어갔을 때, 그녀는 문 쪽으로 등을 돌리고 흔들의자에 앉아 있는 베이츠 부인의 모습을 훔쳐본다. 라일라는 의자로 다가서면서 그녀의 이름을 부른다. 그녀가 다가서서 베이츠 부인의 어깨를 부드럽게 건드린다. 의자가 천천히 돌아간다. 순식간에, 라일라는 그로테스크하게 미소 짓고 있는 해골과 마주친다. 해골은 스크린을 가득 채우고, 커다란 검은 눈구멍은 마치 여전히 시각이 미치는 곳에 있는 모든 것을 통제할 수 있다는 듯이 쳐다본다. 노만은 어머니와 함께 '살면서' 매일 이 시선과 마주쳐왔을 것이다. 우리는 그가 '어머니'로서, 끔찍한 아들인 자기 자신에 대한 판단을 말하는 장면을 '연기했다는 것을 알고 있다. 로져 다둔은 영화에서 이 장면을 가장 공포스러운 장면으로 꼽았는데, 왜냐하면 특히 이 장면이 어디에든 존재하는 어머니의 존재, 죽음 후에도 주체를 계속해서 사로잡고 있는 그 존재를 강화하고 있기 때문이었다. '영화에서 가장 공포스러운 순간, 이야기 전체의 환영적이고 감정적인 중심이 되는 이 장면은 바로 어머니가 프레임의 한 끝에서 다른 끝까지 모든 스크린을 차지하면서 어디에도 존재하는 그 장면이다(다둔, 1989, 50-1).

영화 끝에서 두 번째 씬에서 어머니가 지닌 힘의 외관상 파괴 불가능한 본성은 한 번 더 분명해진다. 벌린 입과 뾰족한 이가 드러난 어머니의 섬뜩한 해골은 아들의 웃는 얼굴에 이중인화된다. 다시 한 번, 베이츠 부인의 눈구멍은 그녀가 입가에 기괴한 웃음을 띠면서 관객들을 직시할 때 살아있는 것처럼 보인다. 어머니는 무덤 뒤에서도 모든 것을 보고 있다. 독살, 매장, 박제. 그녀의 힘을 파괴하려는 모든 노력이 실패했다. 그녀는 노만의 눈을 통해서 바라보고 있으며, 그녀의 웃음은 사악한 환희를 그의 얼굴에 불어넣는다. 그로테스크한 이미지는 어머니가 아들에게 행사하고 있는 힘의 종류를 상징적으로 지시한다. 노만의 경우 그녀는 너무 강력해서 그가 그 자신의 정체성을 포기한다. 그녀는 외부와 분리된 존재가 아니다. 그녀는 아이의 내부에 존재하는 자기의 일부이며, 모성 권위의 내부 목소리이다. 이 영화의 이데올로기적이고 성차별적인 기획의 주요 부분이 법의 '진정한 대변자인 남편 없이 남겨졌을 때 어머니는 권위를 현명하게 행사할 수 없다고 주장하는 것처럼 보임에도 불구하고, <사이코>에 대한 비평적 접근들은 대체로 어머니가 자식의 문화화를 교육하는 도덕적 기능을 수행한다는 사실을 간과했다. <사이코>에서는 비체적 자기의 공포를 불러일으키며, 발화 주체를 타자로부터 분리시키는 모든 경계가 무너졌다. 이 공포를 대면하기 위해서 노만은 그가 사랑하면서 동시에 두려워했던 부모, 즉 유아기의 거세하는 어머니가 되었다. 노만이 마리온에게 '어머니는……요즘 어머니 같지 않아요'라고 말했을 때, 그의 말은 정말 옳았다. 그녀는 어머니가 아니었다. 그녀는 다른 사람, 즉 바로 그녀의 미친 아들, 노만이었던 것이다.

11. 메두사의 시선

여성적인 장소에서는 어떤 것도 상징계 그 자체를 의
문시하지 않고서는 명료하게 표현되지 않는다.

루스 이리가라이, 『하나이지 않은 성』

    아내, 어머니, 딸, 처녀, 창녀, 커리어 우먼, 팜므 파탈. 이것들은 페미
니스트 이론가들이 대중영화에 대해 쓴 가장 많이 언급된 정형들이다.
괴물인 여성에 대해서는 거의 다루어지지 않았다. 이렇게 비평적으로
조금 더 인기 있는 여성 이미지와 마찬가지로 괴물로서 여성을 재현한
이미지들 역시 기본적으로 그녀를 섹슈얼리티와의 관계 안에서 규정했
고, 특히 모성적 기능, 그리고 재생산 기능의 비체적 본질과의 관계 안에
서 규정했다. 내가 설명한 것처럼 여성괴물은 여성 공포의 몇 가지 인물
들로 나누어질 수 있는 중요하고 복잡한 정형을 구성한다. 즉, 원초적
어머니, 기괴한 자궁, 뱀파이어, 악령 들린 괴물, 팜므 카스트라트리스,
마녀, 그리고 거세하는 어머니 같은 것들이 그런 정형이었다. 가부장제
상징 관습 안에서의 여성괴물 재현은 정신분석에 기반을 둔 성차에 대
한 이론들에 중요한 영향을 미쳤다. 여성의 재생산 기능과 관련하여
여성을 괴물로 규정하는 이미지들은 한편으로 여성 섹슈얼리티가 비체
라는 남근적 개념을 강화시키도록 작동한다. 그러나 다른 한편으로 여

억압과 위반 사이

성괴물이라는 개념은, 당연히, 여성성은 수동성을 구성한다는 관점에
도전했다. 게다가 거세하는 여성에 대한 판타지는 여성이 거세되었기
때문에 공포스러우며 가족 안에서 거세의 수행자를 대변하는 것은 오직
아버지뿐이라는 프로이트의 이론에 반박한다.

거세하는 여성의 이미지는 복잡하고 다방면에 연결되어 있다. 여성
을 거세의 수행자로 재현하는 것은 공포영화에서 구강가학적 어머니(뱀
파이어 영화), 팜므 카스트라트리스(여성 복수 영화), 거세하는 어머니
(가족 호러)와 같이 다양한 형태를 띤다. 거세자로서의 여성과 관련되어
서 반복되는 이미지와 모티프는 칼, 도끼, 얼음송곳, 대못, 치아, 쩍 벌어
진 균열, 뾰족한 돌, 그리고 바기나 덴타타를 포함한다. 다른 장르와
비교하면, 공포영화는 거세 불안을 위로하려고 하지 않는다. 관객은 상
징적으로 거세된 여성의 이미지(예를 들어 슬래셔 영화의 사지가 절단
된 여성 희생자와 같은)와 거세의 수행자로서의 여성 이미지(여성 복수
영화)를 대면하게 된다. 의미심장하게도 공포영화는 거세와 관련해서
남성과 여성을 완전히 다른 것으로 구성하지 않는다. 둘 다 (남성은
문자 그대로, 여성은 상징적으로) 거세된 것으로, 그리고 거세자로 재현
된다. 그러나 이런 요소는 공포영화에 대한 비평에서는 제대로 인정받
지 못했다. 거세를 수행하는 괴물로 묘사되는 것은 거의 언제나 남성이
었고 여성은 그의 희생자일 뿐이었다. 공포영화에서 여성괴물의 존재
역시 우리가 대중 영화를 위치 짓는 방식에서 중요성을 지닌다. 공포영
화는 탐정물, 스릴러, 코미디, 그리고 로맨스 영화와 같은 주류 장르에
속한 다른 영화 텍스트보다 성차에 대한 질문에 좀 더 직접적인 반응을
보이고 '타자'에 대한 남성과 여성의 불안 역시 좀 더 적극적으로 탐구하
고 있다고 할 수 있다.

여성괴물과 관객성

어째서 페미니스트 이론은 여성괴물이라는 개념을 무시해 왔을까? 주요 이유는 영화에 대한 페미니즘 글들이 대부분 멜로드라마, 필름 느와르, 그리고 여성영화와 같이 딱 보기에 여성의 욕망에 대한 질문과 여성 섹슈얼리티에 대한 남근적 재현에 좀 더 직접적으로 관심을 가지고 있는 장르에 대해서만 언급해 왔기 때문이다. 공포영화에 대한 연구는 이 장르 역시 섹슈얼리티 및 여성의 아브젝션이 어떻게 가부장적인 상징계 질서의 기초를 세우는 데 도움을 주는가에 대한 질문과 밀접한 관계가 있다는 사실을 보여준다. 어째서 여성괴물성의 주요 원형인 거세자로서의 여성 이미지는 무시되어 왔을까? 이는 대부분의 페미니스트 정신분석 비평이 프로이트 이론에 바탕을 두고 있기 때문이다. 거세하는 여성이라는 개념은 프로이트의 작업에서 억압되어 왔고, 그렇기 때문에 페미니스트 영화 이론에서도 무시되어 온 것이다. 내가 설명한 것처럼, 프로이트는 아동기 섹슈얼리티에 대한 이론과 꿈, 신화, 그리고 전설에 대한 분석에서 뿐만 아니라, 종종 거세 콤플렉스 이론을 정당화하는 데 활용되는 꼬마 한스의 병력―특히 두 번째로 등장한 배관공의 경우―에서도 거세하는 여성이라는 개념을 억압했다.

페미니즘 이론은 라캉이 프로이트 이론을 재독해한 것에 기대어 결핍과 부재로서의 여성 재현에 집중해 왔다. 1975년에 출판된 로라 멀비의 선구적인 논문 「시각적 쾌락과 내러티브 시네마」는 여성의 재현이 독해되어 온 일반적인 방식을 가장 잘 보여주고 있다. '그 징후들에 있어 남근중심주의의 역설은 그것이 세상에 질서와 의미를 부여하기 위해서 거세된 여성의 이미지에 의존하고 있다는 것이다(1989, 14). 이 이미지는 가부장제의 상징계와 많은 영화 장르에서의 여성 재현에 '질서와 의미'를 부여하기는 한다. 그러나 남성 주인공의 지배하는 힘을 강화시키는 텍스트 상의 페티시 과정이나 서사 과정에 의해서 완화되거나 부인되지 않는 공포영화에서의 남성 공포 재현에 대해서는 설명하지 못한다. 뿐만 아니라 여성의 몸이 아니라 거세된 남성의 몸이 결핍과 부재를 재현하는 텍스트에 대해서도 설명하지 못한다. 이런 텍스트에서 관객들이 동일시하도록 유도되는 중심인물인 여성 주인공이 복수하는 거세자로 재현되는 와중에 거세 불안을 불러일으키는 것은 손상된 남성 신체다. 팜므 카스트라트리스는 가학적 시선을 지배한다. 남성 희생자는 그녀의 목표물이다.

게이린 스터들러는 피학적 미학을 활용하면서 관객성에 대한 지배적인 프로이트-라캉주의 모델에 대한 중요한 비평을 제시했다. 그녀는 '피학적 미학에 빠진 여성은 소유하고자 하는 남성의 욕망의 대상, 그 이상이다. 그녀는 아이가 그녀의 존재와 힘을 나타내듯이 아이의 시선과 자신의 시선을 맞추는 충만함의 어머니, 즉 동일시의 존재이다(스터들러, 1984, 273). 스터들러의 모델이 관객성 이론을 재평가할 수 있는 지평을 열었지만, 그것이 '충만함의 어머니'와 매우 다른 여성괴물이라는 존재를 설명해 주는 것은 아니다. 이미 존재하는 관객성에 대한 이론들은 확실히 부적절하다. 그 이론들은 우리가 공포물에서 활동적인 괴물로서의 여성 인물과 디제시스 안의 다른 인물들과의 관계, 혹은 영화관의 남성 그리고 여성 관객과의 관계를 이론화 하는 것에 도움이 되지 않는다.

프로이트의 원초적 판타지에 대한 이론에 기대어, 엘리자베스 코위의 논문 「판타지아」는 공포영화를 관람하는 경험을 설명하는 데 특히 적절한 관람 모델을 제안한다. 코위는 극장에서의 동일시의 형태가 매우 유동적이며, 여성을 대상으로 위치시키고 남성을 시선의 지배자로 위치시키는 젠더 고려에 의해서 제한되지 않는다고 주장했다. 코위는 이 주장을 뒷받침하기 위해, 판타지는 욕망의 무대장치 혹은 미장센이라고 설명했던 라플랑슈와 퐁탈리스의 정의에 의지한다. 「판타지와 섹슈얼리티의 기원」에서 그들은 판타지가 '욕망의 대상이 아니라 그것의 무대장치'이며 '판타지에서 주체는 대상 혹은 대상의 흔적을 추구하지 않는다. 그는 일련의 이미지들에 잡혀 있는 것으로 보인다'고 쓰고 있다(라플랑슈와 퐁탈리스, 1985, 26). 코위는 욕망의 무대장치로서 판타지는 공상에서뿐만 아니라 소설과 영화 같은 판타지의 공적 형태에서도 발견된다고 주장했다. 그녀는 자신의 이론을 여성 영화의 다양한 텍스트에도 적용했다.

공포영화는 또한 판타지가 참여하는 무대장치를 구성하는 풍부한 자원을 제공한다. 공포영화는 그 작품의 공포 시나리오를 구성하기 위해서 지속적으로 출생, 유혹, 거세라는 세 가지 원초적 판타지에 의존한다(2장 참조). 원초적 판타지처럼, 공포 내러티브는 특히 주체의 기원, 욕망의 기원, 성차의 기원과 같은 기원들에 관심을 가진다. 그러나 다른 장르와 비교해 보면, 공포영화는 공포와 비체라는 특징을 지닌 미장센에서 이런 판타지들을 재현한다. 주체는 빈번하게 어둡고 공포스러운 공간(괴물 같은 자궁/구멍/지하실)에서 이상한 결합(인간/외계인/동물)으로부터 태어난다. 욕망은 미지의 공포스러운 타자를 위한 것이다. 성차에 대한 지식은 거세와 죽음에 대한 공포를 깨운다. 공포 내러티브에서 원초적 판타지의 구성은 무기, 한 형태에서 다른 형태로의 신체적 붕괴, 피, 비체적인 배설물들의 열거, 고통 및 두려움과 연결된 이미지들을 포함한다. 당연히 공포영화는 죽음에 병적으로 집중한다. 죽음은 너

억압과 위반 사이

무 중요해서 프로이트가 명시했던 세 가지의 다른 판타지와 함께 네 번째 원초적 판타지로 등극해야 할 정도다. 종말은 시작, 새로운 여행의 기원으로 이해될 수도 있다. 죽음 다음에는 어떤 일이 일어날까? 개개의 주체는 다른 형태로 삶을 계속하게 될까? 이런 질문들이 특히 뱀파이어, 좀비, 구울, 유령, 그리고 빙의 영화와 같은 공포영화들에서 핵심적인 문제다. 나는 어디서 온 것일까? 나는 어디로 가는가? 공포영화는 영악하게도 때로는 조롱하는 듯이 대답한다. 공포가 존재하는 곳으로, 라고 이런 텍스트들에서 주체를 사로잡는 무대장치 혹은 일련의 이미지는 상상할 수도 없는 존재, 비체, 타자를 만나고자 하는 욕망을 상징한다. 욕망이 비체를 향하고 있는 곳이 바로 욕망의 미장센이다. 주체가, 그리고 확장시키자면 관객 역시, 사로잡히는 것은 바로 이런 비체적 장면과의 관계 안에서다.

라플랑슈와 퐁탈리스에 따르면, 주체는 판타지 안에서 '고정된 위치'를 점하지 않고 젠더와 상관없이 자유롭게 다양한 주체의 위치를 취할 수 있다. '결과적으로 비록 주체는 판타지 안에 언제든지 존재하지만 탈주체화된 상태로 존재하는 것일 수도 있으며, 말하자면, 문제시된 시퀀스의 바로 그 체계로 존재하는 것일 수 있다'(1985, 15). 공포영화가 가장 빈번하게 관객으로 하여금 동일시하도록 장려하는 주체의 위치는 희생자와 괴물 사이를 왔다 갔다 하지만, 희생자 쪽에 더 큰 방점이 찍혀있다. 이런 관점에서 공포영화는 시선의 뒤틀어지고 피학적인 특징을 탐구하고자 한다.

관객이 희생자와 동일시하도록 장려될 때에 피학적 시선의 극단적인 형태가 발동된다. 여기서 시선은 극단적인 공포, 고통, 죽음을 의미하는 공포스러운 이미지와 대면하게 된다. 클래식 공포영화들이 이야기의 마무리 시점(괴물은 패배한다/삶은 안전해진다)에서 통제하는 시선을 확인하는 경향이 있다면 현대의 공포영화는 종종 마무리의 시점(괴물은 산다/죽음이 지배한다)에서 피학적 시선의 우위를 주장한다. 고전과 현대라는 두 가지 형태는 모두 서사가 전개되는 동안 피학적 시선에 의지한다. 2장에서 논의했던 것처럼, 피학적 관람의 극단적인 순간은 남성이든 여성이든 관람하는 주체가 고개를 돌리도록 강요될 때 일어난다. 공포의 장면이 너무 끔찍하고, 비체적이며, 들이닥쳐서, 관객은 그것을 보는 것을 견딜 수가 없다. 공포스러운 이미지를 물신화를 통해 보존하거나 관음증적 거리를 유지함으로써 그것을 통제하려고 시도해 온 카메라의 시선조차도 관객으로 하여금 또 다른 공포스러운 일견을 시도하도록 유혹하기에 충분하지 않다.

남성이 마녀, 뱀파이어, 괴물, 비체적 어머니, 거세자, 정신병자 등 다양한 형태로 등장하는 여성괴물의 희생자로 그려지는 영화들에서, 스크린에 등장하는 자신의 대리인과 동일시하는 남성 관객은 확실히 무기력한 상황에 놓여진다. 여성괴물이라는 존재를 통해 공포영화는 월경혈, 합체, 지배, 거세, 그리고 죽음에 대한 남성의 잠재된 두려움을 자극한다. 공포영화의 가장 두드러진 특징 중 하나는 남성의 거세 불안에 대한 노골적인 재현을 허락한다는 것이다. 슬래셔 무비와 같은 하위 장르에서 이 두려움은 여성에게 넘겨지지만, 다른 영화들에서 남성은 이 위협과 홀로 맞서야만 한다. <자매들>, <네 무덤에 침을 뱉어라>, 그리고 <원초적 본능>과 같은 영화들에서 남성의 거세에 대한 두려움은 죽음에 대한 피학적인 욕망과 연합한다. 가학적인 남성 시선에 대한 멀비의 이론은 다른 장르에서 드러나는 관객 관계의 구조에 대해 잘 설명하고 있는 것처럼 보이지만, 공포영화에서 구성되는 시선의 매우

억압과 위반 사이

다른 구조를 설명할 수 없다.

공포영화가 여성 관객에게 소구되는 지점은 무엇일까? 여성은 여성 괴물이라는 존재 안에서 자신을 발견하는 것일까? 여성 거세자와 동일시할 때 여성 관객은 어느 정도까지 힘을 얻는다고 느끼는 것일까? 여성은 자신의 성적 타자가 모욕당하고 처벌 받는 것을 보면서 가학적 쾌락을 느낄까? 이런 질문들에 대한 대답은 복잡하며, 또 텍스트에 따라서 달라질 것이다. 예를 들어, 여성 관객은 슬래셔 필름에서 거세하는 여성 주인공이 결국 남성 살인자를 파괴할 때 거세하는 그 주인공과 동일시하면서 힘을 얻는다고 느낄 것이다. 또한 강간-복수 영화에서 거세하는 여성 주인공이 남성 강간범에게 복수할 때 그 주인공에게 동일시하면서 힘을 얻는다고 느낄 수 있다. 그러나 <자매들>과 같은 영화에서라면, 병적인 거세자인 여성 주인공이 미친 것으로 묘사되기 때문에 관객들의 동일시는 적극적으로 유도되지 않는다. <사이코>나 <13일의 금요일>에 등장하는 거세하는 어머니 역시 동정적인 동일시를 유도하지 않는데, 특히 그녀의 희생자가 여성일 때 더욱 그렇다. 그러나 이 사실이 여성 관객이 위에서 언급한 공포스러운 여성 인물과 동일시하지 않음을 의미하는 것은 아니다. 공포영화가 우리의 가장 깊은 내면의 공포와 가장 끔찍한 판타지에 말을 건다는 것을 이해한다면―내가 주장해 온 것처럼―동일시의 과정은 극도로 유동적이며, 관객들은 그들이 어느 정도까지 공포를 느끼고 싶은가, 그리고/혹은 공포를 느끼게 만들고 싶은가에 따라서, 그리고 다른 인물들에 비해 누군가에게 더 동일시하도록 계획된 다양한 영화적 코드들(주관적 카메라, 클로즈업 이미지, 음악)의 힘에 따라서, 희생자와 괴물 사이에서 동일시를 바꿔갈 수 있을 것이다.

공포영화의 거세하는 여성 주인공에 대한 반응 중 하나는 그녀가 실제로는 남근화된 여성 주인공이라고, 즉 그녀가 남성으로 재구성되었다고 주장하는 것이다. 만약 여성 관객이 공격적이거나 폭력적인 여성 주인공과 동일시함으로써 쾌락을 얻는다면, 그것은 그들이 가부장제에 의해서 물들었기 때문이라는 것이다. 오직 남근적인 남성 관객만이 유일하게 디제시스의 공격적인 남성 인물과 동일시를 통해 힘을 얻을 수 있다. 이 관점은 오직 남근적인 남성성만이 폭력적이고 여성성은 심지어 상상 안에서도 폭력적일 수 없다는 주장에 근거하고 있는 것처럼 보인다. 이 주장은 본질주의적이며, 다시 말해 이 주장은 여성이 만약 가부장제의 바깥에 살고 있다면 그들은 절대로 관객으로서 스크린의 공격적인 행위와 동일시함으로써 쾌락을 얻을 수 없다고 가정한다. 여성의 상상력은 본질적으로 비폭력적이고, 평화로우며, 비공격적이라고 여겨진다. 바로 이것이 가부장제 이데올로기가 지난 이천년 동안 여성을 지배하기 위해서 이용해 온 주장이다. 즉 여성은 본질적으로 '순수한 생명체라서 그들은 삶의 폭풍우 속에서 자신들을 '이끌어 줄' 남성을 필요로 한다는 것이다. 이는 현재 미국의 검열법을 강화하고자 하는 돈 와일드만 목사와 제리 팔웰을 비롯한 도덕적 다수파16의 멤버들에 의해서 이용된 주장이기도 하다.

대부분의 공포영화가 남성에 의해서 제작되었고 따라서 제공되는 쾌락/공포는 남성적이라고 이의를 제기할 수도 있다. (이 주장은 물론 주류 영화 장르의 다수에 적용된다.) 그러나 나는 무의식이 젠더사회화의 구속에 복종한다는 것을 믿지 않으며, 공포영화는 다른 어떤 장르보다 인간 주체(고통, 신체적 공격, 붕괴, 죽음)와 젠더화된 주체(여성의 재생산 역할 및 거세에 대한 남성의 공포와 남근적 공격성과 강간에

16. 도덕적 다수파(Moral Majority): 미국의 보수적인 기독교 정치 단체

억압과 위반 사이

대한 여성의 공포) 모두의 무의식적인 공포와 욕망을 폭로하면서 무의식에 말을 건다. 만약 여성이 공포영화를 만들었다면 의심의 여지없이 후자의 부분이 더 집중적으로 다루어졌을 것이다. 여성이 공포영화를 만들지 않는 이유는 '여성' 무의식이 두려움이 없고 괴물성을 가지지 않기 때문이 아니라, 여전히 모든 중요한 자리가 남성 중심적으로 유지되고 있는 시스템 안에서 여성이 제작 수단에 접근할 방법이 부족하기 때문이다.

여성괴물의 재현은 또한 언제나 괴물은 남성이기 때문에 남성 관객이 선택의 여지없이 가학적인 입장을 취한다는 관점을 침해한다. 남성 관객은 자주 여성화된 남성 괴물과 동일시하도록 유도된다. 그는 몸을 통해 여성화된다. 그는 피를 흘리고, 출산을 하고, 침입당하며, 일반적으로 여성성과 연결되는 비체적인 신체 변화를 경험한다. 게다가, 남성 희생자는 자주 여성괴물을 통해 피학적 자리에 위치하게 된다. 공포영화를 비롯한 다양한 대중문화에서 괴물성의 구성과 관련하여 관객성과 관객의 동일시에 대해 더 많은 연구가 진행되어야 한다.

남근적이며 거세하는 여성

공포영화에 등장하는 여성 거세자는 물신화와 남근적 여성에 대한 프로이트의 이론에도 역시 문제를 제기한다. 거세하는 여성이라는 개념은 때때로 남근적 여성이라는 개념과 혼동되어 왔다. 라플랑슈와 퐁탈리스에 따르면, 남근적 여성의 이미지는 두 가지 형태를 띤다. 남근이나 남근적 속성을 가진 어떤 것을 지닌 여성이나 그녀 내부에 남성의 남근을 지닌 여성(1985, 311). 이 단어의 정의와 관계된 문제에 대해 논의하면서, 그들은 '남근적 여성'이라는 단어가 종종 '그 뒤에 놓여있는 판타지가 무엇인지 알려지지 않았을 때에도, 권위주의와 같은 이른바 남성적 속성을 지닌 여성을 묘사하는 느슨한 방식으로' 종종 사용된다고 언급했다(312). 이 혼동은 특히 소위 남근적/거세하는 여성과의 관계에서 두드러졌다. 프로이트는 그들의 남근단계에서 영향을 받은 두 성 모두의 아이들이 남근적 어머니의 존재를 믿는다고 주장했다. 그녀는 아이들의 거세와 성차에 대한 지식 이전에 존재하는 어머니이다. 소년은 어머니가 자신과 똑같을 것이라고 상상한다. 소녀는 자신의 페니스가 점점 자라서 어머니의 페니스처럼 될 것이라고 믿는다. 지갑에 총을 들고 다니는 여성, 필름 느와르의 치명적인 팜므 파탈은 남근적 여성의 고전적인 예로 여겨졌다. 공포영화와 포르노에서 그녀는 종종 페니스/딜도를 가지고 있다. 거세된 여성과 마찬가지로 그녀 역시 남근과의 관계 안에서 여성 섹슈얼리티를 재현한 것의 또 다른 징후이다. 그녀의 이미지는 또한 가부장제 이데올로기의 작동을 알려준다. 제이니 플레이스는 '신화의 이데올로기적 작동(강력하고 성적인 여성을 제어해야 할 절대적 필요성)은 우선 그녀의 위험한 힘과 그 힘의 공포스러운 결과를 보여준 다음 그것을 파괴하는 것'이라고 주장했다(플레이스, 1980, 45).

영화 비평가들이 강력하고 위험한 여성이라는 개념에 관심을 기울이면서, 그들은 남근적 여성이 거세하는 여성과 같은 인물인 것처럼 자주 언급하고 대체로 남근적 여성이라는 개념을 가져왔다. <사이코>의 어머니에 대한 다음의 묘사는 이 두 개의 개념이 서로 섞여 들어가는 방식의 전형적인 예라고 할 수 있다. '프로이트의 페티시즘에 대한 분석에서 상술되듯이 본질적인 특징은 그녀가 남근적 여성, 페니스를 지닌 여성, 살인적이며 모든 것을 집어 삼키려는 거세하는 여성으로 등장하는 방식이다(다툰, 1989, 50). <엑소시스트>의 리건에 대한 다음의 묘사

역시 이 두 개의 개념을 연결시키고 있다. '악마로서의 리건은 남근적 여성, 거세하는 여성이 된다. (그녀는 자신을 자극하는 정신과 의사의 고환을 움켜쥔다.) 그리고 낮은 목소리, 폭력, 성적 공격성, 여성적이지 않은 언어 등과 같이 "남성적인" 특성의 오용을 모방한다(브리튼, 1979, 116). 그러나 내가 설명했던 것처럼, 여성이 거세할 지도 모른다는 남성의 두려움은 상징적으로나 문자적으로 여성이 남근을 지니고 있을 것이라는 유아기적 믿음과 필연적으로 연결되어 있는 것은 아니다. 페니스나 그와 비슷한 것들은 합체나 거세의 도구가 아니라 침투penetration의 도구다. 폭력의 도구로서 페니스를 재현할 때, 페니스는 거세하겠다고 위협하는 것이 아니라 오히려 침투하고, 갈라서 열고, 폭발시키고, 찢어발기겠다고 위협한다. 집어삼키겠다고, 합체를 통해 거세하겠다고 위협하는 것은 신화에 등장하는 바기나 덴타타다. 거세자로서의 역할에 대한 여성괴물에 대한 비평적 무관심은 공포영화뿐 아니라 필름 느와르나 공상과학 영화와 같은 다른 장르에서의 공포스러운 여성의 본질에 대한 심각한 오해로 이어졌다.

남근적인 여성과 거세하는 여성의 원형들은 서로 매우 다르기 때문에 혼동되어서는 안 된다. 남근적인 여성은 궁극적으로 성적 동질성에 대한 판타지와의 대면을 재현하고, 거세하는 여성은 성적 차이에 대한 공포스러운 판타지와의 대면을 재현한다. 남근적 여성의 개념은 거세에 대한 프로이트의 이론에서 매우 중요하다. 만약 아이가 처음에 어머니가 남근을 지니고 있다는 것을 믿지 않았다면, 이후에 그녀를 거세된 것으로 구성할 수 없다. 그리고 라캉의 개념에서는 여성이 '결핍'이나 '부재'를 재현하는 것으로 보일 수가 없는 것이다. 프로이트에 따르면, 양성 모두에게 있어 페니스의 중요성은 아이들이 열 살 혹은 열한 살이 될 때까지 질의 존재와 그 적절한 기능에 대해서 모른다는– 내가 꼬마 한스의 경우에서 의심했던 이론인– 사실의 결과이다. 다섯 살이 되기도 전에 꼬마 한스는 어머니의 '아기 상자'에 대해서 알고 있었고, 그녀가 배꼽 뒤의 어딘가에 그녀의 '칼'을 숨기는 어떤 장소를 가지고 있다는 사실을 알았다. 프로이트에 따르면 이 단계에서 아이는 오직 두 가지 가능성, 즉 남근을 가진 것과 거세된 것 사이의 차이에 대해서 알고 있다. 그러나 깨무는 하얀 말에 대한 한스의 극도의 공포는 그가 의식적으로 혹은 무의식적으로 어머니의 고추가 자신의 것과 매우 다르다는 사실을 알고 있었다는 것을 설명해준다.

그녀는 거세된 것일까 거세되지 않은 것일까? 이것이 그렇게도 프로이트를 괴롭힌 질문이었다. 그리고 바로 이 질문이, 여성 성기의 교란시키는 광경/장소를 둘러싼 그의 페티시즘 이론을 성립시켰다. 그러나 내가 주장했던 것처럼, 이 질문은 다른 방식으로 제기될 수도 있었다. 여성은 거세되었는가 아니면 거세를 하는가? 이 질문이 한스가 인형을 가지고 놀면서 어머니의 칼이 인형의 다리 사이로 떨어지게 했던 놀이의 이면에 놓여 있는 질문일 것이다. 거세하는 어머니라는 개념은 또한 여성 성기를 본 것과 관련하여 페티시즘 이론을 구성할 수 있도록 한다. 이런 해석에서, 물신주의자는 물신을 세움으로써 질이 거세의 장소일 수도 있다는 공포스러운 생각을 부인한다. 남성이 여성의 질을 두려워하는 것은 그것이 거세된 성기이기 때문이라기보다는 거세가 진행되는 장소이기 때문이라고 주장하는 것은 페티시즘의 이론 뒤에 있는 원칙을 전혀 수정하지 않는다. 물신 대상은 여성 성기의 공포스러운 특징을 부인한다. 성기가 두려움을 주는 방식에 대한 해석은 열려 있다. 중요한 지점은 부인의 구조가 그 과정의 특징이라는 점이다. 프로이트의 이론

억압과 위반 사이

에서 항변은 다음과 같다. '나는 여성이 거세되지 않았다는 것을 안다. 그러나……' 이로부터 다음과 같은 제안도 가능해진다. '나는 여성이 거세하지 않는다는 것을 안다. 그러나……'

거세하는 어머니

프로이트는 왜 남성이 거세자로서의 여성을 두려워할 수도 있다는 가능성을 무시하였는가? 우리는 그가 이런 가능성을 고려했었다는 사실을 알고 있다. 몇몇의 동기들처럼, 프로이트 역시 어린 남자 아이들이 빈번하게 어머니 혹은 그녀의 대리자를 거세하는 부모로서 두려워했다는 임상적 증거를 가지고 있었다. 프로이트는 늑대인간의 경우에서 이 문제를 직접적으로 언급하고 있다.

> 그 앞에 닥친 거세의 위협 혹은 암시가 여성으로부터 비롯되었다고 하더라도, 이는 마지막 결과까지 그렇게 오래 이어지지는 않는다. 이 모든 것에도 불구하고 결국 그가 거세로 인해 두려워하게 될 대상은 그의 아버지다. 이 경우에 전통은 부수적인 경험에 승리한다. 선사 시대에 처벌하기 위해 거세를 수행한 것은 의심의 여지없이 아버지였으며, 그는 이후에 거세를 할례로 완화시켰다. (「유아기 노이로제에 대하여」, 86)

프로이트는 거세를 설명하기 위해서 '전통'과 '선사시대'라는 개념을 불러오고 있는데, 여기에서 그는 적어도 두 가지 중요한 이유에서 거세를 할례의 가혹한 형태로 이해하고 있다. 첫째, 이는 프로이트로 하여금 거세의 작동을 주체의 개인적 역사와 상관없이 작동하는 메커니즘인 '법'으로 위치 지을 수 있게 한다. 거세의 법을 통해 프로이트는 오이디푸스 콤플렉스를 좀 더 '과학적'인 용어로 설명할 수 있게 되었다.

줄리엣 미첼(1975)에 따르면, 프로이트는 1920년 이후에 시작된 연구 제2기 동안, 거세에 대한 이론을 좀 더 세밀하게 조정한다. 거세 콤플렉스를 법으로 정의함으로써, 그는 오이디푸스 콤플렉스가 어떻게든 '자연스럽게 해결되는' '지나가는 발전 단계'라는, 오이디푸스 콤플렉스에 대한 초기 이론에 악영향을 미쳤던 문제를 해결할 수 있게 된다. 법으로서, 거세 콤플렉스는 기회나 인간 본성에 사물들을 맡기지 않는 인간질서의 기원에 대한 설명을 제공한다. 미첼은 이것의 결정적인 중요성을 강조한다.

> 욕망과의 관계 안에서 오이디푸스 콤플렉스의 구성적인 역할과 함께, 거세 콤플렉스는 아버지, 어머니, 그리고 아이라는 삼각 구도에서의 각자의 위치를 지휘한다. 이를 수행하는 방식으로 거세 콤플렉스는 인간질서 자체를 세운 법을 구체화시킨다. 따라서 거세에 대한 질문, 구분의 산물로서의 성차라는 질문, 그리고 역사적 상징적 질서의 개념 모두는 모호하게 하나가 되기 시작했다. (미첼과 로즈, 1982, 14)

두 번째로, 법으로서의 거세라는 개념은 프로이트로 하여금 남성과 여성에 대해 이미 주어진 혹은 생물학적 개념에 의존하지 않는 성차의 이론을 제안할 수 있게 한다. 아버지는 원칙을 의미하며, '제 삼자가 된다.[17] 프로이트의 거세 이론은 또한 인간질서의 가부장적 본질을 설명한다. 미첼에 따르면,

> 프로이트에게 정신분석학이 남근중심적인 이유는, 정신분석학이 개인 주

---

17. 라캉에 따르면 오이디푸스 콤플렉스는 어머니와 아이의 이자적 관계를 아버지를 포함하는 삼자 관계로 전환시키고 이를 통해 아이는 기호계를 벗어나 상징계로 이행하게 된다. 이때 아버지가 수행하는 '제 삼자(the third term)'의 역할이 핵심적이다.

억압과 위반 사이

체를 통해 굴절시켜 관찰한 인간사회의 질서 자체가 남근중심적이기 때문이다. 이제까지 아버지는 어머니와 아이의 이자적인 반사회적 관계를 깨야만 하는 제 삼자의 위치를 대신해 왔다. (23)

그러나 프로이트의 입장에는 문제가 있다. 그는 우리가 가부장제 사회에 살고 있기 때문에 남근이 반드시 주된 기표가 되어야 한다고 주장했다. 만약 어머니가 거세하겠다고 위협하는 식으로 권력을 행사한다면, 그녀의 권위는 '빌려온' 것이다. 그러나 내가 설명했던 것처럼, 남근이 주요 기표라는 프로이트의 주장을 정당화하는 근거는 그의 임상적 자료가 아니라 사회적 관찰이다. 프로이트가 상징계의 가부장적 속성에 대한 설명을 제공할 수 있었던 것은 오직 임상적 증거를 부인한 뒤 어머니가 아닌 아버지를 거세의 위협을 의미하는 존재로 세우고, 따라서 결과적으로 법을 의미하는 존재로 세움으로써 가능했던 일인 것이다. 이럴 때에도 애초에 가부장제가 어떻게 존재하게 되었는가에 대해서는 설명할 수 없었다.

여성과 남성 간의 차이를 구성하는 요소에 관한 질문은 프로이트의 거세 콤플렉스 이론에 대한 자크 라캉의 재해석에 있어 핵심적인 문제다. 라캉이 여성과 남성이 모두 거세에 종속되어 있다는 점을 분명히 했지만, 그 역시 궁극적으로 아버지를 상징계 질서의 대리인으로 위치 지었고 프로이트가 했던 것보다 아버지를 더욱 확정된 역할에 고정시키려고 했다. 프로이트와 마찬가지로 라캉 또한 아버지의 역할이 고정되어 있고 변하지 않는다고 보았다. '우리가 역사의 새벽에서부터 인간을 법의 존재와 동일시해왔던 상징계 기능의 지원을 확인해야 하는 것은 바로 아버지의 이름 안에서다(라캉, 1968, 41). 프로이트처럼 라캉 또한 심리적 작동을 정당화하기 위해 유사사회학적 개념인 '역사의 새벽'에 호소한다.

프로이트의 이론을 근대 구조주의 언어학의 관점에서 분석하면서, 라캉은 자주 프로이트의 거세 이론이 궁극적으로 심리적인 것과 생물학적인 것을 혼동하고 있다는 비판을 교묘하게 회피하려고 한다. 그는 프로이트의 거세 이론과 남근을 주체성과 성차 구성의 핵심에 놓는다. 프로이트가 '남근'을 페니스의 '상징계적 기능'을 의미하는 것으로 사용했던 반면, 라캉은 '남근을 "욕망의 기표"로 이해하는 아이디어 주변'으로 정신분석학 이론을 다시 유도한다(라플랑슈와 퐁따이유, 1985, 312-4). 라캉에 따르면, 욕망은 이중적으로 이해되어야 한다. 즉 아이들은 어머니를 욕망함과 동시에 어머니의 욕망의 대상인 남근이 되고자 욕망한다. 자클린 로즈에 따르면 '거세는 무엇보다도 아이의 어머니에 대한 욕망이 그녀에 대한 것이 아니라 그녀를 넘어선 어떤 대상, 즉 처음에는 그 위치가 상상계적(그녀의 욕망을 충족시키는 것으로 추정되는 대상)이고 이후에 상징계적(욕망은 충족될 수 없다는 인식)이 되는 남근을 향해있다는 것을 의미한다(로즈, 1982, 38). 기표로서, 누구도 남근과 특권적 관계를 가지고 있지 않다. '욕망의 기본 구조는 기표의 법으로부터 야기된다. 즉 그것은 다른 기표와의 관계 안에서만 어떤 것을 의미하고, 따라서 욕망은 언제나 다른 것을 욕망한다(벤베누토와 케네디, 1986, 13).

거세는, 라캉의 프로이트에 대한 재독해에서, 아이의 법에 대한 승인과 어머니의 욕망의 대상(남근)이 되고자 하는 자기 욕망의 기꺼운 포기를 의미하게 되어 있다. 거세 위협은 실재계에서 일어나는 일이 아니다. 그것은 언제나 상징계적이다.

거세는 결핍, 즉 실재계에서는 여성에게 페니스가 부재한다는 것에 대한 이해로부터 지원을 받을 것이다. 그러나 실재계는 충만하고 아무것도 부족하지 않기 때문에, 이것조차 대상의 상징화를 필요로 한다. 개인이 신경증의 기원에서 거세를 찾는 한, 거세는 절대 실재가 되지 못하고 상징적이며, 상상적 대상을 목표로 한다. (그로츠가 인용, 1990, 71)

라캉은 남성이건 여성이건 간에 아이들은 거세와 결핍에 대한 인식을 통해서만 상징계 질서로 진입할 수 있다고 주장한다.

거세에 대한 라캉의 이론이 지닌 문제점은 그것이 계속해서 상징계 질서를 가부장적인 것으로 구성한다는 점에 있다. '만약 우리가 가부장제적이지 않은 상징계를 상상할 수 있다면, 정신병이 상징계의 대안이라고 생각하는 것 자체는 넘을 수 없는 장애물이 아니다. 진정한 문제는 라캉의 상징계가 가부장제를 필수불가결한 것으로 만든다는 점이다(브레넌, 1989, 3). 이런 문제는 라캉 이론에서의 남근의 위치와 관계가 있다. 남근은 주체성과 언어의 구성으로 이어지는 '결핍'을 의미하는 중성적인 용어여야 한다. 엘리자베스 그로츠는 이것이 '따라서 동시에 그리고 확고하게 성차(그리고 정체성)의 표시이자 언어에서의 발화 위치의 기표이며, 교환 관계를 지배하는 질서'라고 주장한다(그로츠, 1990, 126). 남근은 여러 가지 이유로 페니스와 연결되어 있다. 우선, 상징계적 아버지와 남근의 유사점은 남근이 분리를 의미할 때에 상징계적 아버지가 어머니-아이의 이자적 관계를 깬다는 점에 존재한다. 두 번째로 페니스가 결핍을 의미하는 한— 그것은 여성의 '결핍'을 채운다— 그것은 중성적이어야 했던 남근을 대신할 수 있게 된다. '만약 페니스가 남근의 기능을 대신한다면, 이것은 여성 섹슈얼리티가 장애 혹은 거세로 여겨지기 때문이다(그로츠, 117). 이론상으로 남근은 남성이든 여성이든, 누구라도 가질 수 없는 중성적인 개념이다. 그러나 현실에서 남근은 종종 페니스로 연결된다. 브레넌은 이 지점을 강조했다. '라캉에게 영향을 받은 페미니스트들은 양성 모두 남성성과 여성성의 자리를 차지할 수 있다고 강조해 왔다. 이것은 잔꾀이자 미끄러짐이다. 아무도 남근을 가질 수는 없다. 그러나 남근과 페니스 사이의 연대가 존재하고, 그것은 지속된다(브레넌, 1989, 4). 이 이유 하나만으로도, 오이디푸스 콤플렉스에 대한 프로이트/라캉의 이론이 문제적이라는 점은 분명하다. 우리가 이 사실에다가 프로이트가 거세하는 어머니의 판타지와 어머니가 법과 동일시될 수 있다는 가능성을 무시/억압했다는 점을 추가한다면, 이 이론이 인간 주체성과 성차의 기원을 설명하는 방법으로 완전히 부적합하다는 점은 분명해진다.

프로이트는 거세하는 어머니에 대한 판타지를 자신의 글에서 억압하고 있지만, 라캉은 이 개념에 대해서 논의하고 있다. 그러나 그것은 오직 동성애의 개념 및 다양한 변태성과의 관계 안에서 뿐이다. 아버지는 거세하는 어머니, 즉 '법을 세우는' 부모에게 너무 많은 힘을 부여했다. 어머니가 권력을 가지고 있다는 것을 발견하면서, 미래의 동성애자 아이는 남근을 과대평가하게 되고 '그것의 부재를 견딜 수 없으며, 대체로 여성 성기를 두려워하게 된다.' 결과적으로 그는 자신의 파트너에게서 페니스를 찾게 된다(벤베누토와 케네디, 1986, 135). 그러나 거세하는 어머니에 대한 판타지는 소위 변태성과 관련된 문제와 동일한 것으로 여겨지면서 주변화되기에는 너무 지속적이며 널리 퍼져 있었다. 이 판타지는 문화적이고 예술적인 실천 안에서 광범위하게 표현되었을 뿐만 아니라, 프로이트의 많은 글에서 억압되었던 만큼 그의 중요한 임상사례에서 핵심적인 내용이었다. 게다가 가부장제 상징계가 여성의 위협적

억압과 위반 사이

인 본성에 대한 남성의 불안을 위로하기 위해 기능한다는 사실은, 이 판타지가 여성에 대한 사회적 정치적 대우에 영향을 주도록 함에 있어 지배적이라는 사실을 보여준다. 가부장제 이데올로기는 여성이 스스로의 몸에 대해 지닌 자율권을 부인하는 일련의 억압적인 음모들을 통해 여성의 욕망을 통제함으로써 어머니의 힘을 억제하는 기능을 했고, 연장선상에서 모든 여성을 억압했다. 이런 방법들 중에서 가장 폭력적인 것은 가정 폭력, 강간, 그리고 여성 성기의 절단 등이다. 페니 데드만의 다큐멘터리 <의례>에서 그녀는 여성 성기의 절단은 증가 추세에 있고, 현재 전세계적으로 약 750만에서 850만의 여성들에게 영향을 미치고 있다고 추정한다. 성교 시에 위험한 '가시' 혹은 이빨로서의 클리토리스에 대한 두려움이 아프리카 국가들에서 실행되고 있는 여성 성기 절단이라는 야만적인 관행 뒤에 놓여 있는 이유라고 생각된다(레데러, 1968, 46). 이는 프로이트가 「처녀성의 타부」에서 '여성 할례'로 부적절하게 묘사하고 있다. (할례는 피부의 제거를 의미하지 전체 기관의 제거를 의미하는 것은 아니다.) 클리토리스와 음순이 제거당하는 이 관행은 여성 성기에 대한 공포라는 뿌리 깊은 태도를 보여준다. 이는 멀리 퍼져 있는 태도이며, 따라서 '변태성'의 영역에 속해 있다는 식으로 간단히 무시할 수는 없는 것이다. 이 관행은 또한 여성의 성기 절단을 수행하는 사람들이 여성의 성기를 이미 거세된 것으로 여기지 않는다는 것 역시 분명히 보여준다. 실제로 그들의 목적이란 거세를 수행하는 것이다.

그러나 여성의 '거세하는' 욕망이라는 문제는 성교의 본질 때문에 완전히 폐기될 수는 없다. 「처녀성의 타부」에서 프로이트는 성교가 남성에게 일어날지도 모르는 거세를 환기시킨다는 점에 주목한다. 성교에 대한 프로이트의 기술은 쾌락과 위험의 장소인 질에 대한 남성의 두려움을 설명한다. '남성은 여성성에 오염되어 약해지는 것과 자신의 무능을 보이는 것을 두려워한다. 긴장을 완화시키고 무기력을 야기하는 성교의 효과는 남성이 두려워하는 것의 원형일 것이다(p.198). 위에서 논의했던 것처럼, 남근에 대한 라캉의 이론은— 그것이 페니스와 연결되기 때문에— 남성의 거세 불안이라는 문제를 해결하지 못한다.

> [남성은] 자신이 남근을 '소유'했다는 사실이 여성이 그의 페니스를 욕망한다는 사실을 통해 확인되기를 욕망하는데, 그의 페니스는 (상징적으로) 그에게서 분리되어 그녀에게 '주어질' 수 있는 것이다. 그녀는 그가 '소유'한 남근으로의 접근을 욕망한다. 아이러니하게도 성적 관계들은 그녀가 확인하려고 애쓰는 남근과 페니스 사이의 바로 그 유대를 문제시한다. 성교는 그의 남근 소유에 대한 확인이자 거세 가능성에 대한 환기이기도 하다. 적어도 한 순간은, 그가 여성의 '결핍'을 채워주며 그 순간 그 자신이 결핍의 장소가 된다. (그로츠, 1990, 134-5)

공포영화가 남성성을 재현함에 있어 핵심적인 것이 바로 이런 '결핍의 장소'로서 남성을 재현하는 것이다. 이 부분은 비록 이 책이 탐구하고자 하는 범위 밖에 있지만 이 역시 영화에서의 성차와 관객성에 대해 이미 존재하는 이론들에 도전한다(크리드, 1993 참조). 그로츠는, 성교 시의 좀 더 구체적인 표현을 보면, 남성의 '바기나 덴타타에 대한 편집증적 판타지' 이면에 놓여 있는 것은 거세 위협의 '잔여'라고 말한다(1990, 153). 나는 이 두려움에 거세하는 어머니— 꼬마 한스의 악몽과 공포증들과 관련된 어머니— 에 대한 아이들의 공포를 추가하고자 한다.

위의 논의에서, 우리는 공포영화에서 여성괴물로서의 여성 재현이 — 특히 거세하는 여성의 이미지가— 정신분석학적으로 근거를 둔 몇몇의 이론에 도전하고 있다는 것을 알 수 있었다. 이 이론들은 현재 페미니

억압과 위반 사이

즘에서 진행되고 있는 영화, 사진, 포르노 등을 포함하는 대중 담론의 범위 안에서 성차의 재현과 관객성에 대한 논쟁에 핵심적이었다. 그리고 그 이론들에는 여성은 거세되었기 때문에 공포스럽다는 프로이트의 주장, 거세 콤플렉스에 대한 프로이트의 이론, 남근적/거세하는 여성과 페티시즘, 지배적인 남성 시선의 대상으로서 여성을 위치 짓는 관객성 모델, 그리고 아버지만이 법을 의미하며 상징계는 필연적으로 가부장적이라는 가정들이 포함되어 있다.

여성과 상징계

1부에서 살펴보았던 것처럼, 비체에 대한 크리스테바의 이론은 상징계와의 관계 안에서 어머니에 대한 더 깊은 논쟁을 열어주었다. 비체에 대한 크리스테바의 이론— 그리고 테틱기라는 개념— 은 어머니와 아이의 분리가 이를 가져오는 제 삼자인 아버지의 간섭으로부터 시작된다는 관점에 도전한다. 상황은 훨씬 더 복잡하다.

> 크리스테바의 대답은 상징계의 완전한 간섭이 시작되기 전에 그 이전 단계가 필요하다는 것인데, 이 단계란 억압된 욕망과 상징계가 될 것이다. (⋯) 핵심은 상징계란 자발적으로는 분리를 확실하게 보증할 만큼 강력하지 않으며, 그것은 비체화되는 어머니에게 의존한다는 점이다. (레히트, 1990, 159)

크리스테바는 '테틱기'라는 용어를 기호계와 상징계 사이를 잇는 공간을 설명하기 위해 사용하였다. 한편으로 기호계는 아이의 몸을 가로질러 기입되어 있는 조직되지 않고 분산된 충동을 일컫는다. 다른 한편으로, 기호계 안에는 질서와 구조가 있고 충동들이 형상과 모양을 얻는 순간들이 있다. '기호계와 상징계 사이의 문지방인 테틱기는 상징계에 존재하는 기호계의 잔여물이자 기호계 안에 존재하는 상징계의 예견이다'(그로츠, 1990, 45). 비체와 테틱기에 대한 크리스테바의 이론은 어머니로부터의 아이의 분리는 기호계로부터 상징계로 이어지는 점진적인 과정으로 이해되어야 한다는 사실을 보여준다. 『시적 언어의 혁명』에서 크리스테바는 거세란 이 긴 과정의 마지막 부분일 뿐이라고 이해한다. '거세는 주체를 의미할 수 있는 것, 즉 분리되어 있고 언제나 타자와 대면하게 되는 것으로 위치 짓는 분리의 과정에 종지부를 찍는 것일 뿐이다'(1986, 47).

상징계의 아버지 존재와 동등한 전 상징계의 어머니 존재를 위한 자리를 만들려고 시도하면서, 크리스테바는 상징계의 가부장적 근간에 질문을 던지지 않는다. 내가 보기에는, 아이의 거세 콤플렉스 진행에 있어 거세하는 어머니에 대한 판타지가 수행하는 중요한 역할을 고려함으로써, 우리는 상징계와 가부장제 사이에 놓인 소위 '필수불가결'하다는 연결에 대해 더 깊은 질문을 던질 수 있다. 어머니가 자신을 거세할지도 모른다는 아이의 불안이 어머니 아이 사이의 이자적 관계를 단절시키는 데 중요한 역할을 수행할 가능성이 있다. 거세하는 어머니에 대한 공포는 또한 여성이 가부장제 사회에 구속되어 있는 모호한 태도를 설명하는 데 도움이 될 수도 있다. 이 태도는 또한 대중 담론의 범위 안에 존재하는 여성 악마의 다양한 정형에서 재현된다. 어머니는 아이의 첫 사랑의 대상이지만 그녀가 거세한다고 위협하는 한 그녀는 또한 공포와 두려움의 대상이 된다. 분명히 거세자로서의 여성에 대해 널리 퍼져 있는 판타지는 성차에 대한 정신분석학적 이론에 핵심적인 문제들을 불러일으킨다. 그러나 나는 오이디푸스와 거세 콤플렉스에 대한 프로이

억압과 위반 사이

트의 이론으로 거세하는 어머니라는 존재를 흡수하려는 것이 아니라, 이 이론들을 통해 가부장제의 기원을 이해하는 것은 부적절하다는 사실을 지적하고자 하는 것이다.

상징계 질서로의 진입은 어머니 혹은 몇 가지의 콤플렉스들이 적극적인 중심 역할을 수행하는 길고 점진적인 과정이지만, 거세에 관한 프로이트의 이론 때문에 그동안 가시적으로 드러나지 못했다. 문제는 아이가 자신을 어머니로부터 분리하는 과정과 어머니가 여기에서 수행하는 역할이 분명하게 서술되지 않았다는 것이다. 법, 논리, 그리고 이성에 대한 강조와 함께, 상징계 질서의 언어는 경계와 한계, 그리고 콤플렉스와 다양한 방식으로 얽혀 있는 과정들을 쉽게 견뎌내지 않았다. 상징계로의 진입에 있어서, 어머니는 본질적으로 모호한 존재로 재현되었다. 그녀는 배변훈련을 통해 아이에게 모든 동물적인 기원의 흔적들로부터 스스로를 분리하도록 가르쳤지만, 동시에 그녀는 재생산 기능과 모성적 역할 때문에 자연의 세계와 연결되어 있었고, 결과적으로 모욕당했다. 그녀는 아이로 하여금 상징계의 의미화 관행 안에서 그녀 자신이 의미하게 되는 것을 혐오하도록 가르쳤다. 여성을 모욕하는 이데올로기는 또한 여성에 의해서 인정받았던 것이다. 우리가 <캐리>에서 보았던 것처럼 가부장제 이데올로기는 여성 안에서, 그리고 여성을 통해서 작동한다.

사회와 문화를 구성함―비록 현 단계에서는 그것이 가부장제 문화이긴 하지만―에 있어 어머니가 수행하는 중요한 역할을 억압하고 왜곡하지 않는다면, 정신분석학적 글들은 상징계가 아버지에 의해서만 대변되는 질서라고 주장할 수 없다. 문제는 이 질서가 필수불가결하다는 것이 아니라 가부장제가 마지못해서 남성과 남성의 활동의 가치를 여성 및 임신, 출산, 그리고 모성과 관련된 여성 활동의 가치보다 우위에 놓는 다는 것이다. 남성이 거세하는 여성을 두려워한다는 분명한 증거에도 불구하고, 이는 여성을 남성의 결핍된 타자인 거세된 존재로 구성한다. 상징계 질서는 남성 주체의 상상적 믿음에 의해 지지되는 것처럼 보이는데, 특히 한때는 남근이 있었던 어머니가 거세되었다는 관점에 의해서 지지된다. 가부장제적 상징계가 남성의 상상에 의해 구성되는 한, 결정적인 임무는 남성의 상상력에 정보를 주는 판타지를 다르게 이해하는 것, 혹은 심지어 남성의 상상을 재구성하는 것이 될 것이다. 그러나 '그들의 상상과 단절하고자 하는 남성'에게는 '다른 용어, 즉 상징계로서의 여성이 필요할 것이다(휘트포드, 1989, 119). 성차에 대한 정신분석학 이론의 부적절함을 지적함으로써, 우리는 재평가와 재창조를 시작할 수 있다.

50년 전에 카렌 호니 역시 남성은 여성이 거세할지도 모르기 때문에 두려워한다고 주장했었다. 그녀는 스핑크스의 전설을 포함해서 악마로서의 여성을 그린 일련의 신화와 전설을 열거했다.

> 스핑크스의 수수께끼를 풀 수 있는 사람은 거의 없었다. 풀려고 시도했던 사람들은 대부분 생명을 잃었다. …… 이런 예는 한도 끝도 없다. 언제 어디서나, 남성들은 여성을 대상화함으로써 여성에 대한 두려움을 극복하려고 고군분투했다. 그는 '내가 여자를 두려워하는 건 아니야. 그건 여자 자체가 사악하고, 어떤 죄도 저지를 수 있으며, 먹이를 좇는 야수이자 뱀파이어, 마녀인데다가, 욕망이 한도 끝도 없기 때문이야. 여자는 사악한 것의 화신이야'라고 말한다. (호니, 1967, 134-5)

여성괴물로서의 여성의 이런 이미지들은 현대 공포영화에서도 여전히 건재하며, 마녀, 원초적 어머니, 괴물스러운 자궁, 뱀파이어, 팜므 카스트라트리스, 거세하는 어머니 등의 다양한 방식으로 재현되었다. 그들은 충격적이고 혐오감을 주었지만, 동시에 계몽적이었다. 그들은 가부장제 무의식의 어두운 면을 이해할 수 있는 수단을 우리에게 제공해주었다. 특히 그들은 어머니에 대한 극단적으로 모순적이고 고질적인 태도들을 이해할 수 있도록 도와주었다. 어머니란 양육을 담당함과 동시에, 자신의 몸과 연결된 일련의 육체적이고 정신적인 거세와 유아의 사회화 과정을 통해, 아이가 상징계 질서로 들어가기 위해 필수적인 모든 가장 고통스러운 분리를 초래한다. 아마도 모성적 존재에 대한 남자의 모순적인 태도는, 그가 그다지 원하지 않았던 상징계로의 진입을─아버지가 아닌─어머니와 연결시키기 때문에 발생할 것이다. 이런 모순은 공포영화에서 여성이 출산을 하고 '어머니'이기 때문에 그녀를 괴물스럽게 재현하도록 했다. 이런 의미에서, 영화에서 모든 공포와의 조우는 가부장제 이데올로기의 의미화 관행에 의해서 비 상징계적으로 구성되는 모성적 육체와의 조우다. (나는 여성이 본질적으로 비체적이라고 주장하는 것이 아니다.) 여성의 비체화는 가부장제 질서의 기능에 매우 중요하다. '여성의 몸에 대한 착취가 없다면, 사회를 지배하는 상징계 과정은 어떻게 될 것인가?'(이리가라이, 1985, 85) 공포영화의 여성괴물과의 만남은 우리를 미학적이고 이데올로기적인 여행, '상징계적 구성의 토대로의 하강'으로 이끈다(크리스테바, 1982, 18). 이 여행은 의심의 여지없이 신화와 전설의 영역에서 시작되었으며 오늘날에도 영화, 문학, 미술, 시, 포르노, 그리고 다른 대중 창작물에서의 여성괴물의 다양한 재현으로 계속되고 있다. 대중문화에서 드러나는 성차 재현에 대한 페미니즘 논쟁에 정보를 주는 몇몇의 정신분석학 이론에 의문을 제기하면서, 우리는 우리의 문화적 상상력을 지배하고 있는 공포와 판타지에 대한 좀 더 정확한 그림을 얻을 수 있었다.

페르세우스가 메두사를 죽였을 때 그는－일반적인 생각처럼－그녀의 지배를 종식시키거나 공포스러운 힘을 파괴하지 못했다. 이후에 아테나는 방패에 메두사의 머리를 새겨 넣었다. 입을 벌린 채 몸부림치는 송곳니가 날카로운 뱀들과 메두사의 거대한 이빨, 그리고 축 늘어진 혀가 완전히 다 보였다. 아테나의 목적은 남자들로 하여금 상상 속의 거세하는 어머니에게 그들이 상징적 빚을 지고 있다는 사실을 환기시키려는 것과 동시에, 그저 그들의 심장을 두려움으로 공격하려는 것이었다. 그리고 의심의 여지없이 그녀는 자신이 무엇을 하고 있는지 잘 알고 있었다. 결국, 아테나는 고대 세계의 위대한 어머니-여신이었으며, 고대 전설에 따르면 지혜의 여신인 메티스의 딸이었다. 그리고 메티스의 또 다른 이름은 메두사였다.

참고문헌

Bakhtin, Mikhail (1984) Rabelais and His World, trans. Helene Iswolsky, Bloomington: Indiana University Press, 1984.

Bataille, Georges (1962) Death and Sensuality: A study of Eroticism and the Taboo, New York: Walker.

Bellour, Raymond (1979) 'Psychosis, neurosis, perversion', Camera Obscura Summer 1979: 105-32.

Benvenuto, Bice and Kennedy, Roger (1986) The Works of Jacques Lacan: An Introduction, London: Free Association Books.

Boss, Pete (1986) 'Vile bodies and bad medicine', Screen 27.1: 14-24.

Brennan, Teresa, ed. (1989) Between Feminism and Psychoanalysis, London: Routledge.

Briffault, Robert (1959) The Mothers, abridged, with an Introduction by Gordon Rattray Taylor, London: Allen & Unwin. Repr. New York: Atheneum, 1977: The Mothers, A Study of the Origins of Sentiment and Institutions, 3 vols, 1927.

Britton, Andrew (1979) 'The Exorcist', in Robin Wood and Richard Luppe, eds, The American Nightmare: essays on the Horror Film, Toronto: Festival of Festivals, 50-3.

Brophy, Philip (1986) 'Horrality—The textuality of contemporary horror films', Screen 27.1: 2-13.

Brown, Frank A. (1972) 'The "clocks" timing biological rhythms', American Scientist Nov-Dec.: 756-66.

Brown, Royal S. (1980) 'Dressed to Kill: myth and male fantasy in the horror/suspense genre', Film/Psychology Review 4: 169-82.

Bullough, Vern L. (1973) 'Medieval medical and scientific views of women', Viator: Medieval and Renaissance Studies 4: 485-501.

Bundtzen, Lynda K. 91987) 'Monstrous mothers: Medusa, Grendel and now aliens', Film Quarterly 40.3: 11-17.

Butler, Ivan (1967) Horror in the Cinema, London: A. Zwemmer Ltd; New York: A. S. Barnes & Co.

Campbell, Joseph (1976) The Masks of God: Primitive Mythology, Harmondsworth: Penguin.

Carroll, Noel (1990) The Philosophy of Horror: Or, Paradoxes of the Heart, New York: Routledge.

Clover, Carol J. (1989) 'Her body, himself: gender in the slasher film', in James Donald, ed., Fantasy and the Cinema, London: BFI, 91-133.

Cowie, Elizabeth (1984) 'Fantasia', m/f 9: 71-105.

Creed, Barbara (1989) 'Horror and the monstrous-feminine: an imaginary abjection', in James Donald, ed., Fantasy and the Cinema, London: BFI, 63-90.

Creed, Barbara (1993) 'Dark desires: male masochism in the horror film', in Steve Cohan and Ina Hark, eds, Screening the male, New York: Routledge, 118-33.

Dadoun, Roger (1989) 'Fetishism in the horror film', in James Donald, ed., Fantasy and the Cinema, London: BFI, 39-61.

Daly, C. D. (1943) 'The role of menstruation in human phylogenesis and ontogenesis', International Journal of Psychology 2: 51-70.

Derry, Charles (1987) 'More dark dreams: some notes on the recent horror film', in Gregory A. Waller, ed., American Horrors: Essays on the Modern American Horror Film, Urbana: University of Illinois Press, 162-74.

Dervin, Daniel (1980) 'Primal conditions and conventions: the genres of comedy and science fiction', Film/Psychology Review 4: 115-47.

Dijkstra, Bram (1986) Idols of Perversity: Fantasies of Feminine Evil n Fin-de-Siecle Culture, New York: Oxford University Press.

Dika, Vera (1987) 'The stalker film, 1978-81', in Gregory A. Waller, ed., American Horrors: Essays on the Modern American Horror Film, Urbana: University of Illinois Press, 86-101.

Doane, Mary Ann (1987) The Desire to Desire, Bloomington and Indianapolis: Indiana university Press.

Douglas, Drake (1967) Horrors, London: John Baker.

Ebert, Roger (1981) 'Why movie audiences aren't safe anymore', American Film 5: 54-6.

Evans, Walter (1973) 'Monster movies: a sexual theory', Journal of Popular Film 2.4: 353-65.

Fisher, Lucy (1989) Shot/Countershot: Film Tradition and the women's Cinema, Princeton, NJ: Princeton University Press.

Frazer, Sir James George (1922) The Golden Bough, London: Macmillan.

Freud, Sigmund 'A child is being beaten: a contribution to the study of the origin of sexual perversions', in The Standard Edition of the Complete Psychological Works of Sigmund freud, 24 vols, trans. James Strachey, London: Hogarth, 1953-66, vol. 17, 175-204.

—— 'Analysis of a phobia in a five year old boy', in Standard Edition, vol. 10, 1-50.

—— 'Beyond the pleasure principle', in Standard Edition, vol. 18, 1-64.

—— 'Female sexuality', in Standard Edition, vol. 21, 221-46

—— 'Fetishism', in Standard Edition, vol. 21, 147-58.

—— 'From the history of an infantile neurosis', in Standard Edition, vol. 17, 1-122.

—— 'The infantile genital organisation', in Standard Edition, vol. 19, 141-8.

—— 'Inhibitions, symptoms and anxiety', in Standard Edition, vol. 20, 75-172.

—— 'The interpretation of dreams', in Standard Edition, vols 4 and 5.

—— Introductory Lectures on Psycho-Analysis, in standard Edition, vol. 16.

—— 'Medusa's head', in Standard Edition, vol. 18, 273-4.

—— 'Moses and monotheism: three essays', in Standard Edition, vol. 23, 1-138.

—— 'An outline of psycho-analysis', in standard Edition, vol. 23, 139-208.

—— 'On the sexual theories of children', in standard Edition, vol. 9, 205-26.

—— 'Some psychical consequences of the anatomical distinction between the sexes', in Standard Edition, vol. 19, 241-61.

—— 'The taboo of virginity. (Contributions to the psychology of love, III)', in Standard Edition, vol. 11, 191-208.

—— 'Three essays on the theory of sexuality', in standard Edition, vol. 7, 123-230.

—— 'Totem and taboo', in standard Edition, vol. 13.

—— 'The uncanny', in standard Edition, vol.17, 217-52.

Fromm, Erich (1970) The Crisis of Psychoanalysis, London: Jonathan Cape.

Gifford, Edward S. Jr (1974) The Evil Eye, New York: Quadrangle Books.

Graves, Robert (1966) The White Goddess, New York: farrar, Straus & Giroux.

Greenberg, Harvey R. (1986) 'Reimagining the gargoyle: psychoanalytic notes on Alien', Camera Obscura 15: 87-111.

Greer, Germaine (1991) The Change: Women, Ageing and the Menopause, London: Hamish Hamilton.

Grosz, Elizabeth (1990) Jacques Lacan: A Feminist Introduction, Sydney: Allen & Unwin.

Gunew, Sneja (1983) 'Feminist criticism: positions and questions', in 'forum: feminism and interpretation theory', southern Review 16.1: 149-73.

Handling, Piers (1983) The Shape of Rage: The Films of David Cronenberg, Toronto: General.

Hardy, Phil, ed. (1986) The Encyclopedia of Horror Movies, New York: Harper & Row.

Harkness, John (1983) 'The word, the flesh and David Cronenberg', in Piers

Handling, ed., The Shape of Rage, Toronto: General, 87-97.

Hays, H. R. (1963) In the Beginnings, New York: G. P. Putnam's Sons.

Heath, Stephen (1976) 'Jaws, ideology and film theory', Framework 4: 25-7.

—— (1978) 'difference', Screen 19.3: 51-112.

Hogan, David J. (1986) Dark Romance: Sexuality in the Horror Film, Jefferson, NC: McFarland.

Hollier, Denis, ed. (1988) The College of Sociology 1937-39, trans. Betsy Wing. Minneapolis: University of Minnesota Press.

Horney, Karen (1967) Feminine Psychology, New York: W. W. Norton.

Huet, Marie-Hélène (1983) 'Living images: monstrosity and representation', Representations 4: 73-87.

Irigaray, Luce (1985) This Sex Which Is Not One, trans. Catherine Porter, New York: Cornell University Press.

Jacobus, Mary (1986) Reading woman: Essays in Feminist Criticism, London: Methuen.

Jameson, Fredric (1982) 'Reading Hitchcock', October (Winter): 15-42.

Jones, Ernst (1972) 'On the nightmare of bloodsucking', in roy Huss and T. J. Ross, eds, Focus on the Horror Film, Englewood Cliffs, NJ: Prentice-Hall, 57-62.

Kaplan, E. Ann (1990) 'Motherhood and representation: from postwar Freudian figurantions to postmodernism', in E. Ann Kaplan, ed., Psychoanalysis and Cinema, New York: routledge, 128-42.

Kavanaugh, James H. (1980) '"son of a bitch": feminism, humanism, and science in Alien', October 13 (summer): 91-100.

Kelly, Mary (1984) 'Woman-desire-image', in Desire, London: Institure of Contemporary Arts, 30-1.

Kinder, Marsha and Houston, Beverly (1987) 'Seeing is believing: The Exorcist and Don't Look Now', in Gregory A. Waller, ed., American Horrors: Essays on the Modern American Horror Film, Urbana: University of Illinois Press, 44-61.

King, Stephen (1988) Bare Bones: conversations on Terror with Stephen King, eds Tim Underwood and Chuck Miller, London: New English Library.

Kramer, Heinrich and Sprenger, James (1971) The Malleus Maleficarum, New York: Dover edition.

Kristeva, Julia (1982) Powers of Horror: An Essay on Abjection, trans. Leon S. Roudiez, New York: Columbia University Press.

Kristeva, Julia (1986) 'Revolution in poetic language', in Toril Moi, ed., The Kristeva Reader, Oxford: Basil Blackwell.

Lacan, Jacques(1953) 'Some reflections on the ego', The International Journal of Psychoanalysis 24: 11-17.

—— (1986) The Language of the Self: The function of Language in Psychoanalysis, trans. (with notes and commentary) Anthony wilden, Baltimore: Johns Hopkins University Press.

—— (1977) Ecrits: A Selection, trans. Alan Sheridan, London: Tavistock.

—— (1978) 'Le séminaire XX', trans. Stephen Heath, 'Difference', Screen 19.3: 59.

Laplanche, J. and Pontalis, J. B. (1985) The Language of Psycho-analysis, London: Hogarth.

Lechte, John (1990) Julia Kristeva, London: Routledge.

Lederer, Wolfang (1968) The Fear of Women, New York: Harcourt Brace Jovanovich.

Le Fanu, J. S. (1964) 'Carmilla', in Best Ghost Stories, New York: Dover.

Lenne, Gérard (1979) 'Monster and victim: women in the horror film', in Patricia Eren, ed., Sexual Stratagems: The world of Women in Film, New York: Horizon, 31-40.

Lévi-Strauss, C. (1963) Structural Anthropology, trans. C. Jacobson and B. G. Schoepf, New York: Penguin.

—— (1969) The Elementary Structures of Kinship, trans. James Harle Bell and John Richard von Sturmer; ed. rodney Needham, London: Eyre & Spottiswoode.

—— (1973) From Honey to Ashes, London: Jonathan Cape.

Lurie, Susan (1981-2) 'The construction of the "castrated woman" in psychoanalysis and cinema', Discourse 4: 52-74.

McDonald, James (1988) A Dictionary of Obscenity, Taboo and Euphemism, London: Sphere.

McNally, Raymond T. (1985) Dracula was a Woman: In Search of the Blood Countess of Transylvania, London: Hamlyn.

Marshack, Alexander (1972) The Roots of Civilization, London: Weidenfeld & Nicolson.

Melville, Herman (1851) Moby Dick.

Miles, Margaret R. (1989) Carnal Knowing: Female Nakedness and Religious Meaning in the Christian West, Boston: Beacon Press.

Mitchell, Juliet (1975) Psychoanalysis and Feminism, Harmondsworth: Penguin.

Mitchell, Juliet and Rose, Jacqueline, eds (1982) Feminine Sexuality: Jacques Lacan and the école freudienne, trans. Jacqueline Rose, London: Macmillan.

Modleski, Tania (1986) 'The terror of pleasure: the contemporary horror film and postmodern theory', in Tania Modleski, ed., Studies in Entertainment, Bloomington: Indiana University Press, 155-66.

—— (1988) The Woman who Knew Too Much: Hitchcock and Feminist Theory, New York: Methuen.

Morris, Joan (1973) The Lady was a Bishop, New York: Macmillan.

Mulvey, Laura (1989) 'Visual pleasure and narrative cinema', in Visual and Other Pleasures, London: Macmillan.

Neale, Stephen (1980) Genre, London: BFI.

Neumann, Erich (1972) The Great Mother: An Analysis of the archetype, trans. Ralph Manheim, Princeton, NJ: Princeton University Press.

Newman, Kim (1988) Nightmare Movies: A Critical History of the Horror Movie from 1968-88, London: Bloomsbury.

Pirie, David (1977-8) 'American Cinema in the '70s', Movie 25: 20-4.

Place, Janey (1980) 'Women in film noir', in E. Ann Kaplan, ed., Women in Film Noir, London: BFI, 35-67.

Polan, Dana B. (1984) 'Eros and syphilization: the contemporary horror film', in Barry Keith Grant, ed., Planks of Reason: Essays on the Horror Film, Metuchen, NJ: Scarecrow.

Prawer, S.S. (1980) Caligari's children: The Film as Tale of Terror, New York: Da Capo.

Rawson, Philip (1968) Erotic Art of the East, New York: G. P. Putnam's Sons.

Rheingold, Joseph C. (1964) The Fear of Being a Woman, New York: Grune & Stratton.

Rose, jacqueline (1982) 'Introduction' in Juliet Mitchell and Jacqueline Rose, eds, Feminine Sexuality: Jacques Lacan and the école freudienne, London: Macmillan.

Rothman, William (1982) The Murderous Gaze, Cambridge, MA: Harvard University Press.

Russell, Sharon (1984) 'The witch in film: myth and reality', in Barry Keith Grant, ed., Planks of Reason: Essays on the Horror Film, Metuchen, NJ: Scarecrow.

Russo, Mary (1986) 'Female grotesques: carnival and theory', in Teresa de Lauretis, ed., Feminist Studies Critical Studies, Bloomington: Indiana University Press.

Russo, Vito (1981) The Celluloid Closet: Homosexuality in the Movies, New York: Harper & Row.

Sammon, Paul (1981) 'David Cronenberg', Cinefantastique 10.4: 20-34.

Shuttle, Penelope and Redgrove, Peter (1978) The Wise wound: Eve's Curse and Everywoman, New York: Richard Marek.

Silverman, Kaja (1988) The Acoustic Mirror, Bloomington: Indiana University Press.

Slater, Philip E. (1971) The Glory of Hera: Greek Mythology and the Greek Family, Boston: Beacon Press.

Sobchack, Vivian (1978) 'Bringing it all back home: family economy and generic exchange', in Gregory A. Waller, ed., American Horrors: Essays on the Modern American Horror Film, Urbana: University of Illinois Press.

Spoto, Donald (1983) The Dark Side of Genius: The Life of Alfred Hitchcock, London: Muller.

Stallybrass, Peter and White, Allon (1986) The Politics and Poetics of Transgression, London: Methuen.

Stone, Merlin (1976) When God Was a Woman, New York: Harcourt Brace Jovanovich.

Studlar, Gaylyn (1984) 'Masochism and the perverse pleasures of the cinema', Quarterly Review of Film Studies 9.4: 267-82.

Tansley, Rebecca(1988) 'Argento's Mothers: matriarchal monsters, maternal memories', unpublished diss: University of Auckland.

Tudor, Andrew (1989) Monsters and Mad Scientists: A Cultural History of the Horror Movie, Oxford: Basil Blackwell.

Twitchell, James B. (1985) Dreadful Pleasures: An Anatomy of Modern Horror, New York: Oxford University Press.

Ursini, James and Silver, Alain (1975) The vampire Film, Cranbury, NJ: Barnes.

Walker, Barbara G. (1983) The women's Encyclopedia of Myths and Secrets, San francisco: Harper & Row.

Waller, Gregory A. (1987) American Horrors: Essays on the Modern American Horror Film, Urbana: University of Illinois Press.

Whitford, Margaret (1989) 'Rereading Irigaray', in Teresa Brennan, ed., Between Feminism and Psychoanalysis, London: Routledge.

Willemen, Paul (1980) 'Letter to John', Screen 21.2: 53-66.

Williams, Linda (1984) 'When the woman looks', in Re-Vision, Los Angeles: University Publications of America, 67-82.

Wood, Robin (1970) Hitchcock's Films, New York: Paperback Library.

—— (1983) 'Cronenberg: a dissenting view', in Piers Handling, ed., The shape of Rage: The Films of David Cronenberg, Toronto: General, 115-35.

—— (1986) Hollywood from vietnam to Reagan, New York: Columbia university Press.

Zimmerman, Bonnie (1984) 'Daughters of darkness: the lesbian vampire on film', in Barry Keith Grant, ed., Planks of Reason: Essays on the Horror Film, Metuchen, NJ: Scarecrow, 153-63.

Filmography

애비 *Abby* (William Girdler, 1974)

에일리언 *Alien* (Ridely Scott, 1979)

에일리언2 *Aliens* (James Cameron, 1986)

에일리언3 *Alien3* (David Fincher, 1992)

에일리언의 씨 *Alien Seed* (Bob James, 1989)

상태개조 *Altered States* (Ken Russell, 1980)

아마티빌 *The Amityville Horror* (Stuart Rosenberg, 1979)

아라크네의 비밀 *Arachnophobia* (Frank Marshall, 1990)

오드리 로즈와 섹소시스트 *Audrey Rose* (Robert Wise, 1977)

원초적 본능 *Basic Instinct* (Paul Verhoeven, 1992)

배트맨 *Batman* (Leslie Martinson, 1966)

새 *The Birds* (Alfred Hitchcock, 1963)

검은 고양이 *The Black Cat* (Albert S. Rogell, 1941)

사탄의 가면 *Black Sunday* (Mario Bava, 1961)

피와 장미 *Blood and Roses* (Roger Vadim, 1961)

악령의 피 *Blood Bath* (Stephanie Rothman, 1966)

죽음의 집에서의 피목욕 *Bloodbath at the House of Death* (Pete Walker, 1984)

피의 신부 *Blood Brides* (Mario Bava, 1969)

블러드 다이너 *Blood Diner* (Jackie Kong, 1987)

블러드 드링커 *The Blood Drinkers* (Gerardo de Leon, 1966)

피의 축제 *Blood Feast* (Herschell Gordon Lewis, 1963)

앤디 워홀의 드라큐라 *Blood for Dracula* (Paul Morrissey, 1974)

피의 향연 *Blood Orgy* (Herschell Gordon Lewis, 1971)

피를 빠는 변태들 *Bloodsucking Freaks* (Joel M. Reed, 1976)

피의 생일 *Bloody Birthday* (Ed Hunt, 1986)

블루 벨벳 *Blue Velvet* (David Lynch, 1986)

드라큐라의 신부 *The Brides of Dracula* (Terence Fisher, 1960)

브루드 *The Brood* (David Cronenberg, 1979)

버켓 오브 블러드 *A Bucket of Blood* (Roger Corman, 1959)

19번째 남자 *Bull Durham* (Ron Shelton, 1988)

마녀를 불태워라! *Burn Witch Burn!* (Sidney Hayers, 1962)

칼리가리 박사의 밀실 *The Cabinet of Dr. Caligari* (Robert Wiene, 1919)

캡티브 와일드 우먼 *Captive Wild Woman* (Edward Dmytryk, 1943)

캐리 *Carrie* (Brian De Palma, 1976)

캐시의 저주 *Cathy's Curse* (Eddy Matalon, 1976)

캣 피플 *Cat People* (Jacques Tourneur, 1942)

캣 피플 *Cat People* (Paul Schrader, 1982)

시체 그라인더 *The Corpse Grinders* (Ted V. Mikels, 1971)

해양 괴물 *Creature from the Black Lagoon* (Jack Arnold, 1954)

외침과 속삭임 *Cries and Whispers* (Ingmar Bergman, 1972)

검은 거울 *Dark Mirror* (Robert Siodmak, 1946)

어둠의 딸들 *Daughters of Darkness* (Harry Kumel, 1970)

분노의 날 *Day of Wrath* (Carl Dreyer, 1943)

데드링거 *Dead Ringer* (Paul Henreid, 1964)

데드링거 *Dead Ringers* (David Cronenberg, 1988)

악령의 리사 *Deadly Blessing* (Wes Craven, 1981)

주말의 터미네이터 *Death Weekend* (William Fruet, 1977)

딥 레드(서스페리아2) *Deep Red aka Profondo Rosso* (Dario Argento, 1975)

프로테우스4 *Demon Seed* (Donald Cammell, 1977)

그녀 안의 악마 *The Devil within Her* (Peter Sasdy, 1975)

더티 해리 *Dirty Harry* (Don Siegel, 1971)

지킬 박사와 하이드씨 *Dr. Jekyll and Mr. Hyde* (John S. Robertson, 1920)

지킬 박사와 여동생 하이드 *Dr. Jekyll and Sister Hyde* (Roy Ward Baker, 1941)

지금 뒤돌아보지 마라 *Don't Look Now* (Nicholas Roeg, 1973)

드라큐라 *Dracula* (Tod Browning, 1931)

드라큐라의 딸 *Dracula's Daughter* (Lambert Hillyer, 1936)

드래곤윅 *Dragonwyck* (Joseph L. Mankiewicz, 1946)

드레스트 투 킬 *Dressed to Kill* (Brian De Palma, 1980)

이블 데드 *The Evil Dead* (Sam Raimi, 1983)

이블 데드2 *Evil Dead II* (Sam Raimi, 1987)

엑소시스트 *The Exorcist* (William Friedkin, 1973)

절멸의 천사 *The Exterminating Angel* (Luis Buñuel, 1962)

페어 게임 *Fair Game* (Mario Andreacchio, 1987)

죽음을 부르는 여인 *Fanatic* (Silvio Narizzano, 1965)

위험한 정사 *Fatal Attraction* (Adrian Lyne, 1987)

박쥐성의 무도회 *The Fearless Vampire Killers* (Roman Polanski, 1967)

악마 *The Fiend* (Robert Hartford-Davis, 1971)

플라이 *The Fly* (Kurt Neumann, 1958)

플라이 *The Fly* (David Cronenberg, 1986)

프랑켄슈타인 *Frankenstein* (James Whale, 1931)

13일의 금요일 *Friday the 13th* (Sean S. Cunningham, 1980)

가스등 *Gaslight* (George Cukor, 1944)

거대한 발톱 *The Giant Claw* (Fred F. Sears, 1957)

할로윈 *Halloween* (John Carpenter, 1978)

요람을 흔드는 손 *The Hand that Rocks the Cradle* (Curtis Hanson, 1992)

살인마의 손 *Hands of the Ripper* (Peter Sasdy, 1971)

해피 버스데이 투 미 *Happy Birthday to Me* (J. Lee Thompson, 1980)

헬 나이트 *Hell Night* (Tom De Simone, 1981)

공포의 휴가길 *The Hills Have Eyes* (Wes Craven, 1977)

하우스 *House* (William Katt, 1986)

저주받은 자들의 집 *House of the Damned* (Maury Dexter, 1963)

하우스 오브 다크 샤도우 *The House of Dark Shadow* (Dan Curtis, 1970)

악마의 집 *House of Evil* (Juan Ibanez, Jack Hill, 1968)

리사와 악마 *House of Exorcism* (Mario Bava, 1975)

공포의 집 *House of Fear* (Joe May, 1939)

변태들의 집 *House of Freaks* (Robert H. Oliver, 1973)

하우스 오브 어셔 *House of Usher* (Roger Corman, 1960)

여대생 기숙사 *House on Sorority Row* (Mark Rosman, 1982)

공포의 외딴 집 *The House That Dripped Blood* (Peter Duffell, 1971)

비명 지르는 집 *The House That Screamed* (Narciso Ibanez Serrador, 1970)

악마의 키스 *The Hunger* (Tony Scott, 1983)

내 사랑 마녀 *I Married a Witch* (René Clair, 1942)

음란한 이야기 *Immoral Tales* (Walerian Borowczyk, 1974)

놀랍도록 줄어든 사나이 *The Incredible Shrinking Man* (Jack Arnold, 1957)

인큐버스 *The Incubus* (John Hough, 1982)

인페르노 *Inferno* (Dario Argento, 1988)

인세미노이드 *Inseminoid* (Norman J. Warren, 1982)

신체 강탈자의 침입 *Invasion of the Body Snatchers* (Don Siegel, 1956)

닥터 모로의 DNA *Island of Lost Souls* (Erle C. Kenton, 1933)

네 무덤에 침을 뱉어라 *I Spit of Your Grave* (Meir Zarchi, 1978)

그것은 살아있다 *It's Alive* (Larry Cohen, 1974)

죠스 *Jaws* (Steven Spielberg, 1975)

베들레헴의 유디트 *Judith of Bethulia* (D.W. Griffith, 1913)

정글 캡티브 *Jungle Captive* (Harold Young, 1945)

정글 우먼 *Jungle Woman* (Reginald Le Borg, 1944)

저주받은 핏줄 *The Kindred* (Stephen Carpenter, 1987)

킹콩 *King Kong* (Merian C.Cooper, 1933)

크레이머 대 크레이머 *Kramer versus Kramer* (Robert Benton, 1979)

어둠 속의 여인 *Lady in the Dark* (Mitchell Leisen, 1944)

왼편의 마지막 집 *Last House on the Left* (Wes Craven, 1972)

표범 인간 *The Leopard Man* (Jacques Tourneur, 1943)

뱀파이어 *Lifeforce* (Tobe Hooper, 1985)

립스틱 *Lipstick* (Lamont Johnson, 1976)

리사와 악마 *Lisa and the Devil* (Mario Bava, 1975)

흡혈식물 대소동 *Little Shop of Horrors* (Roger Corman, 1960)

하숙인 *The Lodger* (John Brahm, 1944)

뱀파이어 연인2 *Lust for a Vampire* (Jimmy Sangster, 1970)

마니토우 *The Manitou* (William Girdler, 1978)

마니 *Marnie* (Alfred Hitchcock, 1964)

밀드레드 피어스 *Mildred Pierce* (Michael Curtiz, 1945)

미져리 *Misery* (Rob Reiner, 1991)

모텔 헬 *Motel Hell* (Kevin Connor, 1980)

마더스 데이 *Mother's Day* (Charles Kaufman, 1980)

복수의 립스틱 *Ms. 45* (Abel Ferrara, 1981)

피의 발렌타인 *My Bloody Valentine* (George Mihalka, 1981)

벌거벗은 복수 *Naked Vengeance* (Cirio Santiago, 1984)

유모 *The Nanny* (Seth Holt, 1965)

넥스트 오브 킨 *Next of Kin* (Tony Williams, 1982)

나이트메어 *Nightmare on Elm Street* (Wes Craven, 1984)

나이트 머스트 폴 *Night Must Fall* (Karel Reisz, 1964)

살아 있는 시체들의 밤 *Night of the Living Dead* (George A. Romero, 1972)

노스페라투 *Nosferatu* (F.W. Murnau, 1922)

나우 보이저 *Now Voyager* (Irving Rapper, 1942)

너티 프로페서 *The Nutty Professor* (Jerry Lewis, 1963)

올드 메이드 *The Old Maid* (Edmund Goulding, 1939)

오멘 *The Omen* (Richard Donner, 1976)

오멘 IV *Omen IV: The Awakening* (Jorge Montesi, Dominique Othenin-Gerard, 1991)

쟌 다르크의 수난 *The Passion of Joan of Arc* (Carl Dreyer, 1928)

피핑 톰 *Peeping Tom* (Michael Powell, 1960)

오페라의 유령 *The Phantom of the Opera* (Terence Fisher, 1962)

어둠 속에 벨이 울릴 때 *Play Misty for Me* (Clint Eastwood, 1971)

야성녀 아이비 *Poison Ivy* (Katt Shea Ruben, 1991)

폴터가이스트 *Poltergeist* (Tobe Hooper, 1982)

프롬 나이트 *Prom Night* (Paul Lynch, 1980)

사이킥 킬러 *Psychic Killer* (Raymond Danton, 1975)

사이코 *Psycho* (Alfred Hitchcock, 1960)

사이코패스 *The Psychopath* (Freddie Francis, 1966)

우주의 여왕 *Queen of Outer Space* (Edward Bernds, 1958)

열외 인간 *Rabid* (David Cronenberg, 1977)

레이프 스쿼드 *Rape Squad* (Bob Kelljan, 1974)

이창 *Rear Window* (Alfred Hitchcock, 1954)

레베카 *Rebecca* (Alfred Hitchcock, 1940)

공포의 그림자 *A Reflection of Fear* (William A. Fraker, 1973)

파충류 *The Reptile* (John Gilling, 1966)

반항 *Repulsion* (Roman Polanski, 1968)

의례 *Rites* (Penny Dedman, 1991)

악마의 씨 *Rosemary's Baby* (Roman Polanski, 1968)

사베지 스트리트 *Savage Streets* (Danny Steinmann, 1984)

비밀의 문 *Secret Beyond the Door* (Fritz Lang, 1948)

강탈 *Seizure* (Oliver Stone, 1974)

일곱 번째 희생자 *The Seventh Victim* (Mark Robson, 1943)

섹스와 뱀파이어 *Sex and the Vampire* (Jean Rollin, 1970)

섹소시스트 *The Sexorcist* (Mario Gariazzo, 1974)

늑대인간의 그림자 *Shadow of the Werewolf* (Leon Klimovsky, 1970)

그녀는 야수 *The She-Beast* (Michael Reeves, 1966)

쉬 크리처 *The She-Creature* (Edward L. Chan, 1956)

샤이닝 *The Shining* (Stanely Kubrick, 1980)

데이 컴 프럼 위딘 *Shivers* (David Cronenberg, 1975)

위험한 독신녀 *Single White Female* (Barbet Schroeder, 1992)

자매들 *Sisters* (Brian De Palma, 1973)

여름날 파티에서 대학살 *Slumber Party Massacre* (Amy Jones, 1982)

스네이크 핏 *The Snake Pit* (Anatole Litvak, 1948)

드라큐라의 아들 *Son of Dracula* (Freddie Francis, 1974)

스텔라 달라스 *Stella Dallas* (King Vidor, 1937)

계부 *The Stepfather* (Joseph Ruben, 1987)

도둑맞은 인생 *A Stolen Life* (Curtis Bernhardt, 1946)

이방인 *A Stranger in Our House* (Wes Craven, 1978)

서스페리아 *Suspiria* (Dario Argento, 1977)

터미네이터 *The Terminator* (James Cameron, 1984)

텍사스 전기톱 학살 *The Texas Chainsaw Massacre* (Tobe Hooper, 1974)

텍사스 전기톱 학살2 *Texas Chainsaw II* (Tobe Hooper, 1980)

괴물 *The Thing* (John Carpenter, 1982)

악마에게 *To the Devil - A Daughter* (Peter Sykes, 1976)

토탈 리콜 *Total Recall* (Paul Verhoeven, 1990)

불가사리 *Tremors* (Ron Underwood, 1990)

트로그 *Trog* (Freddie Francis, 1970)

뱀파이어 연인3 *Twins of Evil* (John Hough, 1971)

트위스티드 너브 *Twisted Nerve* (Roy Boulting, 1968)

뱀파이어 연인 *The Vampire Lovers* (Roy Ward Baker, 1971)

뱀파이어 *Vampyr* (Carl Theodor Dreyer, 1932)

뱀파이어들 *Vampyres* (Joseph Larraz, 1974)

레즈비언 뱀파이어 *Vampyros Lesbos* (Franco Manera, 1970)

벨벳 뱀파이어 *The Velvet Vampire* (Stephanie Rothman, 1971)

비디오드롬 *Videodrome* (David Cronenberg, 1983)

더럽혀진 *Violated* (A.K. Allen, 1985)

처녀의 샘 *The Virgin Spring* (Ingmar Bergman, 1959)

부두 우먼 *Voodoo Women* (Edward L. Cahn, 1957)

말벌 여인 *The Wasp Woman* (Roger Corman, 1960)

베이비 제인에게 무슨 일이 생겼는가? *Whatever Happened to Baby Jane?* (Robert Aldrich, 1962)

마녀 *The Witch* (Georges Méliès, 1902)

위치크래프트 *Witchcraft* (Don Sharp, 1964)

학산 *Witchcraft through the Ages* (Benjamin Christensen, 1922)

마녀들 *Witches* (Nicholas Roeg, 1991)

마녀의 복수 *The Witch's Revenge* (Georges Méliès, 1903)

오즈의 마법사 *The Wizard of OZ* (Victor Fleming, 1939)

늑대인간 *The Wolf Man* (George Waggner, 1941)

엑스트로 *Xtro* (Harry Bromley Davenport, 1982)

좀비 2 *Zombie Flesheaters* (Lucio Fulci, 1979)

찾아보기

라

마

억압과 위반 사이

자

차

역자후기

한국, 여성혐오, 여성괴물

최근 여성혐오는 한국사회를 설명하는 가장 중요한 비평적 개념으로 부상하였고, 더불어서 페미니즘을 둘러싼 유례없는 대중적 관심을 환기시킨 문제의식이 되었다. 개인적으로 여성혐오에 대한 이론적 관심은 훨씬 이전부터 시작되었다.

때는 2000년대 초반. 1997년 <여고괴담>을 필두로 열렸던 한국공포영화 제2의 전성기라 할 만했던 시기로 거슬러 올라간다. 남성괴물이 주류를 이루었던 할리우드 공포영화와 달리, 한국 공포영화의 주된 괴물은 전통적으로 여성괴물이었다. 이 특수성을 이해하고 싶었던 나는 "여성이 괴물이 되는 사회"에 대한 연구를 시작했다. 그리고 '여성괴물'이란 공포의 대상이기도 하지만, 동시에 혐오의 대상임을 이해할 수 있게 되었던 것이다. 이는 여성혐오 문화가 여성을 비천한 것이자 괴물로서 만들어내는 방식과 연결되어 있었고, '어머니'와 '처녀귀신', '된장녀', '맘충' 등 이 사회가 여성을 중심으로 만들어 내는 다양한 이미지들 사이의 어떤 공통된 인식의 지반을 벼려낼 수 있는 이론적 바탕이 되었다. 이때 가장 큰 영향을 주었던 것이 바로 페미니스트 영화이론가 바바라 크리드의 『여성괴물』이었고, 기실 이 작업을 통해 할리우드의 핵심 괴물이 '단지' 남성은 아니었다는 사실을 깨달았다.

선구적인 공포영화연구, 『여성괴물』

공포영화 연구에 있어, 그리고 씨네 페미니즘에 있어서도, 바바라 크리드의 『여성괴물』은 매우 개척적인 작업이다. 이 연구가 등장하기 전의 공포영화 담론은 대체로 남성 괴물 대 여성 희생자의 구도로 이루어져 있었다. 최초의 뱀파이어 영화이자 독일 표현주의의 대표작인 무르나우의 <노스페라투>(1922)에서부터 1930년대 유니버설의 공포물(<드라큘라>(1931), <프랑켄슈타인>(1931), <투명인간>(1933) 등)과 스튜디오 RKO의 <킹콩>(1933)에 이르기까지 대체의 괴물은 남성이었으며, 이런 작품들 안에서 여성 희생자는 눈의 흰자를 희번덕거리며 오르가즘을 연상시키는 신음소리와 괴성을 질러댔을 뿐이라고 이해되었던 것이다. 이런 관점 안에서 여성은 괴물이 '정상 남성'으로부터 탈취하고 싶어 하는 욕망의 대상이자, 동시에 남성이 괴물을 퇴치했을 때 '아버지'로부터 받게 되는 보상으로만 존재했다. 물론 일부 비평가들은 이런 비평 담론에 문제를 제기했다. 그리고 여성 캐릭터들은 단순한 희생자가 아니라 남성 괴물과 '비정상적 육체'라는 유사점을 공유한 위협적인 공모자라고 주장했다. 이런 비평에서 괴물은 '남성'이라기보다는 오히려 뒤틀린 육체를 통해 성적 차이를 드러냄으로써 남성에게 공포를 준다는 의미에서 여성에 더 가깝다고 분석되었다. 그러나 이런 분석들도 충분한 분석 근거를 대지 못함으로써 큰 지지를 얻지 못했으며, 여성괴물의 존재 자체를 밝힌 것은 아니었다는 점에서 크리드의 작업만큼 강력한 것은 아니었다.

1990년대가 되어서야, 크리드의 작업을 통해, 이제까지 힘없는 희생자의 자리에만 위치되었던 여성이 드디어 괴물이라는 이름으로 새롭게 등장하기 시작한다. 물론 할리우드 공포영화의 괴물이 대체로 '남성'의 외피를 쓰고 있다는 것은 사실이다. 드라큘라나 늑대인간 같이 신체변형이 가해진 괴물들은 여성 공모자와의 유사점이 강조된다고 치더라도, 1970년대 후반 이후 끊임없이 등장했던 <할로윈>(1978)의 마이클 마이어스나 <13일의 금요일>(1980)의 제이슨 같은 류의, 청교도주의에 폭 빠져 섹스하는 10대만 골라 죽이는 미치광이 연쇄살인범 혹은 살인귀는 말 그대로 아버지의 법에 중독 된 남성괴물들이었다. 그러나 크리드는 남성괴물을 부정하고 여성괴물의 우위를 주장하고자 했던 것이 아니라 여성이 공포스럽고 괴물 같은 존재로 구성될 수밖에 없는 사회의 가부장적 속성을 지적하고, 동시에 그렇게 존재하는 여성괴물을 보지 못하는 비평 담론의 또 다른 남성 중심성을 비판하고자 했던 것이다.

여성의 재생산성과 비체, 그리고 여성괴물

이렇게 수면 위로 떠오르지 못했던 여성괴물을 설명하기 위해 크리드는 정신분석학의 방법론을 경유한다. 책의 1부에서 그는 줄리아 크리스테바의 '비체' 개념을 통해 여성과 공포영화의 관계를 고찰하고 여성괴물성을 추적한다. 무엇보다 공포영화는 피, 토사, 타액, 땀, 눈물, 그리고 썩은 살과 같은 육체적 배설물들과 버무려진 온전하거나 절단된 시체들이라는 비체적 이미지로 넘쳐한다. 그런데 크리스테바에 따르면 어머니는 월경이라는 비체적 생리현상과 아이의 배변훈련에 대한 적극적인 개입을 통해서 이미 비체적인 이미지와 연결되어 있다. 이런 설명을 통해 크리드는 공포영화의 비체적 이미지들은 모성적 특성과 연관된다고 설명한다. 두 번째로 공포영화는 인간과 비인간, 여성성과 남성성 등의 다양한 경계를 허물고 위협하는 괴물성을 드러냄으로써 비체화의 묘사가 된다. 비체란 어머니와 아이 사이에 경계가 존재하지 않는 코라에 균열을 내면서 아이의 주체를 형성하는 첫 번째 억압이다. 따라서 비체는 아직 주체가 형성되지 않았던 합일의 단계를 환기시키면서 경계를 넘거나 혹은 넘겠다고 위협하는 것이며, 마찬가지로 공포영화의 괴물성은 이런 경계놀이를 통해 주체를 위협하는 비체적 존재가 된다. 마지막으로 공포영화는 모성 이미지를 혐오스러운 것으로 구성하면서 비체에 대한 논의를 재현한다. 크리스테바에 따르면 모든 개인들은 어머니로부터 도망치려는 과정에서 비체를 경험한다. 그는 라캉이 주체 형성을 위한 1차적 억압 단계라고 주장했던 거울단계가 사실은 2차적 억압단계라고 설명하면서, 주체는 이미 어머니와의 합일 단계인 코라에서 벗어나기 위해 어머니를 '비체화'하는 경험을 하게 된다고 말한다. 아이들은 아버지의 법으로 포섭되기 위해서 어머니의 권위를 비천한 것으로 상상하며, 이렇게 아이는 어머니와 자신을 분리하고 어머니를 비체화함으로써 자신의 주체를 형성하게 되는 것이다. 따라서 모성 자체가 이미 '주체'에겐 '비체'이며, 공포영화는 이렇게 주체가 어머니와 맺는 공포스러운 관계를 전시한다.

크리드는 공포영화가 여성의 특징으로 이해되는 비체와 연관하여 공포영화 관습을 만들어 가는 과정을 위와 같이 세 가지로 정리하면서 논의를 계속 이어간다. 대체의 공포 텍스트는 '어머니의 권위'와 '아버지의 법에 포섭된 깨끗하고 적절한 육체'와의 관계 안에서 여성괴물성을 재현하고 있다. 온갖 비체적 이미지는 주체 경계가 존재하지 않았던 기호계의 '어머니의 권위'와 완전무결한 주체를 형성했다는 환상에 사로잡힌 채 끊임없이 미끄러지는 분열된 자기가 언어를 획득한 상징계의 '아버지의 법' 사이의 분리를 환기시킨다. "그렇기 때문에 이런 신체 배설물의 이미지들은 상징계와의 관계 안에서 '완전하고 적절하게' 구성되어 있는 주체를 위협하며, 결과적으로 텍스트 안의 주인공과 영화관의 관객 모두를 포함하는 주체에게 메스꺼움과 혐오의 감정을 선사한다." 따라서 공포영화가 선사하는 '기괴함'이란 아버지의 질서에서 떨어져 나와 어머니의 코라로 돌아갈 지도 모른다는 공포의 감정이다. 하지만 또 한편으로 그 비체적 이미지들은 신체적 배설물이 수치와 혐오의 대상이 아니었던, '어머니와 자연의 혼합'이 존재하던 시간으로 돌아가게 하며 이것이 공포영화의 쾌락이기도 한 것이다. 크리드는 이런 접근을 통해, 원초적 어머니 <에일리언>(1979), 악령들린 괴물로서의 여성 <엑소시스트>(1973), 기괴한 자궁 <브루드>(1979), 여성 뱀파이어 <악마의 키스>(1983), 그리고 여성 마녀 <캐리>(1976)와 같은 작품들을 분석한다.

프로이트 비판, 그리고 거세하는 여자의 재발견

책의 2부는 프로이트의 거세 이론을 비판하는 것에서 시작한다. 프로이트의 「다섯 살배기 꼬마 한스의 공포증 분석」에 등장하는 꼬마 한스의 사례를 재독해하면서 크리드는 한스에게 거세 위협을 가했던 것은 아버지가 아니라 어머니였다고 주장한다. 왜냐하면 한스가 자위를 했을 때 그런 행동을 계속하면 의사를 시켜 거세시키겠다고 위협했던 것이 어머니였을 뿐 아니라, 그녀의 '피 흘리는/물어뜯는 신비로운 고추'를 가진 몸 자체가 한스에게는 거세 위협으로 다가갔기 때문이라는 것이다. 크리드에 따르면 프로이트는 그의 임상 관찰과 이론적 글들이 설명해야만 하는 '거세의 수행인으로서의 아버지'라는 상태를 미리 상정했으며, 자신의 주장을 정당화하기 위해서 '인간의 유사 이전의 사건'에 호소하면서 임상 자료들을 무시했다. 크리드는 프로이트의 오류를 비판하기 위해서 정치하게 임상자료들을 분석하면서, 이런 과정 안에서 주체 형성과정에서 아버지의 역할만을 강조하는 오이디푸스 콤플렉스의 매커니즘은 재조정되어야 한다고 주장한다. 결론적으로 여성은 거세되었기 때문이 아니라 거세하기 때문에 두려운 존재가 되며, 이런 거세공포 속에서 소년은 어머니에게 소급적으로 페니스를 부여하게 된다. 그리고 남성들의 판타지는 거세하는 여성, 그리고 남근적인 어머니라는 여성괴물을 만들어 내게 되는 것이다. 거세하는 여성, 팜므 카스트라트리스가 등장하는 <네 무덤에 침을 뱉어라>(1979)와 <자매들>(1973), 그리고 남근적인 어머니가 등장하는 <사이코>(1960) 등이 이 맥락 안에서 재독해 된다.

이렇게 크리드는 크리스테바의 '비체' 이론에 기대고 프로이트의 거세 이론을 비판하면서 설명이 가능한 언어를 갖지 못했던 여성괴물을 언어화한다. 그 순간 여성괴물이 내포하는 억압의 징후를 포착하고 또 극복할 수 있는 기회가 등장하며, 동시에 그 안에서 어떤 위반의 가능성을 찾아낼 수 있게 되는 것이다.

괴물의 매혹을 넘어서

"페미니즘이 민주주의를 완성한다 Feminism Perfects Democracy." 2017년 3.8 여성의 날을 맞이하여 광장에 나온 캐치프레이즈다. 대한민국에서 페미니즘은 광장의 언어를 다시 쓰고 있다. 그것은 더 이상 괴물이나 유령의 형태가 아니라 시민의 얼굴로서 여성이 스스로를 표현하고 드러내기 시작했다는 것을 의미하기도 한다. 한동안 페미니즘은 '미친년의 언어를 아버지의 법과 언어에 균열을 내고 그것을 교란할 수 있는 저항의 언어로 상상하기도 했다. 그러나 크리드가 가부장제를 견고하게 만

억압과 위반 사이

드는 것에 복무하는 프로이트와 라캉의 이론을 비판하면서 인용하고 있는 브레넌의 논의는 다시 주목해 볼만하다.

> "만약 우리가 가부장제적이지 않은 상징계를 상상할 수 있다면, 정신병이 상징계의 대안이라고 생각하는 것 자체는 넘을 수 없는 장애물이 아니다."

크리드가 재차 강조하고 있는 것처럼, 문제는 오히려 가부장제를 자연으로 생각하고, 그것의 외부는 없다고 주장하거나, 혹은 그것의 외부를 상상하는 것에 언제나 실패하는 것 자체일 지도 모른다. 가부장제는 필연이 아니라 매우 우연한 상황의 조합 끝에 이 세상에 도달한 다양한 '가능성' 중 하나일 뿐이다. 그야말로 가장 우발적인 성체계인 것이다. 우리는 우리 언어의 가부장성을 예민하게 인식하고 이를 비판적으로 재창조해가야 하지만, 그렇다고 해서 상징체계인 언어 자체를 포기할 필요는 없다. 이제 비명이나 유령의 언어로 말할 것이 아니라, 다른 소통 가능한 언어로 말하는 방법을 상상해야 한다. 그리고 이는 언어를 붕괴시키는 것이 아니라, 오히려 더 많은 말을 통해 언어의 다른 의미를 만들어 내는 것일 터다.

가부장제는 오랜 시간 여성을 '괴물'이자 '유령'으로 만들어왔다. 그것이 여성에게서 '언어'를 박탈해 온 역사이기도 했다. 이제 우리는 언어를 통해 시민으로 존재해야 할 때다. 크리드가 비평을 통해서 열어준 가능성은 바로 이러한 통찰이었다.

만 8년 만에 개정판을 낸다. 오역이나 읽기 껄끄러웠던 문장들을 바로잡으려고 노력했다. 그럼에도 불구하고 여전히 부족한 점들이 많을 것이다. 기회가 된다면, 계속 바로잡아 나가겠다. 페미니즘 도서는 물론 영화에 관한 책도 잘 팔리지 않았던 시절을 지나, 무려 페미니스트 영화 비평서가 2쇄를 찍을 수 있게 된 것은 역시나 '다시 또 페미니즘의 물결 덕분이다. 독자들께 감사드린다.

2017년 3월 8일

세계여성의 날에 여전히 광화문에서

손희정

억압과 위반 사이